미백

미백

WHITE

피부색의 문화정치

박소정 지음

컬처룩 총서 005

culture Look

박소정은 서울대학교 외교학과를 졸업하고, 언론정보학과에서 한국의 미백 문화에 대한 연구로 박사 학위를 받았다. 현재 서울대학교 언론정보학과 BK연구교수로 있으며, 주로 미디어 문화를 통해 관찰되는 정체성과 친밀성의 문제를 연구하고 있다. 논문으로 〈신자유주의 한국 사회에서 연애하기〉, 〈K-뷰티의 미백 문화에 대한 인종과 젠더의 상호교차적 연구를 위한 시론〉, 〈K뷰티산업의 피부색주의〉, 〈Performing Whiteness〉 등이 있고, 책으로는 《연애정경》이 있으며, 옮긴 책으로는 《화이트: 백인 재현의 정치학》이 있다.

컬처룩 총서 005
미백
피부색의 문화정치

지은이 박소정
펴낸이 이리라

책임편집 이여진
표지 디자인 엄혜리

2022년 1월 15일 1판 1쇄 펴냄

펴낸곳 컬처룩
등록 번호 제2011-000149
주소 03993 서울시 마포구 동교로 27길 12 씨티빌딩 302호
전화 02.322.7019 | 팩스 070.8257.7019 | culturelook@daum.net
www.culturelook.net

ISBN 979-11-92090-03-0 94300
ISBN 979-11-85521-17-6 (세트)

---

culturelook

차례

2부 미백 배치

일러두기

- 한글 전용을 원칙으로 하되, 필요한 경우 원어나 한자를 병기하였다.
- 한글 맞춤법은 '한글 맞춤법' 및 '표준어 규정'(1988), '표준어 모음'(1990)을 적용하였다.
- 외국의 인명, 지명 등은 국립국어원의 외래어 표기법을 따랐으며, 관례로 굳어진 경우는 예외를 두었다.
- 사용된 기호는 다음과 같다.
  신문 및 잡지 등 정기 간행물, 영화, TV 프로그램 제목 등: 〈 〉
  책(단행본): 《 》

머리말

미백 또는 피부색을 연구한다고 했을 때 돌아오는 반응은 열에 아홉이 반문의 형태다. "미백? 그 미백?" 정말로 미백이 연구의 대상이 되는 건지, 그게 어떻게 연구 가치가 있는지 의아해하거나 궁금해한다. 이것이 재미있는 주제일 뿐 아니라 중요한 주제임을 그들이 납득하기까지 조금 더 대화가 필요하다. 흰 피부에 대한 선호는 당연한 것 아니냐거나 미백이라는 것이 사실상 서구의 미의 기준을 받아들인 것일 뿐 아니냐는 질문이 돌아올 때는 더 많은 대화가 필요하다. 연구 당시 인터뷰할 때 만난 이들도 마냥 신기해하거나 자신들이 어떤 이야기를 해주길 바라는 건지 혼란스러워하며 인터뷰에 응했다.

미백이 그저 말 그대로 '표피'의 문제를 넘어서는 현상이라는 점은 한국 영토 밖으로 나갔을 때 오히려 공감을 얻곤 한다. 인종을 둘러싼 갈등의 역사와 현실을 경험하고 있는 북미 및 서유럽 권역 거주자들이나 동남아시아와 같이 다민족으로 구성된 유색인 사회의 학자들은 미백이라는 단어를 듣는 것만으로 내 연구를 주저 없이 인종, 종족,

식민주의의 맥락 속으로 위치시킨다. 물론 그들의 생각이 나의 주장과 항상 일치하는 것은 아니지만, 적어도 연구의 필요성과 정당성에 대한 이해는 공유하고 있다. 이처럼 단일 민족의 신화를 벼려 온 한국 사회에서 피부색이 갖는 무게는 다인종 사회에서 피부색을 언급할 때와는 매우 다르다.

그 논의의 무게감을 획득하고자 하는 전략으로서 이 책은 들뢰즈주의 철학의 개념들에 의존한다. 미백은 한정된 시공간에서 집중적으로 관찰할 수 있는 텍스트가 아니다. 그것은 일상 영역에 편재하며 다양한 방식으로 매개된다. 미백은 텔레비전 속 스타의 피부에서, 나의 화장대 위에서, 친구들과 찍은 셀카에서, 미모에 대한 칭찬의 말 속에서 나타난다. 그렇기 때문에 미백은 큰 사건 단위의 무게감을 지니기보다는 곳곳에 흩어진 미세한 무게로서 존재한다. 들뢰즈와 가타리가 제시한 '배치'라는 개념은 이처럼 산발적으로 흩어져 여러 물질적·비물질적 형태로 존재하는 요소들을 한데 묶으면서도 그 역동성을 제한하지 않는다. 이 책에서는 미백을 하나의 배치로 가정하고 들여다본다. 그 배치 속 요소요소에서 미백은 탈식민적 힘을 생성해 내거나 반대로 새로운 제국주의적 지층을 구축하기도 한다.

그러나 나는 독자들이 이 책의 가치를 복잡한 이론적 개념보다는 실천적 차원에서 찾아주기를 바란다. 코로나19를 통해 아시아인 혐오가 더욱 가시화되고 미국 애틀랜타에서는 혐오 범죄에 한인들이 희생당하는 사건까지 발생하면서 한국에서도 인종 차별 및 백인중심주의에 대항하는 목소리가 커지고 있다. 이처럼 명시적 폭력에 규탄의 슬로건을 내거는 것은 의심 없이 이루어지는 선택이다. 그러나 우리 의식 속 백인중심주의와 완전히 결별하는 것은 여전히 어려운 일이다. 우리는 종종 선진국 백인 사회를 우월한 무언가로 위치시키고, 한국이 그들의 시선 속에서 인정받는 국가가 될 때 보람을 느낀다. 지난 수백 년에 걸쳐 만들어진 백인의 권력은 우리의 의식 속에서 알게 모르게 작동한다. 2021년 미국은 건국 이래 처음으로 백인 인구가 감소하는 상황을 맞이했고, 이에 벌써 '백인의 소수 인종화'가 언론에서 언급되고 있다. 아직은 이러한 인구 변화가 가져올 효과를 판단하기 조심스럽지만, 이 책이 말하고자 하는 바는 이러한 변화를 우리의 사고방식에 적용해 보자는 것이다. 즉 백인을 준거점에 놓음으로써 그들에게 패권을 쥐여 주는 사고에서 벗어나 보자는 것이다.

다른 한편으로, 그 패권이란 백인만의 전유물이 아님에 유의할 필요가 있다. 간혹 '한국 사회 속 숨어 있는 인종 차별'과 같은 기사 헤드라인을 발견할 때가 있다. 그러나 한국 사회에서 인종 차별은 숨어 있지 않다. 오히려 다소 적나라한 양태로 존재한다. 다만 그것을 인종과 관련한 문제라고 여기지 않기에 인종 문제가 숨어 있다고 착각하는 것이다. 이 책이 다루는 피부색의 문제가 바로 그렇다. 한국에서는 '깜디'라는 별명이 공공연히 통용되고, 텔레비전을 켜면 획일화된 피부색을 지닌 사람들이 나온다. 우리에게는 자연스러운 이러한 환경이 누군가에게는 한국 사회에 나가가는 것을 막는 장벽이 된다. 전 지구적 인구 이동의 흐름 속에서 한국은 이미 다문화 사회다. 그러나 많은 이들이 다문화를 미래적 가치를 담은 단어로만 사용하면서 현실 속 크고 작은 인종적·문화적 장벽을 성찰하지 못한 채 이질적 외모를 지닌 이를 '다른 존재'로 여기고 있다. 한류 드라마를 보고 부푼 환상을 안고 한국에 여행이나 유학을 왔다가 인종 차별을 경험했다는 동남아시아인의 경험담을 여러 차례 들은 바 있다. 백인의 패권에 목소리를 내는 한국인과 자신보다 더 어두운 피부색을 지닌 유색인을 하대하는 한국인은 서로 별개의 인물일까? 이 책은 이런 질문을 던지고자 했다.

이 책은 여러 사람의 도움으로 쓸 수 있었다. 우선 이 책에 담긴 내용이 거친 논문 원고로 존재할 때부터 늘 애정과 격려로 지도해 주셨던 홍석경 선생님을 비롯하여 시간과 마음을 써주셨던 강재호, 원용진, 김수아, 이상길 선생님께 감사드린다. 국내 문화연구계의 어벤저스라고 해도 과언이 아닐 이분들의 도움이 없었다면 이 책의 몇몇 중요한 부분은 공백이나 혼돈으로 남겨져 있었을 것이다. 이론적으로 부족한 부분에 대해 귀한 조언을 해주신 이재현, 정정훈, 이도훈 선생님께도 감사드린다. 더불어 바쁜 일상에서 기꺼이 시간을 내고 생각을 나누어 준 인터뷰 참가자분들에게도 감사의 마음을 전한다. 이 책에 담긴 문제의식과 사례 연구들은 크고 작은 학회에서 발표한 적 있고 학술 논문으로 출판하기도 했다. 그 과정에서 국내외의 여러 연구자로부터 때로는 우려의, 때로는 격려의 마음이 담긴 조언을 들었다. 그 조언들이 이 책의 또 다른 중요한 자양분이기에, 미처 다 나열할 수 없는 수많은 분들에게 감사드리고 싶다. 또한 출판을 제안해 주시고 책의 형태로 나오기까지 부지런히 소통해 주신 이여진 편집장님께도 감사의 말씀을 전한다. 마지막으로, 연구와 저술의 긴 여정에 함께해 준 나의 오랜 가족과 새로운 가족에게 이 책을 바친다.

서론

우리가 사는 미백의 세계

사진작가 '주황'의 〈Liking What You See: A Documentary〉는 우리가 미디어를 통해 흔히 보는 화장품 광고 이미지와 유사해 보인다.[1] 어깨까지 찍힌 사진 속 여성 모델은 하얀 옷을 입고 머리를 가지런히 묶은 채 정면을 응시한다. 색조 화장의 흔적은 거의 없이 은은하게 광이 나는 하얀 피부는 한국 여성 잡지에서 볼 수 있는 기초화장품 광고의 전형이다. 사실 사진 속 피사체는 전문 모델이 아닌 일반 여성들이다. 이들을 광고 모델처럼 아름답게 만드는 것은 백색白色 이미지다. 작가는 화장품 광고 고유의 메이크업, 헤어스타일, 포즈, 조명, 후반 작업을 통해 한국 여성의 아름다움을 시각적으로 재현하는 전형적 방식을 전시함으로써 여성의 아름다움을 작동시키는 구조에 대해 질문을 던진다.

1 해당 작품은 작가의 웹 사이트(http://joohwang.kr)에서 볼 수 있다.

미백美白은 한국 미디어 문화의 보편적이고 핵심적인 요소다. 드라마 속 배우는 흠결 없이 깨끗하고 밝은 톤의 피부로 등장하고 음악 방송에 출연한 아이돌 가수는 특수한 질감을 구현하는 조명 효과 속에서 말 그대로 빛을 발산한다. 미백의 빛과 색은 한국 스타를 구성하는 고유 매력으로 받아들여져, 'K뷰티'라는 일종의 한류 콘텐츠로서 전 세계적으로 유통되기까지 한다. 이처럼 한국의 이상적인 아름다움의 재현은 늘 하얗고 맑은 피부를 기본으로 한다.

더 나아가 미백은 우리의 일상 실천에도 자리매김하고 있다. 한국의 화장품은 '화이트닝,' '브라이트닝' 등으로 지칭되는 미백 기능을 강조하고, 성형외과에서는 '백옥 주사,' '백설공주 주사'라는 이름으로 미백 시술을 한다. 여성이 자신의 피부 톤보다 밝은 기초화장을 해 얼굴이 동동 떠 보인다거나, 해외 관광지에서 양산을 쓴 사람은 무조건 한국인이라는 우스갯소리 또한 사실과 동떨어진 것은 아니다. 그만큼 한국에서 하얀 피부란 미를 규정하는 결정적 요소 중 하나이며, 특정한 의미와 가치를 내포한다. 이 책에서 살펴보려는 것은 이와 같은 신체 커뮤니케이션 및 시각적 커뮤니케이션으로서의 미백 문화다.

미백을 탈식민화한다는 것

미백은 우리 일상 속에 자연스럽게 녹아들어 있을 뿐 사회적 담론으로서나 학술적 연구 주제로서는 충분히 검토되지 못하고 있다. 반면 피부색은 백인성 연구Whiteness Studies를 중심으로 서구권이나 다인종 사회에서는 중요하고 민감한 문제로 다루어지고 있다. 여러 사회에서 밝은색의 피부가 정상성 및 규범으로 작동함에 따라 명백한 또는 암묵적인 인종주의적 위계가 만들어지는 것을 경계하는 차원에서 백인성whiteness, 피부색주의colorism, 색소주의pigmentocracy 등의 개념이 나타났다. 또는 백인에 의한 식민 지배 역사가 있는 아시아 국가에서는 포스트식민주의 연구 및 탈식민 담론의 차원에서 피부색 또는 미백에 대한 성찰이 부분적으로 이루어지기도 했다. 그러나 상대적으로 비판적 인종 및 종족 담론이 발전될 만한 계기가 부족했던 한국에서 미백은 자연스러운 행위로 여겨지거나, 여성의 얄팍한 관심사로 축소되거나, 시장 조사의 차원에서만 주목이 이루어지는 주제다.

그러나 우리는 미백에 대해서 많은 질문을 해 볼 수 있다. 미백 피부란 무엇인가? 미백하는 사람들은 무엇을 원하는가? 이것은 백인에 대한 선망과 모방인가, 혹은 또 다른 이데올로기의 작동을 의미하는가? 미백함으로써 어떠한 효과가 발생하는가? 아시아인 또는 한국인으로서 미백한다는 것은 어떤 의미인가? 여성 또는 남성으로서 미백한다는 것은 어떤 의미인가? 과거의 미백과 오늘날의 미백은 어떻게 같거나 다른가? 이런 질문들은 우리에게 익숙한 미백을 낯설게 만든다. 낯설어진 미백을 통해 우리는 그것을 둘러싼 욕망과 권력, 신체와 정체성의 문제, 미시 정치 등을 사유할 수 있다.

미백에는 여러 속성이 부여되어 있으며, 그 정의도 법령, 산업, 일상 영역에 따라, 또 개개인의 경험에 따라 조금씩 다르다. 여기서는 미백을 가장 넓고 기본적인 사전적 의미에서 '살갗을 아름답고 희게 하는 미용술'이라고 규정하고 관찰을 시작한다. 이런 정의를 따를 때 미백은 한국에만 국한된 독특한 현상은 아니다. 역사적으로 여러 문화권에서 아름다움을 추구해 왔고 밝은 피부를 어두운 피부보다 아름다운 것으로 선호해 왔다. '백 : 흑 = 선 : 악'과 같은 색의 상징적 의미는 편재해 있는 기호 체계다. 이 책은 미백에서 이런 보편적 기호 체계를 재확인하는 내용도 아닐뿐더러, 이런 기호 체계를 따르더라도 흰 피부에 대한 선호가 자연스러운 것이라고 일반화할 수 없다는 것을 전제로 한다. 시대와 문화권마다 선호되는 흰 피부의 구체적 형질은 물론, 흰 피부가 지닌 사회적 의미와 그와 관련된 실천 양상 등은 모두 달랐을 것이다.

더욱이 유색인에게 피부색은 중립적인 의미일 수가 없다. 식민주의와 제국주의의 구조 속에서 유색인의 피부색은 부정적인 함의를 갖는 한 가지 색으로 획일화되어 왔다. 아시아인이 '황색 공포yellow peril'로 환원되어 온 현상이 대표적 예다. 한편으로 유색인이 하얀 피부를 갖고 싶어 하는 양상은 비판받거나 조롱받기도 한다. 이 책의 6장에 나오는 K팝 스타의 화이트워싱 논란이 보여 주듯 말이다. 백인성이 정상성으로 여겨지는 구조 속에서 미백은 백인성에 도달하려는 노력으로만 해석되기 쉽다. 유색인의 미백 문화에는 백인에 대한 선망이 존재한다는 사실을 부정할 수는 없다. 그러나 미백의 이유를 백인에 대한 선망으로만 손쉽게 설명하는 식민주의적이고 오리엔탈리즘적인 시각은 경계해야 한다.

따라서 이 책은 미백에 대한 담론을 탈식민화하는 것을 목표로 포스트식민 시대의 미백에 대해 고찰한다. 포스트식민주의란 식민 지배 이후의 시대에도 지속되는 식민주의적 인식론과 서구 중심의 근대적 사고에 저항하는 관점을 의미한다. 동북아시아는 서구와의 관계에서 영토적으로는 독립적이었어도 문화와 가치의 차원에서 식민주의적 위계 속에 놓여 있어 왔기에 탈식민의 과제를 안고 있다. 그런데 탈식민의 방식과 관련해 짚어 두어야 할 점이 있다. 미백을 '비'서구, '비'백인의 특수한 문화로서 강조하는 방식은 경계해야 한다. 탈식민이란 기존의 지배적인 인식론을 벗어나 고유의 담론을 생성하는 방식이어야 한다. 따라서 동시대 한국에 형성되어 있는 미백 문화를 있는 그대로 드러내려는 시도가 필요하다. 이러한 접근은 미백 문화가 어떻게 구성되어 있고 그 맥락과 의미는 무엇이며, 그로부터 생산되는 정체성과 권력은 어떠한 것인지 등에 대한 질문을 필수적으로 동반한다. 그리고 질문에 대한 답을 찾는 과정은 포스트식민 시대의 탈식민적 지식을 생산하는 작업이 될 것이다.

우리에게 필요한 포스트식민 담론

포스트식민주의는 대부분의 '포스트post-' 담론과 마찬가지로 '포스트'라는 접두어를 어떻게 해석해야 하는가를 둘러싼 문제로 수렴된다. 시기적인 의미에서 '이후after'로 해석할 경우 식민주의의 연장선상에서 나타나는 일련의 현상에 대한 접근을 의미할 것이고, '넘어서beyond'라는 의미로 해석한다면 식민주의의 해체 및 극복이라는 차원을 갖는다. 그러나 전자의 경우는 유럽 중심적 역사관을 내포하고 있고, 후자의 경우는 아직 남아 있는 식민 현실을 간과한다는 한계를 갖는다 (McClintock, 1992; Shohat, 1992).

이러한 문제의식은 포스트식민주의를 일종의 수입 이론으로 들여온 국내에서는 'postcolonialism'을 어떻게 번역할 것인가의 문제까지 동반한다. 가장 많이 사용하는 것으로 보이는 '탈식민주의'는 탈식민을 궁극적 과제로 삼지 않는 포스트식민주의란 존재하기 어렵다는 것을 전제로 그 운동의 방향을 명시한다. 그러나 '탈脫'이 지닌 초극적 의미로 인해 그 사용에 있어 제한성이 제기되기도 한다. 'postcolonialism'이

탈식민화decolonization를 목표로 하긴 하지만 경제적이고 문화적인 차원에서 지속되는 식민 상태, 또는 신식민neocoloniality의 상태를 내포하는 의미로서의 'postcoloniality'를 '탈식민성'이라고 옮기는 것은 오해를 불러일으키기 때문이다. 따라서 잔존하는 식민주의적 정신과 구조를 환기하려는 의도에서 '포스트식민주의' 또는 '후기 식민주의'가 사용되기도 하고, 해석이 동반하는 오해를 인지하고 '포스트'의 양가성을 그대로 드러내는 차원에서 '포스트식민주의' 또는 '포스트콜로니얼리즘'이 사용되기도 한다.

각 용어의 장단점이 있으므로, 어떤 용어를 채택할지는 '탈식민에 대한 의지,' '후기 식민지로서의 한계,' '포스트식민적 상황' 중 무엇에 주목하는가에 달려 있는 것으로 보인다.[2] 여기서는 'postcolonialism'의 번역어로서 '포스트식민주의'를 택한다. 탈식민decolonize은 유의미한 포스트식민 담론의 효과로서 달성될 수 있다는 생각을 전제로, 포스트식민 시대의 미백을 사유하는 여러 경로를 제시하는 것을 주요한 내용으로 하기 때문이다. 미백은 식민주의적 구조 밖에서 설명될 필요가 있지만 한편으로 오늘날 초국적 미백 산업은 신식민적 구조를 만들어 내기도 한다. 미백에 대한 탈식민적 사유는 이와 같은 양가적인 포스트식민 상황을 면밀히 관찰함으로써 시작될 수 있다.

미백의 세계를 들여다보는 이 여정은 유색인의 미백이 백인 모방으로 환원되는 서구 중심적 사상에 대한 문제의식에서 출발한다. 한

2 이에 황호덕(2017)은 포스트식민주의적 실천을 탈식민(반식민) 투사, 후기 식민지 번역가, 포스트콜로니얼 비평가로 그 성격을 삼분한다.

국은 서구에 대한 선망과 함께 근대 사회로 이행했고, 더욱이 일본으로부터 탈식민하는 하나의 방법으로서 서구 제국주의의 침투를 허용한 측면이 있다(유선영, 1997; 하상복, 2012). 따라서 한국은 서구 제국주의에 의한 정치적 식민화의 경험은 없더라도 아시아 내 '명예 백인'으로서의 일본을 통해서든 또는 일본 식민주의로부터의 도피처로서든 서구의 경제적이고 문화적인 영향 속에 놓여 왔다. 서구 중심의 인식론으로부터 결코 자유롭지 못한 것이다.

서구 이론에 의존하지 않고 한국의 맥락, 한국의 구체적 조건으로부터 지식을 생산하자는 주장은 꾸준히 이루어져 왔다. 특히, 한국 사회의 탈식민 담론은 텍스트에서 삶의 현장으로, 대항 담론에서 생성 담론으로의 전환을 요구하고 있다(고길섶, 1999; 윤선희, 2003). 탈식민은 지식인에게 국한한 사명이나 이론적 작업이 아니라 일상의 영역에서 이미 진행되고 있거나 진행되어야 하는 것이다. 또한 고길섶(1999)은 포스트식민주의 담론의 층위를 대항 담론과 생성 담론으로 구별하며, 전자는 서구적 코드화에 저항하는 작업, 후자는 피식민자의 욕망으로 (재)코드화하는 작업으로 설명한다. 서구적 코드화가 이루어진 현상 및 담론을 비판적으로 비평하는 차원을 넘어서 우리 고유의 맥락에서 담론을 생산하는 차원으로 나아가야 한다는 것이다. 따라서 우리의 욕망을 재배치하여 삶에 중첩된 결들을 읽어 내는 것(태혜숙, 2016), 그리하여 자신의 문제를 풀어 갈 언어를 갖는 것(조한혜정, 1992)과 같은 탈식민화의 전략이 요구된다.

이 책이 안내하는 미백의 세계는 이러한 포스트식민주의 지식 생산을 고민하는 경로에 놓여 있다. 미백이라는 현상이 어떻게 서구적 방식으로 코드화되어 있는가를 질문하며 이를 비판하고 해체하기보다는, 미백이 한국 및 아시아의 일상적 실천과 미디어 문화 현상으로서 어떻게 구성되는지를 설명하는 방식을 통해 탈식민의 효과를 지향하는 것이다. 식민주의적 권력을 전제로 현상을 보지 않고 욕망과 실천을 통해 현상을 볼 때, 이것은 기존의 권력 구조 바깥에서 사유하는 방법이면서도 우리가 인지하지 못했던 새로운 권력을 발견하는 방식이 될 수 있을 것이다.

미백 문화의 사람, 현장, 기호

미백은 미디어와 일상 속에서 다양한 행위자들이 관여하는 문화다. 미백 문화를 구성하는 면면을 들여다보기 위해 미백을 생산하고 소비하는 다양한 사람들과 인터뷰했다. 첫 번째 그룹은 한국 사회에서 이상적으로 여겨지는 미백의 피부를 직접 생산 및 구현하는 직업을 가진 이들이었다. 미백의 스타 이미지를 만드는 방송 프로그램의 조명 감독과 DI(Digital Intermediate) 컬러리스트,[3] 미디어 현장과 뷰티숍을 오가며 활동하는 메이크업 아티스트, 아이돌 미백 이미지를 만드는 홈마스터,[4]

3 DI 컬러리스트란 영상 제작 후반 작업에서 색 보정 등을 포함한 전반적 교정 작업을 하는 직업이다.

4 홈마스터란 고화질의 아이돌 사진 및 영상을 촬영하여 소셜 미디어 등을 통해 공유하는 팬을 일컫는 말이다. 과거에는 개인 홈페이지를 기반으로 촬영물을 공유했기 때문에 '홈페이지+마스터'라는 의미에서 홈마스터라는 이름이 붙었는데, 최근에는 '찍덕'이라는 호칭이 사용되기도 한다.

표 1　　심층 인터뷰 참가자

가명	직업	경력 기간	특기 사항
홈마스터 A	홈마스터	6년	남성 아이돌 팬
조명 A	조명 감독	15년	드라마 중심으로 활동
조명 B	조명 감독	12년	쇼·예능 중심 /전 〈인기가요〉 조명 감독
DI 컬러리스트	DI 컬러리스트	11년	한국, 중국의 드라마와 영화 작업
메이크업 A	프리랜서 메이크업 아티스트	7년	미디어 콘텐츠 제작 현장에서 활동
메이크업 B	프리랜서 메이크업 아티스트	5년	중국 미디어 콘텐츠 제작 현장에서 4년째 활동 중
홈마스터 B	홈마스터	5년	여성 아이돌 팬
뷰티 유튜버	뷰티 유튜버	2년	구독자 22만 명
화장품 A	화장품 회사 직원	4년	대기업 마케팅직
화장품 B	화장품 회사 직원	5년	대기업 영업직
퍼스널 컬러	퍼스널 컬러 컨설턴트	7년	퍼스널컬러 컨설팅 업체 대표

뉴 미디어 영역에서 뷰티 트렌드를 형성하는 뷰티 유튜버, 화장품 산업의 관점을 전달할 화장품 회사 종사자, 피부 톤과 관련해 새롭게 부상하는 퍼스널 컬러 업계의 컨설턴트를 만났다.[5]

두 번째 그룹으로 한국 미백 문화에 익숙한 20~50대 한국인을 인터뷰 참가자로 모집하여 일상적 실천으로서의 미백에 대해 이야기를 나누었다.[6] 참가자는 여성 15명, 남성 6명으로, 온라인상의 지역 커뮤니티와 대학교 커뮤니티, 그리고 이른바 '여초 커뮤니티'로 불리는 공간에서 공개 모집을 통해 자발적으로 참여 희망 의사를 밝힌 이들이다. 미백이 기본적으로 여성에게 더 친숙하게 인식 및 실천된다는

5 인터뷰 참가자의 모집은 각 직군에 따라 다양한 방식으로 이루어졌다. 지인을 통해 소개받기도 하고, 미디어를 통해 가시적인 활동을 하는 이들의 공개된 연락처로 연구 참여 요청을 한 경우도 있었으며, 또는 관련 직군 종사자들이 이용하는 온라인 커뮤니티에 모집문을 남겨 참여 신청을 받기도 했다.

대부분 일대일로 만나 약 1~1시간 30분 정도 심층 인터뷰(In-Depth Interview: IDI)를 진행했으나, 홈마스터의 경우 자신의 정체를 공개하는 것을 꺼렸기에 여러 차례에 걸친 서면 인터뷰를 진행했다. 인터뷰에서는 우선 참가자들이 미백의 생산에 어떤 식으로 관여하는지를 파악한 후, 직업 활동 과정에서의 구체적인 경험을 중심으로 대화를 나누었다.

6 이때는 학술적 목적의 인터뷰라는 상황이 가져올 수 있는 다소 경직된 분위기를 피하기 위해 같은 성별에 연령대가 비슷한 2~3인을 하나의 그룹으로 묶어 포커스 그룹 인터뷰(Focus Group Interview: FGI) 형태로 진행했다. 전문 지식이 아니라 일상으로서의 미백에 대해 인터뷰하는 자리인 만큼, 수다를 떠는 분위기 속에서 더 풍성한 대화가 가능하다고 판단했다.

표 2 포커스 그룹 인터뷰 참가자

집단	이름(가명)	나이	성별	직업
1	수영	29	여	회사원
	혜지	29	여	회사원
	연희	28	여	방송사 PD
2	지연	44	여	회사원
	효진	43	여	주부
3	희수	44	여	주부
	윤정	46	여	주부
	은혜	39	여	회사원
4	가연	37	여	주부
	다희	40	여	회사원
5	나연	34	여	회사원
	미영	41	여	회사원
6	수진	23	여	대학생
	예진	24	여	대학생
	주아	26	여	대학생
7	현준	29	남	대학원생
	상호	25	남	대학원생
8	지훈	27	남	취업준비생
	승우	28	남	대학생
9	현민	23	남	대학생
	세준	26	남	대학생

점을 고려하여 여성 참가자를 더 많이 포함했다.[7] 더불어 K뷰티를 통해 한국의 미백이 아시아를 중심으로 외국에서 수용되고 있기에, 한국 외 아시아 국가 외국인을 대상으로도 인터뷰했다.[8]

인터뷰 과정에서 현장 관찰도 함께 이루어졌다. 한국 방송 콘텐츠 제작 현장은 한국 드라마 스타와 K팝 아이돌의 피부를 만드는 주요한 현장으로, K뷰티의 핵심적 생산지라고 할 수 있다. 조명 감독들과 DI 컬러리스트와의 인터뷰를 진행하는 과정에서 각 작업 현장에 방문할 수 있었다. 드라마의 경우 〈열혈사제〉(SBS, 2019)의 촬영 현장을 두 차례 방문하여 관찰했고, 음악 방송의 경우 〈인기가요〉(SBS, 2000~)의 녹화 현장을 한 차례 방문하여 관찰했다. DI 컬러리스트의 작업실에 방문하여

7 그 외에는 인터뷰 참가자의 수나 인구 통계적 속성을 엄격하게 설정하지는 않았다. 가장 모집이 용이했고 연구 참여 의사가 높았던 20~30대 여성을 대상으로 인터뷰를 시작하여 성별과 연령대를 확장해 나가다가 참가자들의 응답이 어느 정도 중복된다고 판단되는 시점에서 중단했다.

8 외국인 인터뷰 참가자는 두 가지 방식을 통해 모집했다. 첫 번째는 국내 외국인 유학생을 모집하는 방식이다. 서울대학교 한국어교육센터에서 수강 중이던 중국인 학생들이 모집에 응했다. 두 번째로 K뷰티의 수출 규모가 가장 큰 동남아시아의 두 국가인 태국과 베트남을 방문하여 현지 20~30대를 만났다. 각각 방콕의 출라롱콘대학교의 대학원생들과 하노이의 베트남국립대학교의 대학생들이 참가자가 되었다. 이들에게는 모국어로 작성된 설명서와 동의서를 제공했고, 해당 국가의 언어와 한국어에 모두 능숙한 통역자를 동반한 상황에서 참가자가 원하는 언어를 사용해서 답하도록 하였다. 대부분의 참가자가 한국에 관심이 있었기에 기본적인 한국어는 이해하는 것으로 보였지만, 답을 할 때는 모국어를 이용했다.

표 3 외국인 포커스 그룹 인터뷰 참가자

국가	이름(가명)	나이	성별	직업
중국	샤오팅	34	여	중국어 강사
	리앙	19	여	대학생
	메이린	27	여	신문사 편집팀 근무
	밍밍	24	여	대학생
태국	완	26	여	대학원생
	누이	24	여	대학원생
	쏨	25	여	대학원생
	뿌	25	여	대학원생
	끼이	30	여	대학원생
	낫	25	남	대학원생
	잭	26	남	대학원생
베트남	후이	20	여	대학생
	쑤안	20	여	대학생
	떤	20	여	대학생

보정이 이루어지는 방식을 볼 수도 있었다. 이러한 현장들을 방문하면서 공식적인 인터뷰 참가자는 아니지만 그곳에서 만난 다른 스태프들을 통해서도 콘텐츠 생산에 관한 부수적인 이야기를 들을 수 있었다.

뷰티 산업에 대한 현장 관찰은 일본 뷰티 산업에 대해 문화기술지적인 연구를 한 바 있는 로라 밀러Laura Miller(2006)의 작업을 참고했다. 밀러는 일본의 에스테틱 숍을 방문해 피부 관리를 받는 과정을 관찰하거나 직접 체험해 보고 종사자들이 고객과의 커뮤니케이션에서 사용하는 언어나 행동 등에 주목함으로써 일본 에스테틱이 어떤 수사를 구사하는가를 분석했다. 마찬가지의 방식으로 나는 메이크업 숍, 에스테틱 숍, 화이트태닝 숍, 퍼스널 컬러 진단 숍을 고객의 신분으로 방문했다. 현장 방문 및 체험을 해 봄으로써 인터뷰의 기초 자료를 마련함과 동시에 경험에 기반한 '두꺼운 기술thick description'을 하기 위함이었다.

태국 방콕과 베트남 하노이는 K뷰티의 현장이다. 태국은 동남아시아 국가 중 가장 큰 화장품 시장을 보유하고 있으며 한국 화장품 수출 비중도 가장 높은 국가다. 자체적으로 유명한 미백 비누, 미백 크림을 생산하며 경쟁력 있는 미백 시장을 형성하고 있는 한편, 한국의 미백 미용에 대해 높은 관심을 표하는 국가이기도 하다. 동남아시아 지역에서 주요한 뷰티 시장으로 꼽히는 또 다른 국가는 베트남이다. 베트남 내에 K뷰티의 인기가 급증함에 따라 2017년경부터 한국의 여러 기업이 진출하고 있고 K뷰티 엑스포가 연달아 개최되고 있다. 나는 두 도시의 주요 드럭스토어와 대형 쇼핑몰들을 방문해서 동남아시아 미백 시장의 현장을 관찰했다.

한편 미디어 재현물은 미백의 담론적이고 가시적인 장을 형성한다. 무엇보다 미백은 시각적인 차원에서 인식되는 것이기 때문에 미백의 이미지가 주요한 탐구의 대상이 되어야 한다. 더욱이 사회적으로 미에 대한 관념을 구체화하거나 K뷰티와 같은 현상을 유통하는 데 미디어의 역할은 핵심적이다. 따라서 TV 방송, 잡지, 광고 등 다양한 미디어 콘텐츠 속에서 재현되는 피부색의 양상을 살펴보고자 했다.

그중 특히 주요한 관찰 대상이 된 이미지는 한국 스타의 이미지다. 스타의 신체는 단순히 개인의 소유가 아니라 대중을 대상으로 커뮤니케이션하는 '공적 얼굴'이다. 더불어 방송 영상 이미지는 동시대 한국 사회가 가진 기술적 환경과 사회적 관념이 함께 작동하여 만들어진다는 점에서 주목할 만하다. 또한 최근 소셜 미디어 및 온라인 커뮤니티에서 활발하게 유통되는 사진들을 참조하였다. 셀카, 아이돌 홈마스터의 배포 사진, 유튜브 영상 이미지를 비롯하여 피부색 담론과 관련한 온라인상의 '얇은 이미지'[9]들을 분석 대상으로 삼았다. 더불어 과거의 미백 이미지를 참조하기 위해서는 네이버 뉴스 라이브러리를 통해 제공되는 1920~1990년대 일간지 기사 및 광고, 1950~1980년대의 여성 잡지, 국내 최대 화장품 기업 '아모레퍼시픽'의 전신인 '태평양'에서 발간한《태평양오십년사: 1945~1995》등을 활용했다.

이미지 외에도 미백을 형성하는 다양한 언표가 존재한다. 미백과 관련된 언어적 표현, 뷰티 제품 광고에서 사용되는 문구, 미인 대회의 심사 기준, 피부색 구현과 관련한 사회적 이슈와 이에 대한 반응, 화장

9 박명진(2012)은 산업 사회 질서와 레거시 미디어가 구성하는 '두꺼운 언어'와 비교하여 온라인에서 익명의 대중에 의해 생산되는 "얄팍하고 납작한 부유하는 기표"(p.40)를 '얇은 언어'로 칭했다.

품 관련 법령, 전문가의 발화 등 미백과 관련한 다양한 자료를 참고했다. 또한 해외에서 한국의 미백이 어떻게 인식되고 어떤 담론을 만들어 내는지를 살펴보기 위해 해외 뷰티 관련 커뮤니티 및 소셜 미디어 상의 게시글을 탐색해 보았다.

책의 구성

이 책은 3부로 구성되어 있다. 1부 1장에서는 피부색을 문제화하고 사유해 온 두 가지 담론적 흐름을 살펴볼 것이다. 첫 번째는 피부색을 인종의 문제로 바라보며 인종주의, 백인중심주의, 피부색주의 등을 비판해 온 흐름이다. 두 번째는 뷰티의 문제다. 미백이 아름다움을 추구하는 노력이고 한국 사회에서는 특히 뷰티 산업이 발달해 있다는 점에서 뷰티 담론으로서의 피부색에 대한 논의를 살펴본다. 이를 통해 한국의 미백 탐구에 유용한 접근 방식과 단서를 얻음과 동시에 기존의 담론화 방식이 지닌 한계를 어떻게 극복할 수 있을지를 고민해 본다.

1부 2장에서는 이론적 차원에서 그 극복의 방식으로 이 책이 택한 '배치assemblage' 개념을 살펴본다. '배치' 개념이 태동한 질 들뢰즈Gilles Deleuze와 펠릭스 가타리Félix Guattari의 철학은 특정한 문화 현상을 고정된 것이 아니라 유동하는 것으로 바라보게 만들고, 더불어 중심 권력과 척도를 배제함으로써 탈식민적 관점을 제공한다. 미백을 하나의 배치로 해석할 때, 미백은 여러 요소가 뒤얽혀 나타나는 문화 현상이자 신체와 주체화의 차원에서 잠재적 힘을 지닌 장이 된다. 따라서 이론적 논의를 통해 '미백 배치mibaek assemblage'를 개념화해 보고, 미백 배치가 지닌 주요한 의미를 배치의 횡단·연결성, 생산성, 탈식민성의 차원에서 살펴본다.

1부를 바탕으로 두 가지 질문을 던진다. 첫째, 미백 배치는 어떻게 구성되는가? 둘째, 미백 배치는 무엇을 하는가? 2부와 3부는 각각 두 질문에 대한 답을 탐구한다.

우선 2부는 미백 배치가 어떻게 구성되어 있는지를 세 차원으로 나누어 살펴본다. 3장 '미백 이미지 배치'는 미백 문화를 형성하는 다양한 시각 이미지를 다루며 이들이 서로 어떻게 종적으로 또는 횡적으로 연결되어 있으면서 의미를 생성하는지를 관찰한다. 미백이 전형적 이미지로 코드화되는 양상, 디지털 미디어를 통해 탈지표성을 획득하는 과정, 그리고 동아시아가 공유하는 미학으로서의 미백 이미지 등을 보게 될 것이다. 4장 '신체 기술적 미백 배치'에서는 신체에 대한 기술의 일상적 개입에 의해 이루어지는 미백 실천의 차원을 살펴보고 더 나아가 미백 자체가 신체를 구성하는 역동적 원리가 되는 양상을 논의할 것이다. 특히 미백을 인간과 인간, 인간과 사회 사이에서 작동하는 신체 인터페이스로서 개념화해 본다. 5장 '동아시아 횡단적 배치'에서는 미백을 한국 영토 내로 국한하지 않고 아시아의 문화적 흐름 속에 위치시켜 본다. 미백은 아시아 특유의 미디어 레토릭과 연결되는 동시에 최근 아시아를 중심으로 물질과 기호의 흐름을 형성하는 K뷰티의 핵심 요소로 나타난다.

3부에서는 이 세 가지 배치가 얽히고 겹치며 형성한 미백 배치의 '힘'에 대해 이야기한다. 6장 '미백인-되기'는 미백 배치를 통해 나타나는 주체화 과정, 즉 '되기becoming'를 다룬다. 기존의 정체성 위계 속에서 소수자성을 갖고 있던 집단이 미백 배치 안에서 어떻게 기존의 규범을 탈코드화, 탈영토화하는지를 살펴본다. 젠더적 배치의 탈영토화에 해당하는 '여성-되기'와 인종적 배치의 탈영토화에 해당하는

'아시아인-되기'를 논의할 것이지만 사실 이 둘은 서로 교차하며 나타나기도 한다. 남성과 여성, 아시아인과 백인의 위치가 어떻게 상호변환하며 기존의 위계에 균열을 내는지 보게 될 것이다. 이처럼 미백이 탈식민적 역량을 내포하고 있음에도 불구하고, 7장인 '미백의 제국'에서는 미백이 신식민적 환경 속에서 새로운 권력을 획득할 때 나타나는 부정적 양상을 짚고자 한다. 뷰티와 문화 콘텐츠의 역량으로 만들어진 미디어-뷰티 복합체로서의 K뷰티 산업 안에서 미백은 초국적 상품으로 유통된다. 그 과정에서 동북아시아 미의 기준에 입각한 아시아 내 미의 위계가 만들어지기도 하고 피부색에 기반을 둔 차별적 논리가 드러나기도 한다. 미백 세계 탐험 대장정의 결말인 8장에서는 '미백 시뮬라크라'와 '미백 기계' 개념을 통해 포스트식민 시대 미백의 존재론과 정치성을 정리한다. 이를 통해 미백을 기존의 식민·제국주의적 시선이 규정한 획일적 표상에 구속되지 않는 문화 현상이자 실천으로 탈식민화하면서도, 동시에 우리 안에서 새롭게 형성되는 제국주의적 욕망을 경계하는 사유를 제안한다.[10]

10 이 책의 곳곳에 흩어져 있는 일부 내용은 "K-뷰티의 미백 문화에 대한 인종과 젠더의 상호교차적 연구를 위한 시론: 화이트워싱/옐로우워싱 논쟁을 중심으로"(〈언론정보연구〉, 2019), "K-뷰티산업의 피부색주의"(〈한국언론학보〉, 2020), "Performing whiteness: skin beauty as somatechnics in South Korean stardom and celebrity"(Celebrity Studies, 2021)에서 다룬 바 있다.

1부

미백의 세계로 들어가기

1장

피부색으로 사유하기

이 장에서는 피부색을 문제화하고 사유하는 두 가지 논의의 흐름을 살펴본다. 이것은 미백의 세계로 들어가는 데 각각의 경로를 제공한다. 첫 번째는 인종 문제로서의 피부색이다. 노예제와 인종 차별의 강렬한 역사를 지닌 미국은 물론 서구권의 많은 국가에서 흰 피부는 인종주의적 맥락 속에서 권력의 위치를 내포하는 것으로 이해된다. 이에 피부색을 '인종색racial color'의 차원에서 접근하는 일련의 흐름이 마련되어 왔다. 과학적 담론으로서 구성되고 체화와 수행을 통해 유지되어 온 인종주의와 백인성, 포스트인종주의적 담론으로 나타난 피부색주의, 황인종이라는 개념을 탄생시킨 오리엔탈리즘과 아시아에서의 흰 피부에 대한 기존 논의를 고찰해 본다.

두 번째 경로는 뷰티 문제로서의 피부색이다. 한국 사회에서 '뷰티'라는 말은 인체를 아름답고 건강하게 관리하는 것을 의미하지만 단순히 사전적 번역어로서의 '아름다움'이나 '미美,' '미용美容'과는 조금 다른 함의를 지닌 채 사용된다. 뷰티는 더 현대적이고, 산업적이고, 육체적인 의미를 함축한다. 이러한 성격으로 인해 뷰티는 산업적 효과나 기술 차원에서 주로 연구되어 왔다. 뷰티가 한국 사회에서 형성하는 담론과 실천의 영역은 커져 가는데, 이에 대한 인문사회과학적 관심은 부족하며 특히 미백에 대한 문화주의적 해석은 거의 전무한 상태다. 따라서 뷰티를 바라보는 사회문화적 시각을 살펴봄으로써 한국의 미백 문화에 대한 사유의 도구를 마련하고자 한다.

1. 인종 담론으로서의 피부색

인종과 백인의 발명

인종은 개인의 정체성을 구성하는 중요한 범주로, 특정 집단에서 공유하는 외형적, 사회적 속성들을 기반으로 이루어진다. 오늘날에는 인종을 사회적 구성물로서 바라보는 시각이 여러 학계에서 주류적이다. 반면, 근대적 인종 개념은 17~18세기의 과학 혁명을 통해 생물학적 지식으로서 부상했다. 그중 칼 폰 린네Carl von Linné와 그의 제자인 요한 프리드리히 블루멘바흐Johann Friedrich Blumenbach의 분류 작업은 근대 인종주의의 기반으로 꼽힘과 동시에 인종색에 대한 기본 분류법으로 이해된다. 두 사람의 인종 분류법은 기본적으로 신체 표현형phenotype을 토대로 한다.[11] 이때 인종 분류 자체보다 주목해야 할 것은 그 분류

11 린네는 호모 사피엔스를 지명과 색깔을 이용하여 백색 유럽인Europaeus albesc, 홍색 아메리카인Americanus rubesc, 갈색 아시아인Asaticus fuscus, 흑색 아프리카인Africanus nigr으로 나

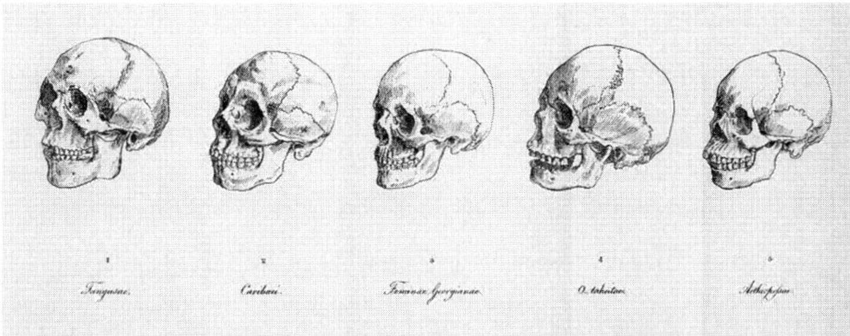

그림 1 블루멘바흐가 제시한 다섯 인종의 두개골 모습. 근대적 인종주의의 토대가 된 블루멘바흐의 퇴화 이론은 처음에 하나의 종으로 시작한 인류가 환경에 따라 인종을 5개로 나누었고 그중 코카서스인종이 가장 우월한 인종이며 다른 인종은 코카서스인종의 퇴화한 형태라는 주장을 담고 있다.

가 내포하는 위계다. 특히 블루멘바흐의 '퇴화 이론'은 인종 간 위계에 과학적 토대를 제공했다. 그는 코카서스인종Caucasiae이 가장 균형 잡힌 두개골을 갖춘 완벽한 인간 유형이라고 규정했고, 몽고인종Mongolicae과 에티오피아인종Aethiopicae은 코카서스인종으로부터 가장 멀리 떨어져 있는 퇴화한 인종이라고 판단했다. 이때 백색 피부는 '색소가 묻지 않은' 상태로, 퇴화가 이루어지지 않은 태고의 기준점처럼 구성된다 (Keevak, 2011/2016). 이처럼 근대적 인종 개념은 그 분류 자체에서부터 인

누었다. 블루멘바흐는 추가적으로 두상에 주목하면서 린네의 분류를 수정해 다섯 가지 인종, 즉 코카서스인종, 몽고인종, 에티오피아인종, 아메리카인종Americanae, 말레이인종Malaicae으로 분류한다.

종주의적 위계를 내포한 채로 탄생했다. 인종 분류법이 서구인의 과학 지식으로 탄생했을 뿐만 아니라 이러한 지식 발전의 원동력이 된 사상적 맥락에는 뒤에서 살펴볼 식민주의와 오리엔탈리즘이 깔려 있기에, 인종 간 위계는 서구를 중심으로 체계화될 수밖에 없었다.

기울어진 지식으로서 태어난 과학적 인종 개념은 법과 제도를 통해 그 위계적 질서를 정당화하고 재생산해 왔다. 찰스 W. 밀스Charles W. Mills(1997/2006)는 백인우월주의를 '인종 계약racial contract'이라는 개념을 통해 고찰하며 인종 계약이 인종적 정체성의 토대를 형성했다고 말한다. 이때 밀스가 '계약'이라는 말을 사용하는 것은 시민 사회의 기반이 되는 사회 계약이 인종주의적이면서 동시에 인종주의의 현실을 은폐하기 때문에 그것을 드러내기 위함이다. 시민 사회의 형성 과정에서 인종 계약은 특정한 인종, 즉 백인만을 시민으로 구성해 왔다. 헌법과 법률 같은 공식적인 계약뿐만 아니라 사회·정치·문화·경제적 권력이 작동하는 비공식적이고 국지적인 협약들도 백인의 시민성만을 인정하거나 중시해 왔다.

인종 계약이 국가와 민족 단위의 지정학적 권력으로 작동한 형태가 바로 제국주의의 식민 프로젝트다. 프랑스의 식민 지배를 받은 앙티유제도의 식민지인의 심리를 고찰한 프란츠 파농Franz Fanon(1952/2014)에 따르면, 흑인은 경제적이고 심리적인 차원에서 백인에 대한 콤플렉스를 형성한다. 그리고 이는 백인이 흑인에 대해 지닌 고정관념을 통해 더욱 강화된다. 백인은 한편으로는 흑인을 유아화하여 자신들의 보호와 은혜 하에 가둬 두려 하고, 또 다른 한편으로는 문명화 이전의 무절제한 성적 방종에 대한 이미지를 흑인에게 투사하여 흑인에 대한 공포증을 만들어 낸다. 이로써 흑인은 거대한 타자로서의 백인의 시선에 갇힌다.

이러한 인종주의 및 제국주의 차원의 성찰 위에서 20세기 중후반부터 미국에서는 백인성 연구가 하나의 학제로 형성되기 시작했다. 백인성 연구는 백인이라는 패권적 인종의 사회·문화·역사적 속성을 탐구하고, 그러한 속성을 바탕으로 구성된 백인성을 하나의 사회구성물이자 담론으로 인식함으로써 백인성의 이데올로기를 밝히는 것을 목표로 한다. 백인성 연구의 선구적 위치에 있는 시어도어 앨런Theodore Allen은 저서 《계급 투쟁 그리고 인종 노예제의 기원: 백인의 발명*Class Struggle and the Origin of Racial Slavery: The Invention of the White Race*》(1975)의 제목이 명시하듯이, 백인이 특정한 사회문화적 구성물로서 '발명'되었다고 말함으로써 백인성 연구의 핵심적 명제를 제시한다. 그리고 백인이 자신이 획득한 사회경제적 권력을 법과 제도를 통해 공고히 하고 자연화함으로써 인종적 우월성에 대한 신화를 만들어 낸 역사를 추적한다.[12]

그 역사 속에서 인종 차별과 억압의 근거는 단연 흑백의 구분이다. 유럽에서 미국으로 온 식민자들은 매우 다인종적인 배경을 갖고 있었음에도 미국에 정착한 순간 자신을 '백인'이라는 범주 안에 위치시켰다. 반면 이들 백인의 이익에 복무하는 방식으로 제정된 각종 관

12 간략히 들여다보면, 그 시작은 미국의 기원이라고도 할 수 있는 17세기 초 플랜테이션으로부터 시작한다. 버지니아주 제임스타운에 정착한 영국 식민자들은 플랜테이션을 확장해 나갔고, 아프리카인들이 노예선을 타고 제임스타운에 오면서 미국의 노예제가 시작되었다. 주인과 노예의 관계로 시작한 미대륙에서의 백인과 흑인의 관계는 백인이 자산을 늘려감에 따라 더욱 심화되었다. 1705년 버지니아 법은 프로테스탄트가 아니거나 유색인인 이들의 정치적 권리를 일부 박탈함으로써 백인-비백인의 이분법을 바탕으로 백인 우월성에 기여한 결정적 계기였다.

그림 2　1920년 8월 30일 시카고에 도착한 아서 가족의 이 사진은 미국 흑인 대이동Great Migration의 상징적 사진으로 여겨진다. 텍사스주에 살던 아서 가족은 백인의 공격으로 아들 둘을 잃은 후 미국 남부 사회의 가혹한 인종 차별에서 벗어나고자 시카고로 이주했다. 당시 600만 명 이상의 흑인이 더 나은 삶을 찾아 북부나 중서부 공업 지대로 이주했다.

습과 법은 아프리카인과 아메리카 인디언, 그리고 영국과의 전쟁에 패하고 포로로 이주해 온 아일랜드인을 구별 없이 억압해야 할 하나의 '비백인' 집단으로 환원해 버렸다(Jordan, 1968; Allen, 2012[1975]).

백인성 연구가 밝히는 백인 우월성 구축의 유구한 역사를 볼 때, 백인성이란 어떤 고정적 집단을 가리킨다기보다는 인종적 차별 논리를 가능케 하는 용어라는 것을 확인할 수 있다. 이 사실을 대표적으로 보여 주는 극명한 사례가 20세기 초반에 등장한 '한 방울 규칙one-drop rule'이다. 조상 중에 아프리카계 출신이 한 명이라도 있으면, 즉 흑인의 피가 한 방울만이라도 섞이면 흑인으로 분류된다는 규칙이다. 이 한 방울 규칙의 중요한 의도는 '보이지 않는 흑인성'을 걸러 내려는 것이다. 과학으로서의 인종 개념이 가시적인 신체형을 기반으로 했다면, 사회구성물로서의 백인성은 기득권을 획득한 백인 집단이 자신의 순수성을 명목적 자산으로 삼아 인종 사다리를 공고히 하려는 사회정치적 욕망을 기반으로 한다.

살펴본 바와 같이 인종 개념은 생물학의 형태를 띠고 탄생했으나 그 작동 논리는 사회정치적인 것이기에 많은 허구와 모순을 내포한다. 그러나 그 허구와 모순의 논리는 기득권층이 지닌 권력에 의해 법제화되고 지지받아 옴으로써 백인우월주의를 현실 원칙으로 다져 왔다. 따라서 "인종은 생물학적인 것이라기보다 사회정치적인 것이며, 하지만 그럼에도 불구하고 현실적인 것이다"(Mills, 1997/2006: 205).

체화와 수행의 '힘'

20세기의 백인성 연구들이 백인의 '만들어진' 우월성을 입증하고 설명함으로써 궁극적으로는 유색 인종이 경험하는 억압의 기제를 폭로하고자 했다면, 20세기 후반에 들어서면서 백인성의 가시적 토대가 되는 흰색 자체에 대한 담론을 구성하려는 시도들이 나타났다.

대표적으로 리처드 다이어Richard Dyer(1997/2020)의 논의에 주목할 필요가 있다. 다이어는 서구 문화 내에서 백인 스스로가 생산한 백인성의 문제를 다룬다. 다이어가 문제 삼는 것은 인종이라는 용어가 주로 유색인을 지칭하기 위한 용도로 사용되는 한편 백인은 하나의 인종이 아닌 인류를 대변하는 '인간 규범'으로 기능해 왔다는 점이다. 백인은 보편적 주체이고, 문화적 헤게모니를 차지한 이들이고, 위치 지어지지 않은unsituated 이들이고, "그냥 인간just human"(p.57)이다. 따라서 다이어는 이러한 백인을 낯설게 바라보자고 말한다. 백인이라는 집단을 보편적 인류로 바라보지 않고 특수성과 한계성을 지닌 '백인 종족white ethnicity'으로서 고찰함으로써 백인 우월성에 도전하자는 것이다.

백인의 보편성을 해체하기 위한 방법으로 다이어(1997/2020)는 백인이 기독교 정신, 인종적 순수성, 제국주의 진취성을 체화하고 있음을 분석한다. 유럽으로부터 수출된 기독교는 유럽인의 문화 및 의식과 밀접한 관계를 형성하면서 백인성의 주요한 요소가 되었다. 이때 그리스도와 성모 마리아는 백인에 대한 젠더화된 모델로 기능한다.[13] 갖은 고난과 유혹을 이겨 내는 강인한 정신의 상징인 그리스도는 백인 남성성의 모델이고, 신성하고 수동적이고 순수한 처녀성을 지닌 성모 마리아는 백인 여성성의 모델이다. 한편 인종적 순수성은 앞서 살펴본 18세기 인종 분류와도 연결되는 부분으로, 다이어는 여기에 계보학적 차원의 설명을 더한다.[14] 더불어 다이어는 서구의 수많은 문헌 속에서 흰

13 다이어(1997/2020)의 그림 5와 그림 6을 참조하라.

14 백인 계보의 시작인 아리아인Aryan 또는 코카서스인Caucasian은 오늘날의 인도 북서쪽에 거주하던 민족으로, 이들이 코카서스산맥을 통해 서쪽으로 이주해 유럽 민족을 형성했다는 가설이 받아들여지고 있다. 이에 높은 산맥이 지닌 미덕, 즉 맑은 공기, 자연을 이기는 활력과 진취성, 신과 가까운 높은 위치, 하얀 눈의 존재 등이 백인의 미덕과 연결되어 왔다(Dyer, 1997/2020).

색이 순수 및 고결의 상징으로 활용되어 왔고, 백인성은 그 상징을 체화함으로써 인종적 순수성을 주장해 왔다는 것을 밝힌다. 마지막으로 제국주의의 진취적 정신 또한 서구 백인성이 체화한 중요한 요소다. 백인에게는 늘 자신과 타자를 통제하는 능력으로서의 진취성과 의지의 개념이 결부되어 있으며 이는 제국주의라는 형태로 발현되기도 했다.

이러한 논의는 백인 그리고 백인이 지닌 것으로 이해되는 '힘'이라는 성격이 자연적으로 주어진 객관적 형질이 아니라 '수행'을 통해 획득되는 것임을 설명하려고 한다는 점에서 중요하다. 기독교 정신, 인종적 순수성, 제국주의적 진취성은 백인이 지닌 생물학적 형질이나 본질적인 성향이 아니다. 스스로를 백인 위치에 놓은 이들이 그러한 정신을 적극적으로 수행함으로써 백인이 될 수 있었던 것이다.

또한 다이어(1997/2020)는 할리우드 영화 제작 기술에서 백인 등장인물에 대한 조명 사용 관행을 파헤친다. 이는 백인성에 체화된 정신이 대중문화 속에서 어떻게 기술적으로 수행되는가를 잘 보여 준다. 그는 영화 조명이 "백인성을 가정하고 특권화하고 구성한다"(p.202)고 말한다. 할리우드의 조명 기술이 백인성을 염두에 두고 그 관습을 발전시켜 왔기 때문에 백인은 규범적인 존재로 만들어진다. 또한 조명 관습은 인종화되고 젠더화된 의미를 구성한다. 예를 들어 다이어는 영화 〈어 퓨 굿 맨*A Few Good Men*〉(1992)에서의 조명이 백인 남성의 도덕성을 더 빛나게 만드는 장치로 기능하는 양상을 분석한다. 마찬가지 방식으로 미국 대중문화물이 백인 여성을 희고 빛나게 연출함으로써 백인 여성을 이상적인 존재로 구성하는 관행을 제시한다.

그웬돌린 오드리 포스터Gwendolyn Audrey Foster(2012)는 다이어의 관찰과 유사한 분석을 제공한다. 포스터는 백인성이 시각적 차원에서 만들어진 담론이라고 말한다. 즉 영화는 '백인성의 환상'을 만들어 낸다. 특히 포스터는 "화이트페이스whiteface"(p.47)라는 용어를 제시한다. 이것은 할리우드 영화가 보편성에 호소하기 위하여 특정한 인종 및 계급의 흔적을 지우는 하나의 방식으로 백인성에 의존한다는 것을 드러낸다. 배우는 억양이나 생김새를 특정한 규범에 맞춤으로써 동질적인 수행을 하도록 요구받는다.

> 나는 화이트페이스를 …… 인류, 특히 미국인이 백인이라는 것을 주장하는 재현이 이루어지는 공간으로 여긴다. 대부분의 영화는 화이트페이스의 공간이다. 화이트페이스는 공간 소유권과 정체성 주장에 관한 것이다. 따라서 백인은 화이트페이스에서 그들 스스로의 타자가 될 수 있고, 실제로는 존재하지 않는 것, 즉 '백인성'으로 알려지게 된 것을 재현해야 한다는 부담감을 지니게 된다. (p.51)

다이어(1997/2020)와 포스터(2012)가 말하려는 바를 종합해 보면, 백인성은 원본이 존재하지 않은 채 무한히 재현되는 '시뮬라크르simulacre'(Baudrillard, 1981/2001)와도 같다. 본질적인 실체로 존재하는 것이 아니라 체화와 수행을 통해 유지되는 것이라는 점에서 백인성은 모호하고 불안정하다. 특히 다이어는 보편적 인간으로서의 백인의 위치에 대해서 '특성 없는 주체subject without properties'라고 부르기도 한다. 따라서 백인은 "항상 모든 것이면서 아무것도 아닐 필요가 있고, 말 그대로 압도적으로 존재하면서도 명백히 부재하는, 살아 있으면서 죽은 것"(p.126)으로서의 역할을 수행해야 한다.

그 자체로 모순인 존재론으로 인해 백인성은 늘 불안을 배태한다

(Dyer, 1997/2020; Foster, 2012). 그러나 다이어는 궁극적으로 이러한 불안정성을 백인성에 위협이 되는 것으로 보지 않는다. 생물학에 기반을 둔 견고한 기준을 갖고 있는 것이 아니라, 체화와 수행을 통한 불안정성을 갖고 있기에 백인성은 도전해 볼 만한 매력적인 위치가 되기 때문이다. 백인성 외부에 있는 자들에게는 그 경계를 건너고 싶은 욕망이, 백인성 내부에 있는 자들에게는 더 위로 올라가 보고 싶은 욕망이 존재한다.

같은 맥락에서 로널드 홀Ronald Hall(1995)이 제시한 '표백 증후군bleaching syndrome'은 밝은 피부색으로 동화되어 가려는 유색인의 심리를 의미한다.[15] 밝은 피부색과 그것이 체화한 지배 문화의 기준을 내화하고 그 이상에 도달해 감으로써 미국의 주류 사회에 동화되려는 노력이다. 아프리카계 미국인은 한편으로는 주류 백인 사회에서 규정한 흑인의 정체성을 인식하면서도, 다른 한편으로는 "표백된 이상bleached ideal"(p.174)을 설정하여 후자에 가까워지고자 한다. 이러한 아프리카계 미국인은 겉은 검고 속은 하얀 쿠키의 이름을 따와 '오레오Oreo'라고 불리기도 한다.

15 홀은 표백 증후군의 이론적 계보로 윌리엄 E. B. 두 보이스William E. B. Du Bois(2008[1903])의 '이중 의식double consciousness'을 언급한다. 이중 의식이란 흑인이 인종주의적인 주류 백인 사회의 눈을 통해서 자신을 바라보는 것을 의미한다. 따라서 주류 사회의 이상적 피부색 기준에 미치지 못하는 자신의 피부를 보며 사회에서 소극적인 위치를 취하고 흑인 커뮤니티 내에서의 자기 정체성과는 다른 방식으로 인식하게 된다. 파농(1952/2014)도 앙티유인의 자기 이해를 이러한 이중 의식으로 설명하면서 앙티유인의 마음속에 '지배적 허구'로서의 백인이 위치한다고 말한다.

다이어의 논의처럼 백인성이 우월한 것, 이상적으로 만들어지는 기제에 주목하는 시각은 백인성을 매우 유동적인 담론으로 제시함으로써 그 권력에 도전한다. 그러나 이 역시도 백인성을 다른 인종이 선망하는 대상이라고 여기는 관념 자체를 해체하는 데까지는 이르지 못한다. 이와 관련하여 테리 카와시마Terry Kawashima(2002)의 논의는 백인성에 대해 시각적인 차원에서 더 해체적인 접근을 한 시도로서 주목할 만하다. 그는 백인성을 "구체적이고 경계가 뚜렷한 개체가 아니라, '인종' 담론 자체의 일관성을 불안정하게 만드는 파편화된 요소들의 배열일 뿐"(p.165)이라고 규정한다. 일본 만화 속 캐릭터가 백인 같다는 비판에 대해 카와시마는 파란 눈과 하얀 피부를 인종적 지표 삼아 백인이라고 말하는 것은 부분으로 전체를 주장하는 제유적 오류라고 반박한다. 특정한 인종과 연결된 시각적 특징은 다른 인종에 의해서 얼마든지 "파편적 전유fragmented appropriation"(p.178)가 가능하다는 주장이다. 백인성의 시각적 특징이라고 여겨지는 것은 백인만 배타적으로 소유한 것이 아니라 누구든지 부분적으로 전유할 수 있는 것이라는 해석은 백인성의 수행성에 대한 더 확장된 이해를 제시한다. 카와시마가 "담론적이고 수행적으로 구성된 '인종화된 시각성/시각화된 인종'의 실천"(p.185)에 주목하는 방식은 백인성에 대한 보다 급진적인 사유 방식을 보여 준다. 이 지점에서 우리는 질문해 볼 수 있다. 이러한 파편적 전유가 어떤 욕망에 기인한 것인가? 그리고 어떤 효과를 내는가?

피부색주의

피부색의 문제는 비단 백인과 유색인 사이의 권력관계에만 국한되지 않는다. 유색인 간에도 피부색은 특정한 권력 지표로 존재한다. '피부색주의colorism'는 피부색이 하나의 권력으로 작동하는 양상을 일컫는 용어다. 1980년대에 앨리스 워커Alice Walker는 자신의 에세이에서 피부색주의를 "피부색에만 의거하여 같은 인종 내 사람에 대해 이루어지는 편견적이거나 편애적인 대우"(Walker, 1983)라고 정의 내린 바 있다. 인종주의가 근대 생물학과 우생학에서 근거를 찾아 사회문화적으로 인식 가능한 인종 개념을 바탕으로 하는 차별을 의미한다면, 피부색주의는 즉각적으로 가시적인 피부색을 하나의 스펙트럼 형태의 위계로 인식하고 이에 근거해 이루어지는 차별을 의미한다.

피부색주의의 차별적 권력에 대해 살펴보기 전에, 피부색에 대한 주목이 이루어지게 된 배경을 살펴보자. 피부색 담론은 인종 개념이 효용성을 잃으면서부터 나타난 일종의 포스트인종주의post-racism 담론이라고 이야기된다. 그 등장 및 대두에 대한 설명들(Herring, 2002; Glenn, 2009; Telles, 2009; Tharps; 2016. 10. 6)이 제시하는 변화의 맥락을 두 가지로 정리할 수 있다. 첫 번째는 미국을 중심으로 나타난 반인종주의anti-racism다. 1950~1960년대에 활발하게 이루어진 흑인 민권 운동의 결과로 법제도 차원에서 인종 차별이 철폐되었고, 이후에도 인종에 대한 사회적 의식을 개선하는 운동이 꾸준히 이루어져 왔다. 1980~1990년대를 지나면서는 정치적 올바름political correctness에 대한 요구가 증가함에 따라 인종 차별적 발언은 물론 인종에 대한 직접적 언급에 대해서도 주의를 기울이는 분위기가 마련되어 왔다. 더불어 미국이 점차 인종 간 결혼과 이민자의 증가로 복잡한 다인종 사회가 됨에 따라 개인의 인종을 명확하게 명명하는 것이 실질적으로 어려워진 측면도 있다.

우리의 첫 흑인 대통령이 백인 어머니를 두고 있고, 골퍼 타이거 우즈Tiger

Woods가 '카블리나시안Cablinasian'이고, 레이첼 돌레잘Rachel Dolezal[16]이 아프리카계 조상이 없는데도 흑인 정체성을 주장하는 이 시점에서 '인종'에 대한 대화는 더이상 충분하지 않다. 좀 더 미묘한 차이를 포착하는 논의가 필요하고 흑백을 넘어선 분류가 도입되어야 한다. (Tharps, 2016. 10. 6)

이처럼 기존의 인종 분류가 정당성 및 효용성을 잃어 가는 상황에서 피부색이 인종의 언어를 대체하고 있다. 기존의 인종 개념 자체가 피부색을 주요한 기준으로 삼기 때문에 인종 개념과 완전히 다른 체계를 지니고 있지 않으면서도, 피부색은 명확하게 가시적이라 인종보다는 덜 모호하기 때문이다.

두 번째로, 피부색주의는 인종 분류가 어려운 문화권에서 인종을 대체하는 분류 체계로부터 태동했다. 미국과 같이 양인종적biracial 관념이 강한 사회에서는 인종 개념 자체와 인종적 차이, 인종적 순수성에 대한 강조가 이루어지는 반면, 다인종multiracial 체계가 존재하는 사회에서는 인종보다는 피부색이 더 두드러진 담론을 형성한다(Glenn, 2009). 앞서 백인성 연구의 전통에서 살펴본 바와 같이 백인성은 흑백의 이분법을 기반으로 한다. 이것은 근본적으로는 한 방울 규칙에 근거한 백인과 흑인에 대한 양인종적 구분이면서, 더 많은 종족을 아우르는 차원에서는 백인과 유색인에 대한 이분법적 인종 구분이다. 그러나 라틴아메리카와 같은 다인종 사회에서는 인종의 구분이 모호하기

16 레이첼 돌레잘은 미국의 흑인 민권운동가로, 유럽계 조상을 둔 백인이지만 스스로 정체성을 흑인이라고 규정하여 '인종 전환transracial'에 대한 논쟁을 일으켰다.

때문에 피부색이 정체성을 파악하는 데 더 결정적으로 작용한다. 가령 브라질에서 인종적 정체성의 구분은 매우 복잡하고 모호하다. 따라서 브라질에서는 '색깔'을 의미하는 용어인 '코르côr'가 인종 개념보다 더 보편적으로 사용된다(Telles, 2009).

이제 피부색주의가 작동하면서 이루어지는 구조적 차별의 양상을 들여다보자. 미국에서 1964년 인종 차별의 철폐와 함께 흑인이 취업할 수 있는 기회가 훨씬 많아지면서, 흑인 고용에 거부감을 느낀 백인 고용주는 흑인 중에도 피부색이 상대적으로 밝은 사람들을 채용했다. 소수 집단 우대 정책affirmative action의 가이드라인을 준수하면서도 직장 내 흑인의 가시성을 최소화하려는 꼼수였던 것이다(Russell, Wilson, & Hall, 1992). 이에 "너무 하얀 니그로too-white Negroes"(p.127)가 피부색 특혜를 누림에 따라 흑인 집단 내에서 상대적으로 밝은 피부색의 흑인과 어두운 피부색의 흑인 사이에 반목이 나타나기도 했다. 아프리카계 미국인 여성과 멕시코계 미국인 여성을 대상으로 그들의 피부색과 사회경제적 지위 간의 관계를 조사한 마거릿 헌터Margaret Hunter(2002)에 따르면, 피부색이 밝을수록 교육 수준과 소득이 높고 배우자의 교육 수준과 소득 또한 높게 나타났다. 피부색이 밝은 유색인에 대한 선호가 사회적으로 작동하기 때문에 더 많은 기회가 이들에게 주어지고 그 기회의 분배에 따라 사회경제적 지위의 재생산이 지속된다.

구조적인 차별과 억압으로서의 피부색주의 측면을 더 잘 드러내는 용어는 '색소주의pigmentocracy'다.[17] 앞서 언급했듯이 인종 개념이 모

17 피부색주의와 색소주의는 거의 동의어처럼 상호 대체하며 사용되는 것으로 보이나, '-cracy'라는 접미어가 드러내듯 색

호한 라틴아메리카에서는 피부색이 정체성의 주요한 부분으로 기능한다. 이때 지향되는 피부색이란 단연 유럽인의 흰 피부이고, 피부색이 밝을수록 더 높은 사회적 계층으로 인식되기도 한다. 따라서 백인 같은 흰 피부를 갖기 위한 '블랑케아미엔토blanqueamiento'가 나타난다 (Bonilla-Silva & Dietrich, 2009). 특히 브라질이나 쿠바는 이를 한때 정책으로 제정해 백인의 유입 및 이들과의 결혼을 장려하기도 했다.

특히 피부색주의는 인종주의에 비해 차별과 억압을 은폐하기 쉽다는 점에 주목해야 한다. 소수 집단 우대 정책을 준수한답시고 밝은 피부색의 흑인만을 고용한 백인 고용주들의 사례처럼, 피부색주의적인 차별은 더 은근하고 미묘한nuanced 형태로 전개되어 왔다. 더욱이 정치적 올바름에 대한 공감이 이루어지면서 인종에 대해 언급하는 것은 인종주의로 평가받기 쉬워진 반면, 피부색에 대한 언급은 정치적 올바름의 잣대로 명백하게 판단하기 어려운 측면이 있다. 이에 피부색은 '인종 없는 인종주의'처럼 기능하기도 한다(Sue, 2009). 피부색주의는 유색인 집단 내에서 인종주의의 역할을 대체할 뿐이다.

종합해 보면 인종주의와 피부색주의, 백인성 연구의 지형은 그림 3과 같다. 인종주의와 피부색주의는 별개의 것이 아니라 밀접하게 연결되어 있으면서 공통의 관념 및 맥락을 공유한다. 백인성 연구는 인종주의적 논의에서 태동했지만 피부색주의 연구와도 교집합을 이루며 하나의 학제로 형성되어 온 영역이다. 인종주의는 양인종 사회에서 사회 담론으로든 학술 담론으로든 활발하게 논의되는 한편, 다인종 사회

소주의는 일종의 통치 원리라는 의미를 내포한다.

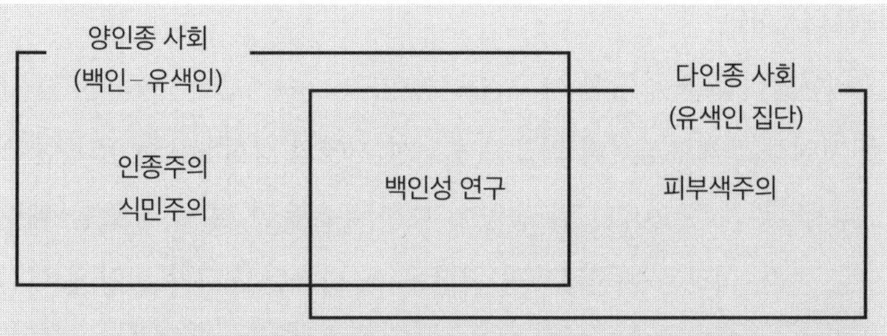

그림 3 인종주의, 백인성 연구, 피부색주의의 관계

에서는 피부색주의가 해당 사회의 문제를 더 잘 관찰하게 해 주는 관념 및 구조로 존재한다.

그렇다면 한국과 같이 단일 민족의 신화가 강하게 자리매김한 일종의 단일 인종 사회의 피부색 문제는 이 지형에서 어떻게 위치해야 할 것인가? 즉 양인종 및 다인종 사회에서 피부색 문제를 바라보는 시각과 어떻게 같거나 다를 것인가? 피부색을 생물학적 고정성 바깥에서 사유하며 '흼'의 의미를 탐구해 온 백인성 연구는 미백를 어떻게 사유할 것인가에 대한 출발점을 제시해 준다. 주어진 신체를 변형시키는 행위로서의 미백은 특정한 의미나 효과를 창출하게 마련이며, 그 의미와 효과란 무엇인가의 질문이 제기된다. 그러나 미백을 백인성과 동일시하거나 하위 유형으로 간주하여 '백인성의 아시아 버전'으로 단순 환원하는 접근은 경계해야 한다. 미백이 백인성에 비견할 만한 정상성 내지 우월성을 지니는가도 의문이지만, 그렇다고 하더라도 미백이 욕망되는 맥락은 백인성과는 분명 다를 것이다. 우리는 바로 그 차이를 전제로 하여 미백의 세계를 관찰해야 한다.

노란 아시아인

'오리엔탈리즘'을 주창한 에드워드 사이드Edward Said(1978/1991)는 "동양을 지배하고 재구성하며 억압하기 위한 서양의 방식"(p.18)에 주목한다. 오리엔탈리즘은 19세기 말 동양에 대한 두려움인 '황색 공포'를 배경으로 한다. 이것은 제국주의적 확장을 해 나가던 서구가 동양에 대한 침략 및 지배를 정당화하기 위해 만들어 낸 개념이다. 훈족과 몽골족의 침공 등에 대한 역사적 기억을 바탕으로, 이질적인 외모와 언어, 문화를 지니고 있으면서 수적으로 다수인 동양인에 대한 부정적인 이미지를 황색 공포로 총체화한 것이다. 더욱이 19세기 말부터 20세기 초에 아시아인이 영미권 지역으로 이주하기 시작하고 더 낮은 임금으로 백인의 노동력을 대체함에 따라 황색 공포는 더욱 일상적인 설득력을 얻게 되었다.

마이클 키벅Michael Keevak(2011/2016)은 사이드와 같은 시각에 입각해 황인종의 역사를 추적한다. 백인성 연구자인 앨런(2012[1975])이 '백인의 발명'을 이야기했다면 키벅의 저서는 "황인종의 탄생Becoming Yellow"이라는 제목을 달고 있다. 키벅에 따르면 황색이 인종적 지시어가 된 것은 19세기에나 이르러서였다. 대항해 시기 초기에 서구인들의 기록에서 동아시아인은 백인으로 묘사된다. 그러나 키벅은 이때 백인이라는 것이 실제 동아시아인의 생김새를 객관적으로 묘사하기 위한 말이었다기보다 가치 평가적인 말로 해석해야 한다고 말한다. 당시 유럽인이 보기에 동아시아인이 문명화할 능력, 즉 유럽의 기독교로 개종할 수 있는 능력을 갖추었다고 판단하였기에 백인이라고 표현했다는 것이다. 일례로, 16세기에 포르투갈인이 일본에 방문했을 때 일본인은 백인으로 묘사되는데, 이는 당시 일본인의 개종 가능성이 높았을 뿐만 아니라, 실제로 많은 일본인이 개종했기 때문이다. 그러나 1614년 일본에서 기독교가 공식적으로 금지되고 서양인이 쫓겨난 후에 일본인은 "구릿빛," "올리브빛이 나는 황색," "번들거리는 흑색"(p.61)으로 묘사된다.

18세기에 들어서며 린네와 블루멘바흐의 분류법을 통해 동아시아인은 인종 위계에서 낮은 곳에 위치 지어진다. 키벅(2011/2016)은 이들이 동아시아인을 분류하기 위해 사용한 색채어와 그것이 내포한 의미에 주목한다. 린네는 처음 자신의 분류에서 '갈색 아시아인Asiaticus fuscus'이라는 용어를 제시했다. 이때 '푸쿠스fuscus'란 구릿빛의 어두운색을 의미하는데 여러 색을 암시할 수 있는 모호하고 중립적인 색이다. 그러나 린네의 분류는 여러 수정을 거치면서 오늘날 황인종 관념의 기원이라고 이야기되는 '루리두스luridus'라는 단어를 사용하기 시작했다. 이 단어는 "황색yellow, 연황색pale yellow, 병색sallow, 창백한pallid, 죽은 것 같은deathly, 섬뜩한ghastly"(p.95) 등의 의미를 지닌다. 일반적이고 중립적인 색채어 대신 경멸적 함의가 담긴 색채어를 사용한 것이다. 이후 블루멘바흐가 동아시아인에 해당하는 몽고인종을 '황색 또는 올리브색'이라고 칭하면서 황색 아시아인의 관념은 정립되었다.[18]

이와 같은 논의를 볼 때, 황인종이란 동양에 대한 서양의 두려움과 혐오 속에서 고안된 개념이고 서양의 과학 담론을 통해 그 부정적 의미가 고착된 개념이다. 앞서 살펴보았던 밀스(1997/2006)가 인종 계약

18 더 나아가 블루멘바흐의 동료인 크리스토프 마이너스Christoph Meiners는 인류를 코카서스인종과 몽고인종 둘로 나눈 뒤 이 두 인종 간의 차이를 '아름다움'과 '추함'으로 구분한다(Keevak, 2011/2016).

을 "세계를 잘못 해석하기 위한 협약"(p.40)이라고 말한 것처럼 인종과 문명은 서구인의 시선을 통해 잘못 해석되고 날조되어 왔다. 그럼에도 이러한 날조는 서구 중심의 지배적 재현 체계 속에서 꾸준히 재생산되고 있다. 오랫동안 할리우드 영화는 아시아인을 순종적 여성, 신비로운 현인, 악당, 성적 매력이 없는 영웅 등 소수의 전형적인 표상으로 제시해 왔다(홍석경, 2005). 〈가십걸*Gossip Girl*〉, 〈글리*Glee*〉, 〈루머의 루머의 루머*13 Reasons Why*〉 등과 같은 2000년대 미국 하이틴 드라마 또한 아시아인을 매력 없는 모범생, 보수적이고 교육열 높은 가족, 조용하고 괴짜 같은 여학생 등 전형적 아시아인 스테레오타입으로 그려낸다. 아시아에 대한 서구의 상상력은 특정한 틀을 벗어나지 못한다.

사이드(1978/1991)는 오리엔탈리즘이 얼마나 포괄적이고 고정적인 것인가를 주장하면서 '비전vision'이란 용어를 사용한 바 있다. 비전이란 동양을 한눈에 바라볼 수 있다는 믿음을 기반으로 하는 하나의 거대하고 본질주의적인 체계다. 오리엔탈리스트들은 동양에서 발견되는 모든 것을 이 비전에 입각하여 해석함으로써 동양을 불변의 고정적 실체로 이해해 왔다. 한편 사이드는 비전에 대항하는 개념으로서 '이야기narrative'를 제시한다. 동양 내부에서 이루어진 어떤 변화와 발전 등 통시적인 움직임은 동양의 고정성에 반하는 것으로서, 비전에 대항하는 이야기를 형성한다. 이어서 살펴볼 아시아인의 흰 피부에 대한 논의는 사이드가 말하는 비전과 이야기 사이에 존재한다.

흰 피부를 욕망하는 아시아인

아시아에서 흰 피부에 대한 선망과 미백의 노력은 매우 보편적으로 발견된다. 태양빛에 피부가 그을리는 것을 경계하고, 하얀 피부를 지닌 여성을 선호하며, 배우자를 선택할 때도 피부색을 고려하는 것은 아시아 국가에서 흔히 관찰할 수 있는 문화 현상이다(Rondilla & Spickard, 2007; Wen, 2013).

앞서 흑인이 외양적으로나 문화적으로 백인에게 동화되려고 하는 현상을 일컫는 '표백 증후군'을 언급한 바 있다. 그렇다면 아시아인의 미백 또한 일종의 표백 증후군이라고 할 수 있을까? 즉 미백이 지향하는 이상향으로서의 흰 피부가 서구 백인이 지닌 흰 피부와 동일한 것인가라는 질문을 던져 볼 수 있다. 적어도 식민주의와 문화제국주의가 작동하는 역사 속에서 아시아는 여러 방면에서 서구의 영향을 받았고 피부색의 가치 또한 그로부터 자유롭지는 않았으리라 생각된다. 다음에서 살펴볼 일부 아시아 국가의 사례 연구들은 미백의 노력이 서구의 백인성을 내화하고 선망하는 식민주의적 사고 및 실천이라고 해석한다.

인도에서 피부색은 구조적 불평등을 만들어 내는 요소로 꼽힌다(Jha, 2016; Mishra, 2015). 밝은색의 피부가 단연 미의 규범으로 작동하며 피부색이 어두운 여성일수록 결혼이나 취업 문제에서 차별을 경험한다. 이러한 흰 피부에 대한 선망은 식민 경험과 세계화를 통해 강화되었다. 본래 카스트 제도를 통해 흰 피부가 높은 사회적 계층을 암시하는 것으로 선망되어 오긴 했으나, 영국의 식민 치하에 있는 동안 낮은 카스트에 위치한 이들에 대해 더욱 가혹한 피부색 차별이 이루어졌던 경험은 어두운 피부색에 대한 부정적인 이미지를 강화했다. 인도의 배우나 모델은 평균적인 인도인보다 밝은 피부를 갖고 있으며 상당수의 여성 배우는 백인에 가까운 외양을 갖고 있다. 이것은 미국 할리우드를 모델 및 경쟁 상대로 삼는 양상으로 해석된다. 1990년대 이후 발리우드 영화가 성장하는 과정에서 여주인공을 할리우드의 여주인공과 유사한 모습, 특히 유사한 피부색을 가진 것으로 제시함으로써 글로벌 시장에서 경쟁력을 갖추려는 노력이 이루어졌다. 국가가 미의 재현을 소프트파워로 활용하는 '뷰티 민족주의beauty nationalism'를 보여 준 사례다(Jha, 2016).

스페인과 미국에 의해 식민 지배를 받았던 필리핀에서도 흰 피부는 식민주의의 잔재로 여겨진다(Rondilla & Spickard, 2007). 스페인 식민자와의 혼혈로 태어난 메스티조mestizo는 부르주아지에 빗대어 '메스티주아지mestizoisie'로 불리며 필리핀 원주민보다 나은 사회경제적 지위를 가질 수 있었고, 따라서 계급 상승에 대한 욕망과 뒤섞여 밝은 피부, 서구적 외형에 대한 선망이 형성되었다고 설명된다. 이처럼 서구에 의한 식민화 경험이 있는 아시아 국가에서의 미백 문화의 가장 큰 맥락으로 작동하는 것은 식민지 역사이며, 그 역사적 과정에서 피부색에 기반을 둔 계급화가 두드러지게 나타난다.

서구의 식민 지배를 받지 않은 일본의 경우에도 서양의 문화제국주의적 영향력을 통해 백인성을 내화하게 되었다는 논의가 있다. 메이지 유신 이후 일본의 미 규범 변화에 대해 고찰한 이사 마사코와 에릭 크레이머Eric Kramer(Isa & Kramer, 2003)는 오늘날 일본의 미 규범이 문호 개방 후 서구 국가의 영향 속에서 산업적으로 형성된 것이라고 말한다. 일본의 대표적인 화장품 브랜드인 '시세이도Shiseido'는 19세기 후반에 설립된 후 프랑스 예술과 산업의 영향을 받으며 발전했다. 전후 시세이도의 광고에는 코카서스인종의 특성을 일부 가진 혼혈 모델이 등장했다. 그러나 1972년 일본의 전통적 얼굴을 가진 여성인 야마구치 사요코山口小夜子가 모델로 등장하는데, 야마구치는 파리에서 '오리엔탈'의 얼굴을 가진 것으로 평가받으며 데뷔했다. 시세이도가 내세운 전통

그림 4　1972년 시세이도가 기용한 야마구치 사요코는 유럽 패션계에서 열광적 지지를 받았다. 길고 가는 눈과 검은 단발머리의 이국적 얼굴은 서구의 오리엔탈리스트들의 기대에 부응하는 이상적인 동양의 미를 보여 주었다고 평가된다.

적 일본 미인이란 서구의 시선에서 오리엔탈의 미로 인정을 받은 미인인 것이나. 따라서 이사와 크레이머는 일본의 미 규범에는 늘 서구의 시선이 작동하고 있다고 말한다.

백인성을 체화하려는 흑인을 일컫는 '오레오'라는 표현처럼 백인성을 체화하려는 아시아인에게는 '바나나'라는 표현이 따라붙곤 한다. 세계적으로 작동하는 백인성의 위계에서 아시아인은 라틴아메리카인이나 아프리카인보다는 더 하얗다는 것을 인정받고자 하며 "예비 백인"(Mills, 1997/2006: 137), "구성된 백인constructive white"이자 "모범적 소수자model minority"(Kim, 2001: 101)이며, "명예 백인"(Bonilla-Silva & Dietrich, 2009: 41)으로 스스로를 위치 짓는다. 이때 하얀 피부란 백인 교육을 받고 백인 규범을 체화하는 것과 마찬가지로 아시아인이 '유사 백인'으로서 인정받는 하나의 강력한 근거로 주장된다. 관련해서 수잔 A. 킴Suzanne A. Kim(2001)의 비판을 눈여겨볼 만하다. 그는 미국 사회에 포용되기 위해 자신의 백인성을 증명하고자 하는 아시아계 미국인에 비판적 입장을 취하며, 그 근거로 성평등을 주장하는 여성이 마주하는 한계에 대한 캐서린 매키넌Catharine MacKinnon(1989)의 비평에서 유비 관계를 찾는다. 매키넌은 여성이 남성과의 동등한 지위를 주장하기 위해서는 자신이 남성과 다를 바가 없음을 증명해야 하고, 이것은 궁극적으로 종속의 조건을 개선하기 위해 억압자와 동일시해야 하는 모순을 낳는다고 말한다. 마찬가지로 아시아인이 백인과 동등한 대우를 주장하기 위해서 백인과의 유사성을 근거로 드는 논리에 대해 킴은 부정적으로 바라본다.

이처럼 아시아인의 흰 피부의 규범에 대한 설명이 지배적 존재로서의 서구와의 밀접한 관계 속에서 이루어지는 가운데, 앞서 필리핀인의 흰 피부 선망을 식민주의 잔재로 해석한 조앤 론딜야Joanne Rondilla와 폴 스피커드Paul Spickard(2007)는 반대로 아시아인이 태닝을 하는 것 또한 식민주의적 사고방식에서 비롯된 것이라고 진단한다. 미백의 욕망이나 노력이 아시아인으로서의 진정성에 어긋난다고 생각하여, 그 진정성을 구현하는 방식으로 태닝을 하는 이들이 있다는 것이다. 이러한 설명은 아시아의 미와 피부색은 어느 쪽을 향하든 식민주의적 언어로 귀결될 수밖에 없게 만드는 한계를 갖는다. 늘 억압의 역사를 맥락으로, 그리고 문명화된 백인을 기준으로 하는 설명은 담론적 한계를 지니며 포스트식민주의의 고전적인 질문을 제기한다. “하위 주체는 말할 수 있는가?”(Spivak, 1988/2013)

하얀 아시아인

아시아에서의 흰 피부란 서구의 영향에 의해 백인성을 내화한 것이라는 비판 내지 해석이 충분히 설득력이 있는 것처럼 보이는 한편, 일본의 흰 피부에 대한 또 다른 논의는 아시아에서의 흰 피부 담론에 복잡한 지형을 더한다. 일본은 흰 피부에 대해 국가 고유의 역사 및 맥락 속에서 설명하려는 시도가 비교적 활발하게 이루어져 왔다.[19] 일본인의 흰 피부 문제를 다루는 아시카리 미키코의 세 연구(Ashikari, 2003a, 2003b, 2005)는 일본 여성의 미백 화장이 서구의 영향만이 아니라 일본의 사회역사적 맥락 속에서 형성된 이데올로기의 산물이라고 설명한다. 그 내용을 세 가지로 요약해 살펴보자.

첫 번째로 일본 여성의 하얀 화장은 일본 전통을 고수하려는 양상이다(Ashikari, 2003a, 2003b). 메이지 유신 이후에도 일본 여성은 전통적 가치를 일부 보유하도록 장려되었는데, 그중 하나가 얼굴을 새하얗게 칠하는 전통적인 미백이다. 새하얀 전통 화장은 흰 피부의 미 규범이 서양을 통해 도입된 것이라는 주장을 빈박하는 대표적인 증기로 제시되곤 한다. 그러나 이런 극단적인 전통 미백 화장이 아닌 현대화된

19 일본은 우생학에 의존해 신체적 차원에서 인종 개량을 꿈꾸던 국가다. 일본인의 신체, 미, 피부색 등에 대한 논의가 다수 존재하며 일본 고유의 행위주체성을 부각하는 논의들이 많은 것은 이러한 역사를 맥락으로 하기 때문인 것으로 보인다.

미백 화장이 이루어지기 시작한 데는 서구의 영향이 없지 않다. 다이쇼 시대에 서양 영화를 통해 서양 스타일을 더 대중적으로 접하게 됨에 따라 화장 방식도 변한 것이다. 하지만 아시카리는 이 경우에도 아이라이너나 아이섀도를 바르는 것은 서양을 따라 하는 잘못된 화장으로 인식되는 등 서양의 미 규범에 대한 무조건적 수용이 이루어지지는 않았다는 점을 강조한다.

두 번째로, 현대화된 미백 화장은 일본 사회의 근대적인 젠더 이데올로기와 관련된다. 아시카리(2003a, 2003b)는 일본 여성이 주로 외출을 할 때 미백 화장을 한다는 점에 주목한다. 자신이 관찰한 바에 따르면 서양 여성은 외출을 위해 하는 간단하고 필수적인 화장으로 립스틱을 바르는 경우가 많은 것에 반해 일본 여성은 피부 화장을 우선시한다는 것이다. 아시카리는 이러한 양상을 메이지 유신 이후 근대화 과정에서 형성된 '우치(うち, 안)/여성-소토(そと, 바깥)/남성'의 이분법적인 젠더 이데올로기로 설명한다. 근대 젠더 분업의 이데올로기를 바탕으로 중산층에서 '사라리만(회사원)'인 남성은 바깥, 주부인 여성은 집 안에 위치지어진다. 따라서 여성은 남성의 공간인 '소토'로 갈 때 피부 화장을 하는 식으로 공간을 구분해 인식한다는 설명이다.[20]

세 번째로, 하얀 피부는 일본인의 표준적인 정체성의 표현이자 정상성의 기준으로 여겨진다. 일본 여성에게 화장이란 뭔가를 더 향상하

20 이때 '우치'와 '소토'는 단순히 물리적 공간의 차원에서 안과 밖을 의미하는 것이 아니라 주관적 의미에서 판단되는 것이다. '소토'는 일본 여성이 화장을 해야 할 필요를 느끼는 공적이거나 공개된 공간을 의미한다.

거나 고치기 위한 것이 아니라 올바른 일본인 여성의 피부라고 여겨지는 "평준화된 하얀 얼굴"(Ashikari, 2003b: 11)을 갖기 위함이다. 미백 화장을 하지 않거나 어두운 피부를 가진 여성은 여성성 규범을 벗어났다고 여겨진다. 이처럼 사회적인 표준을 따르는 방식으로 외모 가꾸기가 이루어지는 것은 한국 또한 마찬가지다(Park, 2007). 개인보다 집단과 관련된 정체성이 강한 아시아 문화권에서 화장하는 것은 단순히 개인의 선택과 취향을 넘어서 집단 내에서 튀지 않고 표준적인 외양을 유지하기 위한 문제라고 해석할 수 있다.

그 표준이 타자를 배척 및 혐오하는 기제로 작동할 때는 더욱 문제적이다. 일본 내에서 오키나와 거주민은 다른 종족 또는 인종으로 간주되거나 '이등 시민'으로 여겨지며 차별받는 경우가 있다. 이때 피부색은 오키나와인을 타자화하고 차별하는 하나의 근거다(Ashikari, 2005). 오키나와인의 피부가 실제로 더 검은지, 그렇다면 그것은 기후적 특성에 의해 그을린 것인지에 대한 것은 중요하지 않고 오키나와인은 그저 어두운 피부의 종족으로 상상된다.[21] 일본 사회에서 또 다른 타자로 여겨지는 재일한국인과 홋카이도의 아이누에 대해서도 마찬가지다. 일본인에게 흰 피부란 사회적 타자와 구분지어 스스로를 정당하고 정상적인 일본인으로 정체화하는 한 가지 방식이다(Ashikari, 2005).

관련하여 1931년 일본 최초의 국가 미인 대회에 대한 분석을 한 제니퍼 로버슨Jennifer Robertson(2001)의 논의는 흰 피부가 일본에서 어떻

21 영국이 아일랜드인을 억압하고 타자화하는 방식으로써 아일랜드인을 검은 민족으로 재현한 것(Dyer, 1997/2020)과 마찬가지의 양상이다.

게 국가 정체성 이데올로기를 내포하게 되었는지를 잘 보여 준다. 근대화 시기 우생학에 의존했던 일본에서는 순수 혈통을 유지하면서도 '우월한 일본인'으로 인종 개량을 하고자 했고, 이에 일본 여성의 신체와 미가 중요한 문제로 대두했다. 우월한 일본인을 재생산해 줄 건강하고 아름다운 일본 여성이 국가의 중요한 정체성이 된 것이다. 그러한 여성을 찾기 위해 미인 대회가 개최되기 시작했다. 대회를 통해 선발된 미스 일본은 주로 화장품 지면 광고를 통해서 널리 홍보되었는데, 광고에는 미스 일본과 함께 아프리카나 아마존 지역의 여성 사진이 함께 배치되었다. 이것은 아프리카와 아마존 지역 여성의 검은 피부가 "'순수하지 않은 피impure blood'의 결과"(p.18)임을 암시하는 것으로, 그와 대비되는 미스 일본의 밝은 피부는 일본의 순수 혈통 유지를 통한 아름다움을 전달하는 효과를 지녔다. 일본에서 흰 피부는 일본 고유의 순수 혈통을 방증하면서도 우월한 일본인을 구성하는 장치였다.

이처럼 일본의 미백 담론은 흰 피부를 서구에 대한 모방보다는 국가 및 종족 정체성을 구성하는 본질적인 요소로 해석한다. 특히 일본의 정체성 이데올로기와 밀접한 관련을 맺고 수행되는 신체적 실천의 차원이 부각된다. 이러한 해석은 한편으로는 자국의 우수성에 고립되거나 또 다른 권력을 작동시키는 위험을 지니지만, 서구를 모방이나 비교의 기준점으로 특정하지 않고 아시아의 문화 현상을 설명하려는 노력이라는 점에서는 의의를 찾을 수 있다.

한국의 피부색 담론

…… 한국 문화연구 영토 내 인종(주의) 논의는 말 그대로 초보적 단계에

> 머물고 있다. …… 자본주의 사회는 "계급, 인종, 국가, 나이, 종교, 직업, 교육 정치적 충성 등의 차원에서 분열되어 있다"라거나 하위문화 구성에는 계급 외에도 성별, 연령, 인종 등 "사회구성의 다양한 양상이 중요한 의미를" 갖는다는 식으로 이미 자명한 명제들 내에서 일회적으로 언급된다. …… 단지 성이나 세대와 같은 비계급적 요소가 수용자의 문화 소비, 미디어 해독을 이해함에 있어 매우 중요하다는 '변함없는 상식'을 강조할 때 이를 강화시킬 목적으로 추가될 따름인 것이다. (전규찬, 1999: 121~122)

국내 문화연구가 인종을 어떤 방식으로 논하고 있는가를 비판하는 이 인용문은 약 20여 년이 지난 지금도 유효한 것으로 보인다. 현시점에 민족, 다문화, 디아스포라, 식민주의 등의 다른 개념에 인종적 논의가 내포되어 다루어지고 있다고는 할 수 있으나, 한국 사회에서 한국인의 인종 정체성 정치나 인종 감수성과 관련한 문제를 적극적으로 제기하는 목소리는 잘 드러나지 않는다.

한국에서 학술적 담론으로서든 사회적 담론으로서든 인종 담론이 취약한 것은 어떤 이유에서일까? 전규찬(1999)은 국내 문화연구에서 인종에 대한 관심이 "실재하는 삶에 대한 밀도 높은 문제의식에서 출발했다기보다는, 바깥/서구/중심 사회 주도적 이론의 단순 외삽된 형태에 가깝다"(125)는 점을 지적한다. 한국 사회, 적어도 한국 영토 내에서 인종이 실재하는 삶으로서, 또는 상대적으로 중요한 정체성 범주로서 가시화되지 못한 것은 사실이다. 인종 담론이 활발하게 전개되어 온 사회와 비교했을 때 한국 사회는 양인종 사회라고도, 다인종 사회라고도 하기 어렵다. 더욱이 단군 신화를 통해 형성된 '단일 민족'에 대한 강력한 신화가 존재하기 때문에 인종 개념보다는 민족 개념이 강력하게 작동한다.[22] '다문화'라는 명칭을 통해 피부색이 다른 한국인의 존재를 인지하기 시작한 지도 오래되지 않았다. 따라서 한국 내에서 그 차이나 갈등이 일상적으로 인식되거나 공론화되는 정체성 범주(젠더, 세대, 지역 등)에 비해 인종은 한국 영토 내의 한국인에게는 '단어로서만 존재하는 개념'에 가까웠을 것이며, 학술적인 접근에 있어서도 우선순위에서 밀려났을 것이다.

한국의 인종·종족론 자체가 공백인 것은 아니다. 한국의 인종론은 식민지하 일본과의 관계 속에서 성립되었다. 박성진(1996)은 19세기 후반부터 20세기 초반 사이 우생학을 바탕으로 백인을 우등 인종으로 인식하던 일본의 인종론이 조선에도 소개되어 퍼져 나가기 시작했던 상황을 관찰한다. 한편 유선영(1997)은 '황색 식민지'라는 개념을 통해 황색을 "식민자 일본을 지칭하는 동시에 백인 문명에 대한 환상을 내재화한 식민지 한국인의 피부색"(p.85)을 은유한 말로 제시한다. 식민제국주의적 체제하에서 같은 황인종 일본에 대한 경멸과 거부감이 존재했다면, 그 도피처로서 미국의 근대 문명에 대한 환상을 형성했고, 자기 민족에 대한 미개 콤플렉스는 백인우월주의에 대한 내화로 나아가게 되었다는 설명이다.

같은 의미에서 하상복(2012)은 파농(1952/2014)을 전유해 '황색 피부, 백색 가면'이라는 표현으로 한국의 인종 현실을 고찰한 바 있다. 조선은 서구식 근대화 과정에서 백인과 흑인의 이분법 사이에 황인이라는

22 국립국어원 표준국어대사전에서 '단일 민족,' '다민족'은 있지만 'biracial,' 'multiracial'에 상응하는 한국어는 존재하지 않는다.

위치를 끼워 넣어 위계화하는 방식으로 인종주의를 내면화했다. 황인이 백인보다는 열등하지만 흑인보다는 백인에 근접하다는 인종 의식을 형성한 것이다. 이때 흑인이란 단지 아프리카계만을 의미하는 것이 아니라, 한국에서 피부색을 기준으로 타자화되는 모든 이방인을 의미한다고 보는 것이 타당할 것이다. 한국에서 다문화주의가 담론화되더라도 동등한 인간의 공존이 아닌 열등한 존재를 포용하는 단계에 머무르는 한계는 이러한 심리적 도식에 의거한 것으로 생각된다. 이처럼 한국에서는 인종에 대한 담론이 풍부하지는 않았으나 식민화와 근대화의 역사적 경로 안에서 하얀 피부를 기반으로 한 백인을 더 우월하게 인식할 계기들을 가지고 있었음은 확인할 수 있다.

이런 역사적 접근 외에 오늘날 한국 사회에서의 인종은 다소 추상화된 개념으로 유통되고 있는 것이 사실이다. 한국인과 관련한 인종 논의는 한국인이 유색 인종으로서 타자화되어 있어서 인종 또는 종족을 삶의 문제로 감각할 계기가 존재하는 한국 영토 밖 또는 경계에서 이루어져 왔다. 가령 한국계 외국인이나 이주민이 서구권 국가에서 거주하며 겪는 정체성의 혼란 및 인종 차별의 경험이 가장 두드러진 현상이고 이것은 다시 한국계 학자가 영어로 생산한 연구를 통해 학술적 논의로 전개되는 경우가 많다. 한국 영토 내에 다수자로서의 한국인에게 인종이란 대개 남의 이야기처럼 감각되곤 한다. 그러나 국내로 많은 외국인이 유입되고 국외로는 한국 콘텐츠가 널리 유통되는 현재에, 그 '밖'과 '경계'는 한국 영토 내에서도 작동하고 있다. 이에 따라 한국은 단일 인종 사회라는 유구한 믿음에 인종을 키워드로 하는 소음이 생겨나는 것으로 보인다. 피부색은 그 소음의 일부를 형성한다.

한국 사회에는 특정한 피부색에 대한 이상과 스테레오타입이 보편적으로 존재한다. 그러나 피부색을 정체성, 차별 등과 연관된 주제로 바라보는 비판적 시선은 부족하다. 피부색주의가 인종주의에 대한 성찰의 발전 선상에서 나타난 논의임을 고려할 때 인종 담론 자체가 빈약한 한국에서 피부색에 대한 진지한 접근이 이루어지지 않은 것은 당연한 경로로 보인다. 피부색주의는 한국인에게 개념적으로도 익숙하지 않으며 한국 사회 내에서 피부색에 기반을 둔 차별이 존재한다는 인식 또한 부족하다(Joo, 2019). 그러나 최근 성장하고 있는 다문화 사회에 대한 담론은 한국에서 인종과 피부색을 동일시하거나 인종보다 피부색이 더 일상적이고 결정적인 차별의 근거가 되기도 함을 보여 준다. 가령 한국 남성이 국제결혼을 할 때 한국인과 유사한 피부색을 지닌 국가의 여성을 선호하거나(문경희, 2006), 다문화 가정의 아이들이 경험하는 차별의 경험이 피부색에 따라 차이가 있거나(정예리, 2010), 이주 노동자가 한국에 정착하는 데 피부색이 중요하게 작용하는(박소란, 2007)[23] 양상은 한국 사회에 인종주의와 뒤얽혀 내재된 피부색주의를 방증한다. 최근 외모 및 정체성과 관련한 정치적 올바름이나 문화적 감수성에 대한 요구가 조금씩 증가하는 가운데, 피부색 또한 그러한 차원에서 반드시 성찰되어야 할 주제다.

23 해당 글에서 인터뷰한 방글라데시인 이주노동자는 이렇게 답한다. "한국…… 다 좋은 데, 하나 아쉬운 점이 있다면…… 내 피부색을 좀 바꿀 수 있다면…… 피부색이 조금만 희면 더 좋았을걸……"(pp.113~114).

2. 뷰티 담론으로서의 피부색

뷰티를 바라보는 시각

뷰티란 기본적으로 신체 변형을 통해 실천되는 것이라는 점에서 신체에 대한 사유와 교집합을 이룬다. '신체적 전회body turn'를 제기하며 나타난 사회 구성적 신체 연구들은 신체란 생물학적인 개체의 차원만이 아니며, 신체의 물질성 또한 사회적 맥락 및 담론 안에서만 의미를 갖는다고 주장한다(Featherstone, 1982, 2000; Turner, 1992; Rose, 1998, 2007). 그 배경에는 근대화가 있다. 탈전통 환경에서 자아에 대한 성찰과 실현의 중요성이 증가함에 따라 여기에 신체도 적극적으로 관여하게 된다. 신체는 자기정체성을 감각하고 유지하는 본질적 일부이기 때문에 외모에 대한 성찰이 자아를 기획하는 중심적 요소가 된 것이다.[24] 한국 사회 또한 근대화 과정에서 신체를 고정된 객체가 아닌 변형 가능한 것으로 인식하는 변화가 나타났다(Lee, 2018). 전근대 한국 사회에서 '관상'의 관념은 개인의 정체성을 파악하고 삶을 규정하는 강력한 담론이었으나 점차 고정된 것으로서의 외모가 아닌, 구성해 나가는 것으로서의 외모가 부상했다.

더불어 소비주의의 진전 및 소비자의 행위주체성agency과 관련하여, 뷰티는 개인, 특히 여성이 자신의 외모를 주체적으로 활용하고 힘돋우기empowerment를 경험하는 실천으로 주목되기도 한다(Featherstone,

24 앤서니 기든스Anthony Giddens(1991/1995)나 크리스 실링Chris Shilling(1993)은 신체를 하나의 프로젝트body project로 설명하기도 했다.

1982; Wen, 2013; Lee, 2018). 소비주의 사회에서 기표는 유동하며, 특정한 성질이나 의미를 특정 상품에 부착한다. 광고는 상품에 매력적인 의미를 연결함으로써 소비자가 상품 구매를 통해 그 의미를 살 수 있다고 부추긴다. 사람들은 미디어가 만든 화려한 이미지들을 바탕으로 소비하고 그 소비를 통해 자신의 신체를 유지 및 향상시키려 한다. 소비주의 사회에서 신체는 개인의 개성을 표현 및 전시할 수 있는 "쾌락의 매개체vehicle of pleasure"(Featherstone, 1982: 21)다.

그러나 신체에 대한 개인의 자율성이 무한정 열려 있다고는 할 수 없다. '사회적으로 구성된 신체'라고 했을 때, 이것은 개인이 자신의 신체를 스스로 구성하여 특정한 사회적 의미를 획득하는 과정을 의미하기도 하지만, 한편으로 개인의 신체에 대한 사회의 규율적 힘을 의미하기도 한다. 이러한 맥락에서, 사람들은 자신이 속한 사회 및 집단에서 공유되는 정상성의 기준에 따라 자신과 타인의 아름다움을 인식하고 평가하곤 한다(Ashikari, 2003b, Park, 2007). 베르나데트 베겐슈타인Bernadette Wegenstein(2012)은 이것을 '성형적 응시cosmetic gaze'[25]라는 개념으로 고찰한다. 베겐슈타인은 '코스메틱cosmetic'이 '코스모스cosmos'와 어원을 공유한다는 점에 주목하는데, 코스모스란 "처음부터 그곳에 있었으면서도 정돈이 이루어지기 위한 곳"(p.ix)을 의미한다. 따라서 성형적 응시는 사람의 신체를 '코스모스'로 인식함으로써 끊임없는 정돈

25 'cosmetic'은 '화장,' '미용,' '성형' 등과 관련된 여러 형용사로 번역될 수 있다. 여기서 'cosmetic gaze'란 정상적이거나 아름답다고 여겨지는 특정한 상을 만들도록 규율하는 응시이자 성형수술까지 암시하는 의미에서 제시된 개념이기에 '성형적 응시'라고 번역했다.

이나 치장이 이루어지기 위한 곳으로 바라보는 응시를 말한다. 성형적 응시는 신체를 잠재적 변형의 공간으로 바라봄과 동시에 특정한 기준에 맞춘 방향으로 변형해 나가도록 규율하는 힘을 지닌다.

한 사회에서 아름답다고 규정하는 외모는 궁극적으로 그 사회가 상상하는 모범적 정체성을 체현한다. 하이케 스타인호프Heike Steinhoff(2015)는 미국의 TV '메이크오버makeover' 쇼 프로그램이 출연진의 외모 변신을 통해 아름답고 자신감 넘치는 "(상상된) 미국인 시민성"(p.73)을 통치하는 담론을 형성한다고 주장한다. 또한 앞서 언급했던 로버슨(2001)의 논의에서처럼 일본도 근대화 시기에 아름다운 일본 여성의 이미지를 구축함으로써 '신일본New Japan'을 만들고자 했다. 문명화된 일본을 만들자는 기치하에 선발된 미스 일본은 '신일본의 신여성'을 대표하는 포토제닉이자 상상된 일본을 재현하는 이미지로 유통되었다.

뷰티 문제를 이야기할 때 중요한 또 다른 점은 한 사회의 뷰티 담론이 그 사회의 특수한 문화적 맥락 속에서 구성된다는 점이다. 이러한 시각 속에서 '여성은 예뻐지고 싶어 한다'라는 명제가 지닌 보편성은 해체되고 한 사회의 특수한 맥락이 드러난다. 밀러(Miller, 2006)는 이러한 견지에서 일본의 뷰티 산업을 자기민속지학적인 방식으로 탐구한 대표적 사례다. 밀러는 일본의 다양한 뷰티 산업을 직접 체험 및 관찰해 보며 뷰티 산업이 동원하는 토착 관념 및 합리성의 언어 등에 대해 주목한다. 론딜야(Rondilla, 2009) 또한 필리핀 미백 제품 광고의 인종미학적 레토릭을 살펴본다. 필리핀의 선크림 광고에는 인종 정체성이 모호한 모델이 등장하는데, 필리핀인은 그를 서양적 특징을 지닌 아시아인으로 받아들인다. 이를 통해 일반적인 수용자들은 광고 속에서 아름답지만 자신과 동떨어지지는 않아서 공감대를 형성할 수 있는 "친근한 이상relatable ideal"(p.71)을 발견한다.

또한 뷰티는 페미니즘과 뗄 수 없는 문제다. 뷰티가 대개 여성 문화로 인식 및 실천되어 온 만큼 뷰티를 주제로 삼는 논의의 대다수가 페미니즘의 개념 및 이론에 기대고 있다. 미백 또한 여성성과 결부된 문화인 만큼, 뷰티에 대한 페미니즘의 관점에 대해서는 아래에서 좀 더 자세히 살펴보고자 한다.

뷰티를 바라보는 페미니즘의 두 가지 시선

> 미인 대회 참가자들은 우리 모두가 강요받는 여성 노릇을 완벽하게 보여 준다. 그들이 런웨이를 따라 걷는 광경은 4-H 클럽의 가축 품평회를 연상케 한다. 잔뜩 긴장한 채 이빨이나 양털 따위를 판정받는 가축, 그중에서도 최고 등급을 받은 '품종'은 목에 푸른 리본을 건다. 우리가 살아가는 사회에서 여성은 이 가축마냥 매일같이 경쟁을 벌여야 한다. 우리가 목에 거는 것은 남성의 인정이다. 이 터무니없는 '미적' 잣대의 노예가 된 여성은 엄청난 영향을 받는다. (Morgan, 1968/2016: 89)

위 인용문은 1968년 '뉴욕 급진적 여성New York Radical Women' 회원들이 발표했던 "미스 아메리카 대회를 멈춰라No More Miss America"라는 선언문 일부다. 미스 아메리카 대회를 규탄하기 위한 목적에서 발표된 이 선언문은 사회의 미적 규범이 여성을 어떻게 억압하는가를 요약적이고 강력하게 보여 준다. 1960년대부터 부흥한 2차 페미니즘 운동은 "개인적인 것이 정치적인 것이다The Personal is Political"라는 구호와 함께 여성의 신체를 정치적인 장으로 끌고 들어왔고, 그 주요한 의제 중 하나가 미스 아메리카 대회였다. 미스 아메리카 대회가 여성을 남성의 시선하에 놓고 그들의 기준에 맞추기를 강요하는 기능을 한다는 비판은 브래지어, 거들, 속눈썹, 가발 등 미용 용품을 태우는 시위로 이어졌다.

"여성이 가정이라는 여성의 신비에서 벗어나자, 아름다움의 신화가 그 자리를 대신 차지해 영향력을 확대하고 있다"(p.31)는 나오미 울프Naomi Wolf(2002/2016)의 지적처럼, 페미니즘 내에는 아름다움의 신화가 여성의 사고와 행동을 제약한다고 보는 시각이 존재한다. 같은 맥락에서 산드라 바트키Sandra Bartky(1990)는 소비주의와 산업주의가 낳은 "패션-뷰티 복합체fashion-beauty complex"(p.39)가 여성성을 규율하고 있다고 말한다. 패션-뷰티 복합체의 영향에 포획된 여성은 더 많은 패션 및 뷰티 제품을 소비함으로써 성적 대상화하는 남성의 시선에 복무한다. 그러한 의미에서 여성의 신체는 젠더화된 미의 기준에 근거해 구성되는 "문화적인 조형물cultural plastic"(Bordo, 1993/2003: 302)이라고 할 수 있다. 대중문화는 끊임없이 여성의 이상적 아름다움을 생산 및 재생산하고, 그러한 이미지의 범람 속에서 여성은 자신의 몸에 대한 왜곡된 인식을 형성한다.

울프(2002/2016)는 여성의 아름다움도 능력처럼 평가되는 사회 구조를 비판한 바 있다.[26] 여성의 아름다움이 능력이 된다는 사실은 '뷰티 자본beauty capital'과 연결된다(Wolf, 2002/2016; Hunter, 2002, 2005; Wen, 2013; Jha,

26 울프는 이에 대해 PBQ(Professional Beauty Qualification)라는 용어를 제시한다. 여성의 노동 시장 진출이 활발해지면서 기존의 젠더 권력 구조에 균열이 일어나자, 그 균열에 대한 대응으로서 여성의 외모를 능력의 일부로 규정하여 유리 천장을 만드는 것이다.

2016). 뷰티 자본이란 여성의 외형적 아름다움이 경제적 능력이나 사회적 지위 등 다른 종류의 자본과 밀접하게 연결된다는 것을 의미한다. 따라서 여성은 이 자본을 확보하기 위해 고투할 수밖에 없을 뿐만 아니라 자본의 보유를 바탕으로 위계화된 질서 속에서 차별을 경험한다.

이때 뷰티 자본은 여성의 '인종 자본racial capital'과 무관하지 않다. 태초의 인종 과학이 코카서스인종과 몽고인종을 미추의 기준으로 이분화했던 것처럼 백인에 가까운 외모가 인종 간의 미의 위계에서 우위를 차지하는 서구 미의 기준은 전 지구적 차원에서 강력하게 작동해 왔다. 마거릿 헌터(Hunter, 2002, 2005)는 그 일부로서 피부색에 주목한다. 그의 연구 결과에 따르면 아프리카계 미국인과 멕시코계 미국인 여성 중 피부색이 밝은 여성일수록 노동 시장과 결혼 시장에서도 우위를 차지하는 것으로 나타났다. 흑인 여성이 뷰티 담론에 관여하는 양상을 살펴본 맥신 크레이그Maxine Craig(2006) 또한 인종 자본으로서의 뷰티 자본을 암시한다. 뷰티 담론의 바깥에 위치 지어졌던 흑인 여성은 백인 여성이 소유한 여성적 가치에 접근하고자 한다. 그런데 그 방식이 곱슬머리를 펴거나 성적 매력을 숨기는 등 자신에게 인종적 스테레오타입으로 작용하는 것들을 제거하는 방식이기에 그 이미지는 결국 백인 여성의 이미지로 치환된다. 이처럼 뷰티 자본과 인종 자본은 뒤얽혀 작동하며 피부색에 따라 아름다움을 평가하고 사회에서의 위치를 결정짓는 "뷰티 행렬beauty queue"(Hunter, 2002: 178)을 만들어 낸다.

한국에서도 여성의 외모는 사회의 평가적 시선 속에 놓여 있다. 특히 미디어가 여성의 아름다움을 담는 방식에 있어서 여성이 아름다움의 주체가 되지 못하고 대상화됨으로써 성별 위계와 가부장적 구조를 재생산해 왔다는 해석은 꾸준히 제시되고 있다(이영아, 2011; 최은섭·안준희, 2019). 이에 더해, 한국 여성에게 '아름다움의 신화'는 이중적인 억압으로 작동한다. 한국 사회의 근대화는 곧 서구화였고, 그 과정에서 여성의 서구 지향적 아름다움을 내화해 왔기 때문이다(정민아, 2014; 이수안, 2014; 최은섭 · 안준희, 2019). 한국의 여성은 여성을 대상화하는 시선이 만든 '아름다움의 신화'와 백인 여성을 정점으로 만들어진 '뷰티 행렬'이라는 이중적인 규율 권력 속에 존재해 왔다고 할 수 있다.

현재까지의 논의에서 가장 중요하게 주목해야 할 부분은 '아름다움의 신화'라는 표현이 의미하듯 여성은 아름다워야 하고 아름다워지고 싶어 한다는 것이 너무 당연하게 여겨진다는 점이다. 가부장제와 시장이 공모하여 만든 이 신화 속에서 여성은 아름답지 않을 선택권을 박탈당한다. 따라서 여성이 단일한 기준의 아름다움을 거부하여 진정한 신체적 해방을 경험해야 한다는 것이 아름다움의 신화를 비판하는 이들의 정치적 주장이다.

《아름다움의 신화*The Beauty Myth*》를 통해 뷰티를 여성 억압이라고 비판했던 울프(2002[1990]/2016)는 3년이 지나 《불에서 불로*Fire with Fire*》(1993)에서 상반된 해석을 내놓는다. 뷰티가 여성에게 힘돋우기가 될 수 있다는 것이다. 울프는 뷰티가 여성을 억압하기만 한다고 바라보는 시각을 '희생자 페미니즘victim feminism'이라고 칭하며, 이것이 여성이 지닌 행위주체성을 부정하고 여성을 수동적인 희생자의 위치에만 놓는다고 비판했다. 이러한 시각의 변화에 대해 울프는 시대가 변함에 따라 여성이 뷰티를 수용하는 방식이 바뀌었고 남성도 뷰티 시장에 들어오는 등의 변화에 기인한 것이라고 설명한다(Wolf, 1993, 2002).

이러한 시각 변화의 배경에는 1990년대부터 2000년대에 걸쳐 부상한 포스트페미니즘이 있다. 포스트페미니즘은 '선택,' '행위주체성,'

'힘돋우기,' '욕망,' '쾌락' 등을 페미니즘의 주요한 키워드로 들여온다.[27] 이러한 키워드들 속에서 오늘날의 여성은 자신의 삶을 통제할 수 있고 자신의 선택에 따라 사적인 삶을 영위할 줄 아는 행위 주체들로 구성된다. 따라서 미의 추구도 여성의 자율성 문제로 존중된다. 외모 가꾸기는 얄팍한 여성 문화라는 오명을 벗어나 더욱 창조적이고 사회적인 활동으로 받아들여지게 되었다. 더욱이 뷰티는 소비를 요구하므로 여성의 소비 주체로서의 힘을 보여 주는 것으로 해석된다. 외모도 구매할 수 있는 하나의 상품이 된 사회에서(Gimlin, 2000; Kawashima, 2002; Wen, 2013) 뷰티는 여성이 권력을 발휘할 수 있는 영역이다.

이로써 여성의 뷰티는 행위주체성 차원에서 의의를 획득한다. 여성의 성형 수술 경험에 대해 인터뷰를 진행했던 데브라 김린Debra Gimlin(2000)은 성형 수술이 기만적인 행위가 아니라 오히려 "자아와 신체를 일치시키려는 노력"(p.89)이라고 주장한다. 그저 더 아름다워지거

27 포스트페미니즘을 기존 페미니즘에 대한 수정 및 응답으로 등장한 감수성으로서 통찰한 로절린드 질Rosalind Gill(2007)은 포스트페미니즘 감수성을 몇 가지 특징으로 제시한다. 우선 여성의 선택과 쾌락이 중요시된다. 기존의 페미니즘 구호가 여성의 연대라는 대의를 지녔다면, 포스트페미니즘은 여성의 실제 욕망에 귀 기울이게끔 한다. 또한 여성이 성적인 대상에서 성적인 주체로 변화했다는 것을 꼽을 수 있다. 전통적인 젠더 역학에서 여성이 남성의 시선에 복무했다면, 오늘날의 여성은 '나르시시즘적인 시선'으로 스스로를 바라본다. 포스트페미니즘이 자유주의적 명제하에 이전의 페미니즘적 성과를 절하하거나 무화시킨다는 비판도 존재한다. 그럼에도 불구하고 포스트페미니즘은 현실 사회의 감수성으로 작동하며 페미니즘적 이슈를 바라보는 새로운 시각을 제시함으로써 담론을 복잡화한다.

나 이성의 선호에 맞추기 위해 성형 수술을 하는 것이 아니라, 여성성, 인종, 계급 등 자신이 생각하는 자신의 진짜 정체성에 부합하는 방향으로 신체를 변형 및 수정하고자 한다는 것이다. 앞서 수잔 보르도Susan Bordo(1993/2003)가 여성 신체에 대한 억압을 주장하기 위해 제시했던 '문화적인 조형물'로서의 신체는 이 맥락에서 새로운 의미를 획득한다. 신체를 조형하는 주체가 남성이나 가부장적 기준이 아니라 여성 자신일 때, 뷰티는 여성의 행위주체성이 발휘되는 실천이라고 할 수 있다.

따라서 김린(2000)은 성형 수술을 하는 여성을 "요령 있는 문화적 협상가savvy cultural negotiators"(p.96)라고 표현한다. 많은 여성이 자신이 속한 맥락 안에서 진지한 고민과 협상을 통해 성형 수술을 결정한다는 의미에서다. 이것은 외적 아름다움을 추구하는 행동이 젠더화된 응시를 내화한 것이라고 비판하는 시각에 대한 반박이다. 유사한 의미로 웬후아(Wen, 2013)는 성형 수술을 받으려는 여성의 선택에 대해 "안에서의 행위주체성agency within"(p.205)이라고 표현한다. 누구도 사회 시스템으로부터 완전히 자유로울 수는 없는 가운데, 여성이 자신이 위치한 환경에 적절히 응답할 수 있는 능력 자체가 자유라는 것이다. 한국 또한 미용 성형 산업이 발전한 국가로서 성형하는 여성의 행위주체성에 대한 논의가 이루어지고 있다. 태희원(2012)은 미용 성형 의료 체계에 순응하는 자아가 아닌 신자유주의적 통치성의 차원에서 자기 계발의 일환으로 성형을 주체적으로 선택 및 소비하는 여성의 행위성에 대해 이야기한다. 가부장제, 의료 권력, 시장 논리가 여성을 포섭할 위험이 있는 상황에서 여성은 불완전하게나마 자신의 신체와 자아에 책임을 지고 있다는 것이다.

김린(2000), 웬후아(2013), 태희원(2012)이 말하는 여성의 행위주체성이 결국 주어진 구조와 타협한 소극적 형태에 그치는 것 아니냐는 비판이 가능하다. 안에서 발휘되는 행위주체성이나 협상하는 태도는 분명 브래지어 태우기 운동과 같이 명백한 저항과는 거리가 있다. 그러나 개인의 선택과 욕망이 우선하는 포스트페미니즘적 시각에서 볼 때 이러한 여성의 태도 또한 분명 남성 중심적 담론에 개입하는 힘을 지닌다.

지금까지 살펴본 내용은 뷰티를 페미니즘적 주제로 발전시켜 온 핵심적 논의들이지만, 한편으로는 뷰티를 바라보는 시각을 이분법 구도에 가두는 한계를 갖는다. 뷰티를 여성의 문화로만 국한한 후 억압의 효과와 힘돋우기의 효과 사이에서 택일하게 만들기 때문이다. 전자를 택할 경우 여성은 희생자 프레임을 벗어나지 못하게 되고, 후자를 택할 경우 개인의 행위주체성에 대한 과도한 신뢰의 오류를 저지를 위험이 있다. 페미니즘에서 오래 논쟁이 되어 온 구조와 행위주체성 사이의 대립을 반복하는 이분법이 여기서도 발견된다. 이어 살펴볼 내용은 뷰티에 대한 이분법 구도를 보다 입체적으로 만드는 시각들이다.

뷰티에 대한 새로운 시각과 질문

뷰티에 대한 페미니즘의 이분법은 상호교차성intersectionality 개념의 도입을 통해서 그 극복이 모색되었다. 상호교차성은 백인 여성을 중심으로 형성되어 온 페미니즘 사상에 제동을 걸며 여성 간의 다양성을 주장하는 포스트식민주의적 페미니즘 사상의 맥락에서 제안된 개념이다. 이 개념을 제안했던 킴벌리 크렌쇼Kimberle Crenshaw(1989, 1991)는 흑인 여성이 페미니즘과 반인종주의 안에서 어떻게 이중의 소외를 겪었는가를 밝히며 '차이의 정치성'을 주장했다.

이러한 시각을 바탕으로, 크레이그(Craig, 2006)는 뷰티란 "여러 힘으로 붐비는 교차로"(p.160)에 놓여 있는 문제라고 말하면서 뷰티의 문제를 교차적 관점에 놓는다. 크레이그는 중산층 흑인 여성이 머리카락을 펴거나 반대로 아프로Afro 스타일을 할 때 그것이 필연적으로 구성하는 의미에 주목한다. 대개 흑인 여성은 아름다움과는 거리가 먼 것으로 재현되는 가운데, 흑인 여성이 머리를 펴는 것은 주류 사회의 뷰티 담론에 순응하는 의미로 여겨지곤 한다. 흑인 곱슬머리가 내포하는 후진성으로부터 벗어나 백인 여성이 누리는 뷰티 담론에 접근하는 것이다. 그러나 반대로 머리를 펴는 것은 흑인 커뮤니티 및 정체성에 대한 거부로 해석될 수도 있다. 즉 흑인 여성의 뷰티는 흑인 커뮤니티와 백인 커뮤니티에서 다른 의미를 지니기 때문에 위험하면서도 전략적인 성격을 지닌다. 크레이그가 "인종에 대해 정확하게 쓰기 위해, 젠더와 계급에 대해서도 써야 했다"(p.160)고 말하는 것은 바로 이러한 뷰티의 상호교차적 성격의 중요성을 의미한다.

마찬가지로 한국의 뷰티 문화에 대한 비판적인 시각은 종종 인종 차원의 문제를 동반한다. 아시아의 근대화가 서구 문화와의 접촉과 맞물려 있다는 역사적 경험 때문에, 아시아의 발달한 뷰티 및 성형 산업은 서구인처럼 되고 싶은 아시아인의 병리적 욕망으로 쉽게 설명되어 버리곤 한다(Lee, 2018). 루스 홀리데이Ruth Holiday와 조안나 엘핑황Joanna Elfving-Hwang(2012)의 연구는 이러한 차원에서 고무적인 주장을 보여준다. 이들은 기존의 성형 수술에 대한 연구들이 "(젠더적 분석이 아니면서) 남성을 포함한 '인종적' 성형 수술 연구와 (인종적 분석이 아니면서) 남성을 배제하는 '페미니즘적' 성형 수술 연구"(p.65)로 나누어져 있다는 사실을 지적하며 한국인의 성형 수술에 대한 상호교차적 접근을 제안한다. 그리고 한국에서는 남성도 성형에 관심이 많고 취업 성형이나 관상

성형이 존재한다는 점 등과 같은 특수성과 그 특수성이 나타난 사회적 맥락을 고찰함으로써 성형 수술이 단순히 가부장제가 여성에게 부과한 코르셋이거나 서양인의 외모에 대한 집착적 선망이 아니라고 주장한다. 크렌쇼(1991)의 주장처럼, 한국 사회가 지닌 '차이'가 성형 수술의 함의를 '다르게' 해석하도록 해 준다.

이러한 의의로 인해 상호교차성은 지난 20여 년간 정체성을 논하는 연구들에서 가장 주류적이고 정치적인 활용도가 높은 개념으로 동원되고 있다고 평가된다(Bogic, 2017). 그러나 유색인 여성의 차이를 인식하는 데서 시작한 이 개념은 탈구조주의적 사상의 맥락에서는 그 차이를 드러내는 방식에서 한계가 있다고 비판되기도 한다. 이 개념이 궁극적으로 백인 여성'으로부터의 차이difference from'를 드러내고(Puar, 2011) 자칫 유색인 여성이 처한 특수성에 천착함으로써 유색인 여성의 타자성을 재생산할 위험이 있다는 것이다. 또한 교차성은 정체성을 물화하는 교착gridlock 모델이 될 수 있다는 경계 또한 존재한다(Grosz, 1994; Puar, 2007). 마치 바둑판의 격자 구조 속 한 지점에 바둑알을 위치시키듯 정체성을 형성하는 n개의 흐름이 교차하는 특정 지점을 정적으로 포착하여 정체성의 유동성을 놓칠 수 있다는 의미다. 미백은 정체성의 다면적인 측면이 관여하는 현상이다. 따라서 미백에 대해서는 상호교차적인 시각을 토대로 삼되, 유색인 여성의 차이를 보다 긍정적이고 유동적으로 드러낼 수 있는 접근이 필요할 것이다.

뷰티를 해석하는 또 다른 새로운 시각은 '정동affect' 개념을 통해서다. 뷰티를 정동의 차원에서 다루는 연구(Reddy, 2013; Jha, 2016)는 뷰티를 여성 '사이'에 위치시키고 뷰티의 정동적 능력affective capacity 및 효과에 대해 주목한다. 정동이란 신체가 무언가와의 조우를 통해 변용하는 것이라고 정의 내릴 때 뷰티의 정동적 능력이란 여성 신체 간의 조우를 통해 욕망이나 정체성, 소속감을 생산하는 데서 비롯한다. 특히 바니타 레디Vanita Reddy(2013)는 '초국적 뷰티 배치transnational beauty assemblage' 개념을 통해서 초국적이고 포스트식민주의적인 맥락에서 여성 간에 일어날 수 있는 뷰티의 정동적 능력 및 그 정치적 함의를 읽어 낸다. 레디의 논의를 살펴보기 전에 그가 이론적 출발점으로 삼고 있는 로런 벌랜트Lauren Berlant의 여성 문화에 대한 논의를 간략히 살펴보자.

벌랜트(Berlant, 2008)는 여성의 문화가 '친밀한 공중intimate public'을 형성한다고 말한다. 여성은 서로가 지닌 차이에도 불구하고 서로의 감정을 공유한다. 이것은 토크쇼, 로맨스 소설, 칙릿 등의 가벼운 미디어 장르를 통해 유통되며 여성의 감성이라고 폄하되기도 하지만, 그 과정에서 여성은 자신의 문제가 다른 여성의 문제이기도 하다는 감각을 공유한다. 이렇게 형성된 친밀한 공중으로서의 여성은 "작게 살지만 크게 느끼고, 크게 살더라도 평범한 것을 원할 수도 있고, 실망스럽고 위험한 세계 및 욕망의 대상으로부터 스스로를 분리하지 않고도 비판적일 수"(p.3) 있다. 여성의 뷰티와 같이 작은 것, 평범한 것, 실망스럽거나 위험한 것으로 여겨질 만한 것이 여성 간의 정동적 사회성을 형성하여 세계를 인식하는 바탕이 될 수 있다는 것이다.

더 구체적인 분석에서 벌랜트(2008)는 여성을 친밀한 공중으로 만드는 연결 고리를 "보철적 체화prosthetic embodiment"(p.107)에서 찾는다. 다른 누군가와 동일시한다는 것은 단순히 그 대상을 닮거나 모방하고 싶다는 것이 아니라 자신을 고정시키고 결정짓는 것으로부터 벗어나는 것을 의미한다. 즉 "타인의 육체적 논리, 또는 그 논리의 환상을 빌리고 그것을 보철prosthesis로서 취함으로써"(p.141) 자신의 감각을 확장하는 경험이다. 이런 경험은 합리적이고 인지적이기보다는 신체적 체현과 체감을 통해서 나타나는 정동적 능력의 발현이다.

레디(2013)는 줌파 라히리Jhumpa Lahiri의 단편 소설 "섹시Sexy"를 분석하면서 벌랜트의 논의를 적용한다. 소설 속에서 미국에 사는 백인 여성 미란다는 가정이 있는 인도인 남성 데브와 불륜 관계를 유지하는 동안 그의 인도인 아내에 대해 궁금증을 갖는다. 데브는 아내가 발리우드 배우 딕시를 닮았다고 말한다. 이후 미란다는 우연히 마주한 딕시의 이미지를 보며 이상한 감정에 사로잡히는데, 이것을 레디는 뷰티의 정동으로 설명한다. 미란다에게 딕시의 이미지는 인종화된 몸이면서도 초국가적 이동성을 암시하는 코스모폴리탄적인 몸이다. 반면 백인 여성으로서의 자신의 신체는 미국의 한 도시에 묶여 있는 특징 없는 비코스모폴리탄적인 몸이다. 미란다에게 아름다운 인도 여성이란 "지구적 소속감global belonging"(p.39)의 정동으로 다가오며, 이것은 지방화된provincialized 백인 여성이 세상을 새롭게 인식하게 해 주는 '보철적' 뷰티로 작동한다.

이러한 분석을 통해 레디(2013)가 주장하고자 하는 바는 "뷰티는 무엇인가what beauty is"라는 질문에서 벗어나 "뷰티는 무엇을 하는가what beauty does"(p.32)의 질문으로 나아가야 한다는 것이다.[28] 레디는 세계화와 관련된 뷰티 담론 속에서 어떤 형태의 아름다움이 왜 이상화되는가에 대한 분석으로부터 더 나아가야 한다고 말한다. 뷰티가 문화 간, 인종 간의 조우 속에서 어떠한 정동을 일으키고, 더 나아가 그 정

28 후술하겠지만, 이런 질문의 전환은 배치 개념이 동반하는 주요한 사고의 전환이다.

동은 어떤 시민성 및 소속감을 발생시키는가는 지구적 단위에서 뷰티를 고찰하게 하는 새로운 질문이다.

뷰티 문제를 복잡화하는 또 다른 측면으로 남성의 뷰티를 고려해 볼 수 있다. 지금까지 살펴본 뷰티에 대한 기존 페미니즘적 논의들은 뷰티를 젠더화된 문제, 여성의 문제로 다룬 것들이었다. 그러나 외모를 가꾸는 데 시간과 노력을 들이는 남성도 점차적으로 증가하고 있으며 특히 한국의 남성 뷰티 문화의 성장은 가시적이다. 따라서 남성의 신체와 아름다움, 그리고 이른바 '새로운 남성성'이라고 불리는 현상을 둘러싼 담론을 고려해야 한다.

남성의 신체 및 외양은 오랫동안 학문적인 연구의 대상이 되지 못했다. 오로지 여성의 신체만이 담론화되거나 병리적인 것으로 파악되었을 뿐, 남성은 신체와 무관한 이성의 주체로 파악되거나 남성의 신체 자체가 인간의 규범적 신체로 파악되었다(Mosse, 1996/2004; Connell, 1995/2013). 그러나 존 베이넌John Beynon(2002)은 1980년대에 '바라봄의 정치학'에 변화가 나타났다고 말한다. 소비주의와 함께 남성의 외모 또한 상품화되면서 새로운 남성성이 등장한 것이다. 베이넌은 이를 "자아도취자로서의 새로운 남성new man-as-narcissist"(p.102)이라고 지칭하면서, 패션과 광고 등 대중 시장을 바탕으로 생겨난 상업적 남성성이라고 설명한다. 젊은 남성이 자기 스스로를 표현하는 폭이 넓어졌고, 광고와 텔레비전에는 남성에 대한 새로운 시각적 재현이 나타났다. 남성의 신체도 여성의 신체가 그래왔던 것처럼 성애화되고 대상화되기 시작했다.[29]

29 물론 이 성애화 및 대상화가 여성 신체의 성애화 및 대상화와 같은 방식인가에 대해서는 이견이 있다. 매키넌(McKinnon,

베이넌(2002)은 이러한 새로운 남성성이 이후 '새로운 사나이주의 new laddism'로 대체되는 것을 보며 남성성이란 그 헤게모니를 유지하기 위해 여성성을 일시적이고 선택적으로 이용할 뿐이라고 말하기도 한다. 따라서 새로운 남성성이라고 일컬어지는 것은 남성성 본질의 진정한 변동인지, 단지 마케팅 장치일 뿐인지에 대해서는 논의의 여지를 남겨 놓는다. 그런데 새로운 남성성이 소비 산업을 배경으로 등장하기는 했으나 이를 완전히 마케팅의 효과로 치부하기에는 이미 이에 대한 대중적 인식이 생겨났고 많은 남성의 라이프스타일과 가치관에 변화를 가져온 듯하다.

특히 한국의 대중문화는 2000년대 초반 '꽃미남'과 '예쁜 남자' 열풍을 시작으로 새로운 남성성에 이상적 가치를 부여하고 있다. 한국의 남성 아이돌은 메트로섹슈얼을 적극 차용하고, 무성성이나 양성성을 재현하고, 성애적으로 대상화되기도 한다(김수아, 2011; 윤조원, 2010). 또한 한국 남성 화장품 시장은 지속적으로 성장하고 있으며 피부 결점을 가리는 정도의 베이스 메이크업은 남성의 일상 속에 자리 잡아 가고 있다. 이때 중요한 것은 이러한 남성의 새로운 시각적 재현 및 수행이 예외적인 상태가 아니라, 이성애 규범성heteronormativity에 부합하는 남성성의 범주를 벗어나지 않고 수용될 수 있다는 점이다(Jang et al., 2019).

이러한 남성 뷰티에 대한 논의는 뷰티를 둘러싼 페미니즘적 논의

1997)은 여성의 신체는 이성애적 섹슈얼리티로 곧잘 환원되지만 남성의 신체는 섹슈얼리티 외에도 다른 의미를 수반하기에 남성과 여성의 신체에 대한 의미 작용은 차이를 지닌다고 본다. 따라서 남성과 여성의 시선의 역할이 바뀔 수는 있지만 그것이 두 젠더 간 권력을 전복하는 데 영향을 주기는 어렵다고 말한다.

를 복잡하게 만든다. 특히 한국 남성의 외모 가꾸기에 대한 높은 관심은 뷰티가 여성에 대한 억압으로 작동한다는 주장이 단편적임을 보여주는 한국 사회의 특수성이라고도 볼 수 있을 정도로(Holiday & Elfving-Hwang, 2012), 남성의 뷰티는 젠더화된 뷰티라는 문제와의 연관성 속에서 관찰과 논의를 요한다.

K뷰티

이른바 'K뷰티'라고 불리는 것이 한류 문화의 일환으로 유통되고 있다. 'K뷰티'란 주로 스킨케어 방식 및 관련 제품을 중심으로 글로벌한 인기를 얻고 있는 한국의 뷰티 문화를 일컫는다. 이는 국내에서 한국인에 의해 인식되는 미의 규범이나 실천을 넘어서 해외에서 통용되는 한국의 미를 의미한다. 한국 드라마 스타 및 K팝 아이돌의 아름다운 얼굴과 스타일링은 해외 팬들에게 매력적으로 받아들여지고 있으며, 한국식 화장법이 소셜 미디어를 통해 활발히 유통되고 있다. K뷰티 열풍을 통해 2015년에는 국내 화장품 생산액이 사상 처음 10조 원을 넘어섰고, 수출액은 50% 이상의 증가율을 보였다(식품의약품안전처, 2018). K뷰티의 경제적 영향력이 가시화되면서 언론과 학계는 K뷰티의 경제적 효과와 확산 전략에 주목하기 시작했다. 그러나 문화적 차원에서 K뷰티의 의미에 대한 논의는 부족하다.

K뷰티는 시장의 성장 차원에서만이 아니라 그 문화적 함의에 대해서도 주목이 필요한 현상이다. K뷰티라는 용어가 사용되기 시작한 시점은 약 2013년 전후인 것으로 보인다. 그러나 K뷰티 또한 한국의 문화 콘텐츠의 세계적 인기에 힘입어서 형성된 것이라고 볼 때, K뷰티의 잠재성 및 가능성에 대한 인식은 그 이전부터라고 평가할 수 있

다. 2002년 삼성경제연구소가 펴낸 보고서 〈뷰티 산업의 부상과 성공 전략〉은 드라마 〈겨울연가〉(KBS, 2002)의 성공을 뷰티 산업의 성공 사례로 들고 있다. 뷰티 산업을 좁은 의미의 화장품에 국한하지 않고 문화 콘텐츠가 뷰티 산업의 일부이자 화장품 산업과 연계된 영역이라고 간주한 것이다. 이러한 시각에서 보고서는 뷰티 산업의 영역을 '미관,' '미품,' '미모,' '미담'으로 분류한다.

여기서 우리가 주목한 부분은 '미모'와 '미담'이다. 화장품 산업과 콘텐츠 산업은 미적 체험의 영역에서 각각 외면과 내면을 구성하는 보완적인 관계에 있는 것으로 제시되어 있다. 이 도식에서 '미담'에는 광고만을 언급하지만, 보고서 본문에 따르면 콘텐츠 산업 영역에서 〈겨울연가〉가 '멜로 스토리,' '아름다운 장면,' '스타'의 세 가지 미적 요인을 통해 TV 드라마의 새 장을 연 것으로 평가된다. 비록 이것은 2002년 국내 뷰티 산업을 바탕으로 한 내용이지만, 문화 콘텐츠와 연계된 것으로서의 K뷰티의 태동을 엿볼 수 있다.

뷰티와 대중문화가 밀접한 연결을 지닌다는 차원에서 K뷰티는 동아시아인의 문화적 정체성 측면에서도 함의를 지닌다. 홍석경(2013)은 한류 팬들을 정서적 공동체로 만드는 중요한 가치 중 하나로 뷰티를 제시한다. 서구 미의 기준을 한국의 재현 기술 및 영상 언어, 뷰티 산업, 한국적 정서 가치의 차원에서 번역해 낸 결과물로서의 한류 스타의 얼굴은 아시아인에게 더 많은 호소력을 지니는 문화 정체성으로 기능한다는 것이다.

> 텔레비전이 멜로드라마의 스토리 속에서 이 공간을 자주 클로즈업함으로써 스타덤에 오른 대부분의 한류 스타들은 섹스 어필보다는 순결한 정신

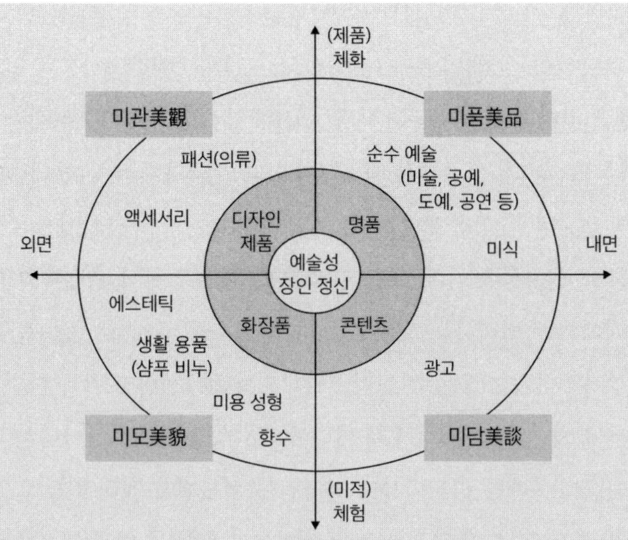

그림 5 국내 뷰티 산업 분류

출처: 삼성경제연구소(2002: 4).

> 과 감성이 엿보이는 얼굴의 매력으로 호소한다. 성형과 스토리텔링과 영상 기술에 의해 '구성된' 그들 얼굴의 아름다움은 …… 사실적이라기보다는 연상적suggestif이다. 이것은 그 자체로 '아시아성'을 재현한다기보다는 아시아 정체성에 대한 '하나의 아이디어' 또는 그에 대한 열망이라고 하는 것이 옳을 것이다. (홍석경, 2013: 122)

따라서 한류는 동아시아 국가의 미의 기준에 영향을 주는 주요한 문화적 현상이다. 웬후아(2013)는 중국의 뷰티 산업을 관찰하면서 중국의 성형 수술 리얼리티 TV쇼인 〈신데렐라와 백조灰姑娘與天鵝〉가 베이징에 위치한 한중 협력 병원인 SK애강병원(2004년 설립)의 후원을 받고 있음에 주목한다. 2005년 중국에서 한국 드라마 〈대장금〉이 큰 인기를 얻으면서 수많은 중국인들이 배우 이영애의 사진을 들고 SK애강병원을 찾았다고 한다. 중국에서 바비인형이 다른 국가에 비해 상대적으로 큰 성공을 거두지 못한 반면 한류 스타의 이미지가 중국인에게 주요한 참조물이 되는 상황을 두고 웬은 지구적 문화 접촉이 중심부와 주변부 사이에서만 일어나는 것이 아니라 비서구권 내에서도 일어난다는 점에 주목해야 한다고 주장한다. 또한 홍석경(2013)의 고찰과 마찬가지로, 한국인의 아름다움은 세계 미디어에서 지배적으로 나타나는 서양인의 아름다움과는 다르면서도 서양인의 외모에서 장점인 부분을 갖고 있기에 아시아인이 관심을 갖는 것이라고 말한다. 앞서 언급했던 론딜야(2009)의 표현을 빌리자면 아시아인에게 K뷰티는 '친근한 이상'을 제공한다고 할 수 있다.

한편 미백은 K뷰티의 핵심적 미학을 구성한다(박소정·홍석경, 2019). 해외에서 K뷰티의 피부를 묘사할 때 사용되는 'porcelain,' 'flawless,' 'milky-white,' 'dewy,' 'glowing' 등의 단어는 도자기처럼 흠결 없이 맑고 촉촉한 우윳빛 피부가 K뷰티의 형상임을 보여 준다. 이는 오늘날 한국 사회의 미백 관리 및 화장법이 지향하는 바이기도 하다. 더불어 K뷰티란 한국인이 형질적으로 타고난 미를 의미하는 것이 아니라 한국인이 규범화하여 정체성의 일부로 수행하는 미를 의미한다는 점이 중요하다. 그렇다면 K뷰티의 핵심인 미백은 한국인, 더 나아가 동아시아인의 정체성에 어떠한 효과를 가져오는지에 대한 질문을 제기해 볼 수 있다.

피부색에 대한 새로운 사유

기존의 피부색 및 뷰티에 대한 담론들은 주로 피부색을 변화시키는 행위가 수반하는 부정적 의미에 집중되어 있었다. 이 논의들이 인종주의 및 백인성에 대한 비판과 여성 억압에 대한 비판에서 태동하여 구조적 권력과 억압의 문제를 주로 다루어 왔기 때문이다. 포스트식민주의와 포스트페미니즘의 부상 속에서 새로운 관점들이 제기되고는 있지만, 유색인이, 또는 여성이 자신의 외모를 변화시키는 행위를 제국 또는 남성 중심적 응시 구조가 지닌 규율 권력과의 밀접한 관련 속에서 사유하는 것이 여전히 주류적인 시각으로 보인다.

명백한 구조적 억압이 존재하는 현실을 직시하고 비판하는 것은 매우 중요하다. 그러나 이런 방식으로만 아시아인의 미백을 탐구한다면 정해진 답, 즉 규율로서의 미백으로부터 벗어나자는 주장으로만 귀결되기 쉽다. 식민주의의 지평 안에서만 바라보는 흰은 곧장 식민주의의 색으로 해석되고, 이를 전제로 출발한 사유는 탈식민화의 방법으로서 미백에 대한 비판 및 배척을 제시할 수밖에 없는 것이다. 한국은 서구 백인에 의한 직접적 식민 지배의 경험이 없긴 하지만, 그럼에도 서구의 경제·문화적 제국주의나 일본의 간접적 영향 속에서 흰에 대한 식민주의적 감각을 내화해 온 역사가 있다. 따라서 흰 피부를 식민주의의 흔적으로 비판하는 접근은 한국의 미백 문화에 무리 없이 적용될 수 있으며 대항 담론으로서의 가치를 지닌다. 그러나 그 대항 담론으로부터 우리는 미백의 규율성을 재확인할 뿐이다. 더욱이 그 규율성으로부터 벗어나기 위해 미백에 대한 배척만을 주장한다면, 문화제국주의의 권력으로부터 벗어나 오리엔탈리즘이 지정한 좁은 공간으로 돌아갈 위험이 있다. 식민주의적 순환 고리에 갇히는 것이다.

따라서 미백에 대한 적극적인 형태의 포스트식민주의적 사유란 힘을 백인성 및 식민주의의 표상 밖에서 분석하는 작업을 요한다. 이러한 접근 방식이 오늘날 우리 삶의 조건이 백인성과 식민주의로부터 자유롭다는 것을 의미하거나, 미백의 실천에 내재된 규율 권력에 모르쇠로 대응하자는 것을 의미하지 않는다. 모든 포스트담론의 흐름을 동일선상에 놓고 볼 수는 없겠지만, '희생자 페미니즘'을 넘어서려는 포스트페미니즘의 인식론적 전환의 시도처럼 이 책은 '희생자 식민주의'를 극복하려는 포스트식민주의 생성 담론으로서의 가치를 지향한다. 이러한 의미에서, 흰 피부를 누구나 전유할 수 있다고 주장한 카와시마(2002)나 뷰티를 국가 사이, 여성 사이에 위치시켜 그 정동에 대해 논하는 레디(2013)의 접근법 및 주장은 유의미하다. 백인을 필연적인 준거점으로서 삼지 않고 유색인의 뷰티에 대해 이야기하기 때문이다.

그렇다면 기존의 지배적인 것을 준거점으로 삼지 않으면서 미백의 포스트식민적 역학을 어떻게 드러낼 수 있을까? 미백을 식민주의적 담론에 귀속된 주체에 대한 논의로 귀결시키지 않으면서도 소수자의 지평에서 그 다면적인 측면을 드러내는 방법은 무엇일까? 탈식민이라는 당위성을 잃지 않으면서 더 효과적인 탈식민 전략은 어떻게 가능할까? 이러한 고민은 우리를 '배치'라는 이론적 개념으로 나아가게 만든다.

2장

배치를 통해 사유하기

들뢰즈와 가타리가 제시한 '배치(agencement 또는 assemblage)'[30] 개념은 하나의 현상에 관여하는 여러 행위 요소의 관계, 현상을 생성시키거나 구속하는 힘, 반대로 새로운 현상의 생성으로 나아가거나 이탈하는 힘을 조망하게 해 주는 중요한 이해의 도구들을 담고 있다. 앞서 뷰티의 정동과 관련하여 언급한 레디(2013)는 그러한 정동이 흐르는 영역을 일컬으며 '초국적 뷰티 배치' 개념을 제안한다. 또한 인종주의를 둘러싸고 뒤얽힌 다양한 가치와 현상, 생명권력 등을 강조하려는 차원에서 인종주의를 "신체기술적 배치somatechnical assemblage"로 개념화한 사례도 있다(Pugliese & Stryker, 2009). 따라서 인종

30 들뢰즈와 가타리가 원래 사용한 프랑스어인 'agencement'는 'assemblage'로 영역되었다. 이에 한국어로 표기할 때 영어와 프랑스어가 혼용되어 '아장스망'과 '아상블라주'와 같은 형태의 외래어가 많이 사용되고 있다. 한국어 번역으로는 '배치'라는 용어가 가장 많이 사용된다.

과 뷰티, 신체와 정체성의 문제를 다루는 데 배치 개념의 도입은 어느 정도는 검증된 셈이다.

그러나 들뢰즈와 가타리의 저작에서 서술되는 배치는 분석적으로 개념화하기 어렵다. 그들 스스로도 배치에 대해 명쾌하게 개념화한 적 없으며, 그들이 제시한 복잡한 철학적 논의들 속에서 배치 개념의 면면이 이곳저곳에서 다루어지기에 어느 한 단면만을 말끔히 잘라내서 이해하기란 쉽지 않다. 그럼에도 이 책에서는 배치를 분석틀로 삼고자 한다. 이때 분석틀이란 요소들을 대입해 넣으면 결과물이 나오는 공식과 같은 의미라기보다는 문제를 사유하고 틀 짓는frame 방식이라는 의미다. 배치란 구체적인 대상을 지칭하는 차원에서 사용되기도 하고, 세상을 사유하는 방식 및 접근법의 의미를 갖기도 한다(McFarlance, 2011). 따라서 미백 배치를 제시한다는 것은 미백을 배치'물'로서 분석하겠다는 의미이기도 하면서, 미백을 배치 이론이 내포한 철학적 관점에서 접근하겠다는 의미이기도 하다.

따라서 들뢰즈와 가타리의 저작에 국한해 철학적인 논의를 하기보다는 들뢰즈주의Deleuzian 연구들이 검토 및 활용해 온 배치 개념을 적극적으로 참조할 것이다. 배치의 의미를 톺아 나가는 과정을 통해서 미백 배치가 새로운 사유의 장을 열 수 있을지 가늠해 보려고 한다.

1. 유동하고 생성하는 배치

배치의 의미

> 다른 모든 것들처럼 책에도 분절선, 분할선, 지층, 영토성 등이 있다. 하지만 책에는 탈주선, 탈영토화 운동, 지각 변동 운동도 있다. 이 선들을 좇는 흐름이 갖는 서로 다른 속도들 때문에, 책은 상대적으로 느려지고 엉겨 붙거나 아니면 반대로 가속되거나 단절된다. 이 모든 것들, 즉 선들과 측정 가능한 속도들이 하나의 배치물을 구성한다. 책은 그러한 배치물이며, 그렇기에 특정한 누군가의 것이 될 수 없다. (Deleuze & Guattari, 1980/2001: 12)

이 인용문은 《천 개의 고원*Mille Plateaux*》(1980/2001)의 도입부에서 들뢰즈와 가타리가 자신의 책 자체가 하나의 배치물이라고 설명하는 내용이다. 이를 바탕으로 들뢰즈와 가타리가 말하는 배치에 대한 정의를 내리자면, '이질적인 개체들이 특정한 결합을 통해 작동하면서 특정한 분절과 분할로 이루어지는 영토를 만들고, 벗어나고, 변형시키는 운동이 이루어지는 상태'라고 할 수 있다.

그러나 배치 개념은 명쾌하게 개념화하기가 어렵다. 이 개념은 《천 개의 고원》에서 주요하게 다루어지기는 하지만 그 외의 여러 저작에 분산되어 발전해 온 것이다. 배치를 비교적 체계적으로 이론화하고자 했던 마누엘 데란다Manuel DeLanda(2016)가 지적하듯이, 들뢰즈와 가타리도 매번 조금씩 다른 철학적 배경과 의미를 부여하여 배치 개념을 사용해 왔다. 이처럼 일관성과 체계성을 결여한 배치 개념을 분석적 개념으로 활용하기란 쉽지 않다. 따라서 여기서는 귀납적인 방법을 통해

표 4 **배치에 대한 정의**

들뢰즈와 가타리 (1980/2001)	선별되고 조직되고 지층화된 특이성과 표현의 특질의 집합(p.781)
들뢰즈와 파르네 (Deleuze & Parnet, 1977/1989)	많은 이질적 항들로 구성되어 있으면서 나이, 성별, 영역 등 서로 다른 본질들을 가로지르며 그 사이의 연결 및 관계를 만들어 내는 다양체 (p.69)
브라이도티(Braidotti, 2013/2015)	인간 행위자와 인간 - 아닌 행위자들 사이의 횡단적 상호연계 방식 (p.62)
칼롱(Callon, 2005)	행위 능력을 갖춘 사회기술적 배열(p.4)
데란다(2016)	어떤 구성 요소들이 서로 맞물려 가는 행위이면서, 또한 그런 행위의 결과물, 즉 잘 맞물린 요소들의 총체(p.1)

배치를 분석틀로서 구체화해 보려고 한다. 표 4는 배치에 대한 여러 가지 정의를 보여 준다.

우선 배치는 이질적인 요소들로 구성된다는 점은 분명하다. 그리고 배치란 때로는 횡단과 연결의 '방식'이자 '행위'이면서 때로는 그 결과물로서의 '총체'이자 '다양체'다. 배치란 근본적으로 생성과 변형에 열려 있는 것이라고 전제되기 때문에 동적인 원리로서 언급될 때와 정적인 상태로서 언급될 때가 혼재되어 나타나는 것으로 보인다. 이로 인한 혼란과 잘못된 이해는 데란다(2016)가 쓴 《새로운 사회철학*A New Philosophy of Society*》 서문의 첫 문단에서 잘 지적된다.

배치를 뜻하는 영어 assemblage는 'agencement'이 본래 지닌 의미를 담아내지 못한다. 'agencement'이란 어떤 구성 요소들이 서로 맞물려 가는 행위agencer를 의미하고, 또한 그런 행위의 결과물, 즉 잘 맞물린 요소들의 총체ensemble를 의미한다. 'assemblage'는 이 두 번째 의미만을 포착하고 있어서, 마치 배치가 과정이 아니라 산물인 것 같은 느낌을 자아낸다. (p.1)

따라서 배치란 '배치하기'이면서 동시에 '배치물'이라고 할 수 있다. 들뢰즈나 들뢰즈주의 연구자들이 두 차원의 의미를 특별히 구별하여 명명하지 않는 것은 배치 자체가 과정과 결과가 따로 분리되지 않는 개념이기 때문일 것이다. 배치 자체가 유동적인 생성의 과정 그 자체이기에 배치하기가 곧 배치물이기도 하다.[31]

배치 연구는 대체로 질문의 전환을 요청한다. 바로 'A란 무엇인가'의 문제에서 'A란 무엇을 하는가'라는 문제로의 전환이다. '성적인 몸은 무엇을 할 수 있는가'(Fox & Alldred, 2013), '뷰티는 무엇을 하는가'(Reddy, 2013), '드라마 〈루머의 루머의 루머〉는 어떤 기능을 하는가?'(Hipfle · 최옥희, 2019), '세계화를 가지고 무엇을 하는가'(이기웅, 2011), '신체는 무엇을 할 수 있는가'(김은주, 2013) 등 배치 이론을 이용한 분석의 질문은 분석 대상의 '존재being'가 아닌 '실행doing'에 관심을 둔다. 배치 이론을 이용한 분석이 궁극적으로 지향하는 것은 특정한 대상 및 현상이 무엇을 하는가의 문제다. 앞서 여러 학자들이 배치를 정의한 표현들을 빌려 말하자면, 배치의 '행위 능력'이나 '만들어 내는' 것이 과연 무엇인가에 대한 질문이라고 할 수 있을 것이다. 그리고 선행 연구들 속에서 그 실행이란 정동을 일으키거나, 주체의 성격 및 정체성을

31 이 책에서도 배치라는 용어를 엄격하게 세분화하여 사용하지 않지만, 구체적으로 현실화된 상태로서의 의미를 강조하기 위해서 때로는 '배치물'이라는 용어를 사용한다.

변형시키거나, 새로운 행위나 욕망을 생산하는 양상으로 관찰된다.

한편 배치 또는 배치물로서 지칭되는 대상의 형태는 다양하다. 데란다(2006/2019)는 가장 작은 규모의 사회적 배치를 사람으로 보고, 조직과 정부, 도시와 국가 순으로 그 규모를 키워 가며 설명한다. 공간이나 조직으로서의 경계가 있는 단위가 아닌 정동적이고 감각적인 단위에도 적용 가능하다. 닉 폭스Nick Fox와 팸 알드레드Pam Alldred(2013)는 섹슈얼리티 배치 개념을 제안한다. 예를 들어 섹슈얼리티 배치 내에 키스 배치는 A의 입술과 B의 입술의 연결인데, 여기에는 과거 경험, 사회적 규범, A와 B의 특성, 현재 물질적 맥락 등 복잡한 요소들이 구성 요소로 참여하여 섹슈얼리티라는 정동적 흐름을 만든다. 이처럼 배치는 물리적인 것과 감각적인 것, 개인 단위에서 발생하는 것과 국가나 역사 단위에서 발생하는 것 등 다양한 차원에 적용될 수 있는 개념이다. 더욱이 하나의 배치 안에는 더 작은 개념의 하위 배치가 오는 등 규모의 연쇄를 형성하기도 한다. 즉 배치는 미시적 수준과 거시적 수준이 연계되는 일종의 생태계처럼 구성되어 있다(DeLanda, 2006/2019).

그렇다면 미백 배치는 미백이라는 현상을 구성하는 수많은 이질적 개체들로 구성되는 방식이자 그 양상이며, 미백 배치를 통해 무언가가 생산된다고 할 수 있다. 여기서 핵심적인 질문이 도출된다. 미백 배치는 어떻게 구성되는가? 그리고 미백 배치는 무엇을 하는가?

배치의 구성

보다 명료한 분석틀로서의 배치 개념을 위해서 들뢰즈와 가타리가 배치를 구성하는 하위 개념들로 제시한 내용을 짚어볼 필요가 있다. 우선 들뢰즈와 가타리(1980/2001)가 배치물을 형성하는 네 개의 핵심 요소를 정의하는 부분을 주요하게 살펴보자. 수평축에는 '기계적 배치machinic assemblage'와 '집단적 배치collective assemblage'가 있다. 기계적 배치는 배치물 속에 존재하는 물질적 요소와 신체 및 이들의 관계를 의미한다. 집단적 배치는 비물질적인 언표 행위를 의미한다. 들뢰즈와 가타리는 기계적 배치와 집단적 배치에 대한 예시로, 봉건제라는 배치에서는 땅, 사회, 영주, 가신, 농노, 기사 등과 그들 간의 관계가 기계적 배치의 측면을 형성한다면, 사법 체계, 각종 맹세 등이 집단적 배치를 형성한다고 설명한다.[32]

한편 수직축에는 영토화 및 재영토화와 탈영토화가 있다. 영토는 "다양한 환경에 포함된 모든 힘을 결집시키고 대지의 힘들을 모아 하나의 다발"(Deleuze & Guattari, 1980/2001: 610)로 만들어진 것으로, 어떠한 권위가 행사되는 곳이다. 탈영토화는 이러한 다발화의 힘, 작동하는 권위에 반하는 흐름을 형성한다. 즉 영토화가 특정한 배치에 내적 균질성을 증가시키거나 경계를 선명하게 만듦으로써 정체성을 안정화하는 과정이라면, 탈영토화는 내적 이질성을 증가시키고 경계를 흐려 불안정하게 만드는 과정이다. 영토는 완전히 폐쇄적이지 않고 열림과 닫힘을 반복하는데, 그 과정에서 탈영토화의 흐름이 영토의 배치를 변화시킨다. 이때 탈영토화된 욕망의 흐름들을 연결해 구조적 변동을 일으

32 데란다(2006/2019: 29)의 설명을 좀 더 참고하자면, 기계적 배치는 "물질적 역할을 수행하는 사회적 배치의 구성 요소"로 신체와 공동체를 비롯한 인적 네트워크, 도구나 기계, 건물과 구역 같은 물질적 구성 요소까지를 포함하는 것이다. 집단적 배치는 "표현적 역할을 하는 구성 요소"로, 발화와 몸짓을 비롯한 언어적 및 비언어적 표현을 말한다.

키는 역할을 하는 것이 바로 '탈주선line of flight'이다. 탈주선을 통해 탈영토화하는 욕망은 이전의 영토화가 수행했던 것들을 해체한다. 재영토화는 영토를 안정화시키는 '분절선line of articulation'을 따라 다시 영토를 만드는 운동이다. 탈영토화는 늘 재영토화를 예비한다. 그러나 이때 재영토화는 이전 영토로 되돌아가는 것을 의미하지는 않는다. 따라서 탈영토화와 재영토화의 무한한 반복은 궁극적으로는 끊임없는 다른 영토를 만드는 과정이라고 할 수 있다.

들뢰즈와 가타리(1980/2001)는 배치 안에서 나타나는 운동을 세 가지 선의 형태로 정리하기도 한다. 첫 번째는 '몰적 분할선molar line of segmentarity'으로, 동일하고 평균적인 형태로 움직이는 관성적 흐름을 말한다. 두 번째는 '분자적 분할선line of molecular segmentation'으로, 이는 몰적 분할선을 구성하는 더 미시적인 움직임이면서 그 안에서 각자의 유연한 움직임을 갖는 선이다. 마지막은 '탈주선'으로 관성적 흐름으로부터 이탈하는 움직임이다. 그리고 분자적 분할선은 몰적 분할선과 탈주선 사이에서 동요하며 움직인다. 배치 속 개인과 집단을 가로지르는 선 모두가 각각의 욕망이라고 할 수 있다.

이때 하나의 영토가 '분절articulation'되는 방식을 좀 더 살펴보자. 분절이란 어떤 것을 분할하고 동시에 결합한다는 의미를 지닌다. 분절이 일어나기 전의 상태는 '기관 없는 신체body without organs,' 즉 유기체화가 되기 전의 상태다. 고정된 질서 없이 잠재적인 에너지의 흐름만이 있는 상태인 것이다. 그런데 기관 없는 신체에 분절이 일어나면서, 다시 말해 영토화의 작용이 일어나면서 특정한 지층이 형성된다. 분절을 통해 기관 없는 신체에서의 에너지의 흐름이 어떤 단위로 분할될 때, 그 단위를 '실체substance'라고 하고 그 실체를 결합하는 질서 및 원리를 '형

표 5 판옵티콘의 이중 분절

	내용 (=가시성의 장=물질적=기계적 배치)	표현 (=언표의 체계=담론적=집단적 배치)
실체	죄수	비행
형식	감옥	형법

식form'이라고 한다. 형식의 차원에서 '코드화'가 이루어지고, 실체의 차원에서 '영토화'가 이루어진다. 그리고 분절은 '내용content'의 층위와 '표현expression'의 층위에서 이중으로 일어난다.[33] 내용이란 가시적이고 물질적인 영역으로 기계적 배치에 해당하고, 표현이란 언표 가능한 것과 담론적인 영역으로 집단적 배치라고 할 수 있다. 내용과 표현의 이중 분절double articulation은 곧 물질성과 담론성의 뒤얽힘을 의미한다.

들뢰즈(1986/2019)가 미셸 푸코Michel Foucault의 《감시와 처벌*Surveiller et punir: Naissance de la prison*》(1975)을 자신의 철학적 개념을 토대로 해석하는 틀에서 잘 드러나는데, 그 내용을 요약하면 표 5와 같다.

죄수라는 실체는 신체를 다루는 하나의 원리인 감옥을 통해서 분절되고, 비행이라는 개념은 범죄적 요소를 언표화한 형법에 의해 구성된다. 그리고 이 내용과 표현의 조합이 지층을 형성하는데, 이는 추상

33 이러한 '이중 분절'은 루이 옐름슬레우Louis Hjelmslev의 개념에 기반한 것이다. 페르디낭 드 소쉬르Ferdinand de Saussure가 기표와 기의로 이분화한 것처럼 옐름슬레우는 내용과 표현을 나눈다.

표 6 식민주의적 관점에서 미백의 이중 분절

	내용	표현
실체	황인종	(병리적) 모방
형식	표백	서구 선망주의

적인 차원에서는 하나의 추상적 기계abstract machine로서 정의되고 구체적인 차원으로 현실화될 때 하나의 배치물로서 정의된다. 표 5에서 내용과 표현의 조합은 '규율 기계'라는 추상적 기계를 형성하면서도, 이 규율 기계가 현실화되면 감옥이라는 빛의 배치물 또는 가시성의 배치물이 되는 것이다.

이러한 내용을 적용하여 미백 배치를 설명해 보자. 예를 들어 앞에서 살펴본 일부 논의들처럼 미백이라는 현상을 식민화된 관념 및 실천으로 그 영토성을 분절하는 경우에는 표 6처럼 나타낼 수 있다. 서구에 대한 선망이 병리적 의미에서의 모방이라는 지층을 분절하고 따라서 아시아인의 신체는 표백 행위를 하는 황인종으로 고정된다.

미백이라는 하나의 배치에서 식민주의적 분절선은 이와 같은 내용과 표현의 이중 분절을 통해 백인을 모방하는 '모방 기계' 및 '표백 기계,' 아시아적 정체성을 부정하는 '부정 기계'를 작동시킨다. 이것이 현실화된 구체적 배치물로서 나타나는 것이 아시아인의 미백 및 성형에 대해 자기 정체성을 부정하는 병리적 현상이나 화이트워싱이라고 진단하는 서구의 담론, 미디어 보도 등이다.

식민주의적 분절도 미백 배치의 한 부분이긴 하지만, 우리가 주목해야 할 것은 이렇게 분절된 영토로부터 탈주하는 움직임과 그리하여 미백 배치 안에서 만들어지는 또 다른 영토다. 이처럼 배치 개념을 통해 볼 때 미백은 더 많은 의미와 실천의 층위를 드러냄으로써 잠재적인 변형의 장으로서의 성격이 부각된다. 배치 개념을 통해 우리는 미백이라는 현상 및 문화의 현재성actuality뿐만 아니라 잠재성의 차원에 주목할 수 있고, 그리하여 현실reality을 그려낼 수 있다.

2. 횡단하며 연결하는 배치

연결의 기본 원리

배치는 다양한 요소의 연결을 통해 구성된다. 그 기본적인 원리는 '계열화serialization'의 방식이다. 어떤 하나의 사물이나 현상은 그 자체로 완전한 폐쇄적 의미를 갖지 않는다. 그것이 다른 이웃한 사물들과 어떻게 연결되어 어떤 관계에 놓이느냐에 따라 의미는 달라질 수 있다. 예를 들어, 다이어(1997/2020)나 키벅(2001)이 고찰한 바를 적용해 보면, 흰색은 기독교와 계열화를 이루면서 문명화된 존재라는 의미를 얻고 빛과 계열화를 이루면서 도덕성이나 신성함의 의미를 획득한다. 계열이 어떻게 달라지는가에 따라 의미는 달라진다는 점에서 배치는 늘 가변성을 지닌다. 데란다(2016)가 'assemblage'라는 단어가 지닌 한계에 대해 언급한 것을 통해 살펴본 바와 같이, 배치는 늘 변형의 상태이기 때문에 완성된 결과물로서의 의미보다는 과정으로서의 함의를 지닌다.

따라서 배치에서 중요한 것은 연결에서의 '구성 요소' 또는 각 '항term'의 존재론이다. 'A+B=C'라고 할 때, A나 B는 그 자체로 자기완결성을 갖는 개체individual이기보다는 '+'를 통해서만 의미가 발현되는 분체分體/dividual다. 배치란 각각의 조각들이 제 위치에 맞춰짐으로써 필연적인 의미를 구성하는 퍼즐과는 다르다. 하나의 배치를 구성하는 요소는 또 다른 요소들과의 결합을 통해 다른 배치에 들어갈 수 있으며 그렇게 될 때 이전 배치에서와는 다른 의미를 갖게 된다.[34] 이처럼 배치가 유기적 구성물이 아니며 연결과 구성 요소에 방점이 찍힌다는 점은 구조주의적 관점과 차별화되는 지점이기도 하다.[35]

또한 배치는 요소들의 연결을 통해 '리좀적rhizomatic' 체계를 형성한다. 들뢰즈와 가타리는 하나의 중심점에서 가지를 치며 분류가 이루어는 수목형 체계를 지양하고, 마치 뿌리 식물이 뻗어나가는 듯한 비중심화된 체계로서의 리좀적 또는 뿌리형 체계를 중시했다. 그 비중심성에 대해 n개의 개체가 형성한 체계에서 독재적인 중심점을 제거한다는 의미에서 'n－1'이라고 표현하기도 했다. 앞서 살펴본 인종 분류와 오리엔탈리즘의 역사가 수목적 체계를 기반으로 한다면, 이 책에서의 미백에 대한 고찰은 'n－1'의 리좀적 체계를 지향한다. 이는 배치가 곧 탈식민적인 함의를 지닐 수 있는 토대가 되는 사유이기도 하다.

더불어 배치는 "층위을 횡단하며 문턱을 뛰어넘"(Deleuze, 1986/2019:

34 이에 대해 배치가 '외재성의 관계relations of exteriority'로 구성된다고 표현한다. 반대로 '내재성의 관계'란 유기체와 같이 구성 요소들이 필연적으로 연결되어 종합적으로 매끈한 전체를 구축하는 기제를 말한다.

35 배치 개념의 영향을 받은 브뤼노 라투르Bruno Latour (2010)는 자신의 관점을 '사회구성주의social constructivism'라는 용어와 구분하기 위해 '조립주의compositionism'를 선언한다. 'construct'가 '구축물'의 의미에 가깝다면, 'composition'은 '구성 요소'의 의미에 가깝다는 점을 통해 그 차이를 짐작할 수 있다.

45)는 방식으로 구성된다. 배치는 수목 구조나 이분법 등 무언가를 위계화하고 분류하는 체계를 결여하고 있기 때문에 기존의 층위들을 횡단하는 요소의 결합이 일어난다. 이 부분은 바로 이어질 신유물론적 횡단성을 통해 살펴본다.

신유물론적 횡단성: 인간과 비인간의 연결

분석틀로서 배치를 택하는 강점이 구성 요소의 연결에 있다고 했을 때, 그 구성 요소란 무엇인가? 들뢰즈와 가타리의 철학은 비인간 또는 탈인간주의 존재론을 바탕으로 한다. 인간만 행위 능력을 지닌 존재로 상정하거나 인간을 배치에서 가장 중요한 구성 요소로 사유하지 않는다는 것이다. 들뢰즈와 가타리가 사회적 배치를 구성하면서 욕망을 지닌 모든 것을 기계라고 부른 것처럼 배치는 인간 유기체에 특권적 위치를 부여하지 않는다. 이들의 유물론적 사유는 데란다와 로지 브라이도티Rosi Braidotti를 통해 1990년대 이후 '신유물론New Materialism'으로 강화된다.

　배치가 신체와 미디어의 뒤얽힘을 다루는 논의에 많이 활용되곤 하는 것은 바로 이러한 유물론적 성격 때문일 것이다. 미디어를 정의하는 가장 유명한 명제 중 하나인 "미디어는 인간의 확장이다"(McLuhan, 1964)가 보여 주듯, 인간의 신체를 연장 및 확장하거나 대체하는 미디어에 대한 논의는 미디어 기술 발전사 및 미디어 연구에서 주요한 관심사였다. 그 발전의 과정에서 신체를 하나의 견고한 경계를 가진 유기체로 보는 시각은 설득력을 잃고, 더불어 미디어라는 비인간 행위자의 행위 능력과 미디어와 인간의 협업, 거기서 부각되는 물질성 등에 대한 주목이 증가하고 있다.

몇 가지 사례를 보자. '셀카 배치Selfie assemblage'를 다룬 에런 헤스Aaron Hess(2015)는 셀카를 자아와 공간, 장치가 뒤얽혀 만들어진 배치로 본다. 셀카를 찍는 기기를 들고 있는 인간의 모습 그 자체가 물리적으로 인간과 기계가 연결된 배치를 형성한다. 그리고 그렇게 찍힌 셀카는 단순히 개인의 육체적 형상뿐만 아니라 특정 시공간의 순간적 정동까지 포착한 형태로 온라인 공간 안에 전시되거나 돌아다닌다. 브리지트 힙플Brigitte Hipfle과 최옥희(2019)는 드라마 〈루머의 루머의 루머〉(Netflix, 2017)에서 두 개의 배치를 발견한다. 한쪽에는 편을 가르며 복잡미묘한 관계를 만들어 가는 청년들로 이루어진 청년 배치가 있고, 다른 한쪽에는 사건의 주요한 도화선으로 작동하는 휴대전화, 사진, 카세트테이프 등의 미디어 배치가 있다. 청년 배치와 미디어 배치는 서로 얽히면서 관계와 사건을 만들어 내고, 두 배치에 대한 분석은 드라마의 서사적 역학을 새로운 방식으로 드러낸다. 엘리스 소르번Elise Thorburn(2014)은 퀘벡에서 일어났던 학생 시위를 인간과 기계 행위자의 배치로 설명한다. 대학 방송국의 라이브 스트리밍을 이용한 시위의 전개는 하나의 인간-기계 배치로서 '반헤게모니적 감시 배치counter-hegemonic surveillance assemblage'를 형성한다.

언급한 세 사례는 인간과 미디어 기술의 밀접한 얽힘을 설명하기 위해 배치 이론을 활용했지만, 여기서 더 나아가 인간은 "생명 기술로 매개된 신체biomediated body"(Clough, 2008: 3)라는 점에서 인간-비인간의 경계는 더욱 흐려진다. 인간과 비인간, 신체와 기술은 동등한 지위에서 횡단적 관계를 맺어 배치를 형성한다. 배치 속에서 인간과 비인간은 모두 하나의 '기계'로서 위치한다. 이때 기계란 단순히 은유적 표현으로만 사용된 것은 아니다. 실제로 인간 신체의 물질성에 주목하여 나온 개념으로, 다양한 기술 및 사물과 접속해 에너지를 주고받는 상호 관계를 형성하는 개체라는 의미가 강조된 표현이다. 관련해서 브라이도티(2013/2015)는 횡단적 연결 안의 인간 유기체의 존재론을 다음과 같이 설명한다.

> 인간 유기체는 다양한 가능한 자원들과 힘에 플러그가 꽂혀 있고 접속되어 있는 사이-존재an in-between다. 그러므로 인간 유기체를 하나의 기계라고 정의하는 것은 유용하다. …… '신체-기계'의 최소주의 정의는 에너지와 힘을 포착해서 처리하고 변형시키는 정서적이고 지능적인 체현체embodied entity다. (p.180)

이러한 사유를 근원으로 하는 신유물론적 페미니즘은 구조와 행위주체성의 이분법을 해체한다. 신체-기계의 횡단적 연결은 '존재론적 안무ontological choreography'(Thompson, 1996)를 이루면서 행위성과 대상화 간의 경계를 흐리고, 기존의 위계에 전복적 힘을 가하는 '포스트휴먼'(Haraway, 2016/2019)을 탄생시킨다. 이처럼 들뢰즈와 가타리가 주요한 토대를 제공했던 신유물론적 사유에 입각한 횡단적 연결의 과정은 인간중심주의가 지닌 이분법과 위계의 문제를 해체하는 데 유용하다.

문화 횡단과 혼종성: 문화 간 연결

이제 배치의 횡단적 연결의 측면을 문화적 단위로 가져와 보고자 한다. 세계화가 서구 제국주의의 힘과 관련한 동질화의 차원에서 많이 논의되었다면, 배치는 이질적인 문화의 연결과 미시적인 변동에 주목하게 해 준다(Reddy, 2013). 최근 K뷰티를 통해 한국인 특유의 미백 미학이 온라인을 중심으로 유통될 뿐만 아니라 뷰티 산업의 인력과 기술, 상품 수출도 활발하게 일어나고 있다. 이러한 상황에서 미백 배치는 문화 간 횡단의 차원을 포함하여 다루어져야 한다. 따라서 여기서는 문화제국주의에 대항하는 개념으로 제시된 개념들을 배치 이론과의 연계 속에서 짚어 본다.

문화제국주의론은 국제적 흐름 속에서 서구 문화의 강력한 지배에 의한 전 지구적인 문화적 동질화에 주목한다. 그러나 포스트식민주의의 이론적 지형이 마련되고 복수의plural 세계화에 대한 주목이 이루어지면서(Pieterse, 1994), 문화제국주의론은 힘을 잃는다. 그 과정에서 '문화 횡단transculturation'이 대항적인 개념으로 제시되었다.[36] 문화 횡단은 문화제국주의적 관점 내에서 고정되어 있던 문화의 수신-발신 관계를 해체시키고 이질적인 문화가 다방향으로 교차하는 양상을 일컫는다(이동연, 2006). 아르준 아파두라이Arjun Appadurai(1996/2004)가 포착한 전 지구적 '탈구'가 이에 해당한다. 아파두라이는 오늘날의 문화가 중심-주변 모델로는 이해할 수 없는 복합적인 탈구적 질서를 형성한다고 말한다. 따라서 오늘날 사람들은 베네딕트 앤더슨Benedict Anderson이 말한

36 문화 횡단은 쿠바 출신의 사회인류학자인 페르난도 오르티즈Fernando Ortiz, 1995[1947])가 고안한 개념이다. 오르티즈는 쿠바의 역사 자체가 문화 횡단의 과정이었다고 설명한다. 쿠바는 유럽과 아프리카로부터 다양한 문화적 배경을 지닌 인구가 흘러들어 오면서 형성되었다. 그런데 그 과정에서 개인이 특정한 지배적 문화를 습득하고 이에 적응해 나가는 것acculturation이 아니라, 이전 문화가 사라지기도 하고deculturation 새로운 문화가 형성되기도 하며neoculturation 복잡다단한 변화가 일어났다고 설명한다.

'상상된 공동체'에서 더욱 확장하여 "상상된 세계들"(p.62)에 살고 있으며, 그가 '정경scape'[37]으로 명명하는 각종 문화 흐름들은 문화지리적 경계를 넘나드는 유동적이고 비규칙적인 양상을 의미한다.

문화 횡단의 층위에서 중요하게 대두한 개념이 '혼종성hybridity'이다. 혼종성이란 "분리된 형식으로 존재해 온 불연속적 구조나 실천들이 새로운 구조, 대상, 실천들을 만들어 내기 위해 서로 결합하는 사회문화적 과정"(Canclini, 2001/2011: 14)을 의미한다. 문화적 조우를 통한 혼종의 과정은 역사 속에서 꾸준히 지속되어 왔지만, 오늘날의 혼종성은 새로운 양상으로 조명된다(Burke, 2009; Canclini, 2001/2011). 전통적인 공동체 개념이 사라지고 탈영토화된 배경 속에서 문화의 유통은 더 유연해지고 모순적인 것들의 공존 또한 많아지고 있다. 더욱이 혼종성은 초국적 산업 지형 속에서 대중문화의 소비층을 전 지구적으로 확장하려는 의도로 기획된 문화 생산 전략의 산물이기도 하다(Kraidy, 2002; 김수정 · 양은경, 2006).

포스트식민주의적 흐름 속에서 혼종성 개념은 문화제국주의론에 대항해 설명력을 갖는 주요한 비판적 개념으로 자리 잡고 있으며, 혼종성의 정치학에 대한 주목이 이루어지고 있다(Lowe, 1991; Pieterse, 1994; Canclini, 2001/2011). 혼종성이 지닌 정치성이란 본질주의적인 담론으로부

37 아파두라이는 탈구를 탐구하는 기초틀로서 다섯 가지 흐름인 에스노스케이프ethnoscapes, 미디어스케이프mediascapes, 테크노스케이프technoscapes, 파이낸스스케이프finacescapes, 이데오스케이프ideoscapes를 제시한다. 이는 각각 사람, 미디어, 기술, 자금, 이념이 전 지구적인 형태로 배치되어 있으면서 유동적으로 이동하거나 영향을 주고받는 양상을 일컫는다.

터의 해방에 있다. 혼종화의 과정 속에서 낭만주의적인 민족 및 인종 개념은 힘을 잃는다. 얀 피에터스Jan Pieterse(1994)는 혼종화로서의 세계화는 "'자아의 원천'의 다양화 및 확대"(p.167)를 의미한다고 보았다. 근대 사회에서 국민국가 기준으로 정체성이 구획되었던 것과 달리, 세계화로 인한 혼종화 과정에서 개인은 여러 가지 문화적 요소를 콜라주처럼 자아 안으로 기입해 넣을 수 있는 것이다. 즉 개인 자체도 여러 문화적 요소들의 결합을 통해 형성되는 배치물인 셈이다.

혼종화 과정에서 권력은 재구성된다. 혼종성의 힘에 대해 네스트로 칸클리니Néstro Canclini(2001/2011, 2006)는 수직적이고 양극적인 권력 개념에서 벗어나 탈중심화된 '사선적 권력oblique powers'이라고 명명하기도 했다. 혼종성에 대한 일반적인 논의가 특별히 들뢰즈와 가타리의 논의에 기대고 있지는 않지만, 그럼에도 이러한 사선적 권력은 배치 이론에서 정동의 역학과 공명하는 부분이 있다. 앞서 레디(2013)가 분석했던 줌파 라히리 소설을 보자면, 백인 미국인 미란다가 조우한 발리우드 배우 딕시의 이미지는 초국적 뷰티 배치 안에서 탈주선을 형성한다. 그 탈주선은 서구 백인의 세계를 지방화하고 인도 여성의 인종화된 몸을 코스모폴리탄적인 것으로 만듦으로써 문화제국주의 힘의 방향을 비껴 가는 사선적 권력을 일으킨다. 즉 문화 횡단은 사선적으로 작동하는 탈주선을 만들어 내는 움직임이고, 그로 인해 혼종적인 문화적 배치가 생성된다.

이와 같은 맥락에서 아시아의 문화를 사유한다면 어떠할까? 1970~1980년대 홍콩 영화와 1990년대 일본의 트렌디 드라마에 이어 한류에 이르기까지, 동아시아가 형성해 온 초국적 대중문화는 동아시아 문화 횡단 현상을 방증한다. 이에 동아시아 문화의 혼종성에 대한 사유가 확장되고 있으며, 특히 한류에 대해서는 혼종성의 측면에서 접근이 많이 이루어지고 있다(예를 들어 김수정·양은경, 2006; Shim, 2006; Yoon, 2017 등). 더욱이 한류가 동아시아를 넘어 서구권에도 영향력을 발휘하는 상황에 대해서는 문화제국주의론은 물론 같은 문화권 내의 문화 유통을 설명하는 '문화적 근접성cultural proximity'이나 '문화적 할인cultural discount' 개념으로도 설명하기 어려운 가운데 혼종성이 유효한 설명력을 지니는 것으로 보인다.

동아시아 대중문화물이 지닌 혼종성에 대해 이와부치 고이치岩渕功一(Iwabuchi, 2002)가 말하는 "문화적 무취culturally odorless"(p.27) 또는 "무코쿠세키むこくせき/mukokuseki(무국적)"(p.28) 개념을 주목할 만하다. 이와부치는 일본 만화나 게임 등이 세계 시장에 호소력을 지닐 수 있는 이유가 일본의 국적성이 많이 삭제되어 있기 때문이라고 분석한다. 일본 만화와 게임 속 캐릭터들의 외양을 보면 일본인과 닮지 않았을뿐더러 인종 및 국적에 대한 단서가 뚜렷하지 않다. "다양한 '국지적'이고 '낯선' 요소들의 문화적 혼합과 병치의 과정에서 의도적으로건 비의도적으로건"(Iwabuchi, 2014: 48) 만들어진 이 무국적의 배치란 그야말로 '탈영토화'된 형상이다. 그리고 이러한 탈영토적인 혼종성의 미학은 K팝 스타의 외양 등 한국 대중문화에서도 공유됨으로써(홍석경, 2013) 동아시아 대중문화의 횡단에 기여한다. 미백 또한 탈영토화된 무국적성의 한 요소로 해석 가능하다면, 이것이 지닌 사선적 권력은 무엇인가 질문해 볼 수 있다.

더불어 여기서 제기되는 정치적 질문이 있다. 탈영토화는 늘 재영토화를 예비한다. 혼종성 개념이 문화제국주의의 일방향적 영향력에 대한 설명을 다소 무화시킨 반면, 아시아 역내intra-regional에서 형성되는 혼종성은 또 다른 형태의 영토화하는 힘을 내포할 수 있다.[38] 문화 횡단이 반드시 평화로운 상호 교류를 전제로 하지 않는다는 점을 고려할 때, 새로운 영토화의 힘에 제국적 권력이 작동하지는 않는지에 주목해야 한다. 그리고 '혼종성'이라는 힘이 한 영토를 분절할 때 포섭하는 것과 배제하는 것은 무엇인지를 판단해야 한다. 이는 다민족·다인종을 향해 가는 오늘날의 사회에서 중요한 문제다.

3. 되기

주체와 구조의 제국에서 욕망으로

앞서 배치는 'A란 무엇인가'를 질문하기보다는 'A는 무엇을 하는가'를 질문한다는 점을 언급했다. 배치가 던지는 질문은 더 구체적으로는 '어떻게,' '어디서,' '언제'와 같은 의문사를 수반하는 질문이고, 이는 '본질'에 대한 질문이 아니라 '사건'에 대한 질문이다(Nail, 2017). 단일하고 영구적인 상태를 부정하는 배치는 곧 본질주의에 대항하는 관점을 드러낸다. 그렇다면 배치 이론에서 정체성과 주체성은 어떻게 다루어질까?

38 예를 들어, 김수정·양은경(2006)은 2000년대 초반의 한일 합작 드라마를 살펴봄으로써 동아시아 대중문화물의 혼종성이 권력관계로부터 자유로운 상상의 공간이 아님을 보여 준다. 이 연구에 따르면, 한일 합작 드라마가 지닌 혼종성이란 범아시아적 문화물을 통해 소구 시장을 확대하려는 산업적 전략임과 동시에 역사적으로 대립 관계를 형성해 온 두 국가 간의 화해 차원으로 채택된 것이다.

들뢰즈가 자신의 방식으로 푸코의 사유를 재해석하며 쓴 《푸코 *Foucault*》(1986/2019)에서 들뢰즈는 구조주의에 대해 비판하며 "주체의 지배와 구조의 제국"(p.33)이라는 표현을 사용한다. 들뢰즈는 구조가 이미 결정된 층위를 갖는다는 점과 그 안에서 구성되는 주체란 담론에 종속된 '1인칭의 성격'을 갖는다는 점을 한계로 파악한다(Deleuze & Guattari, 1972/2014; Deleuze, 1986/2019).

이는 들뢰즈만의 주장이 아니라 변화하는 역사적 조건 속에서 탈구조적이고 존재론적인 사유를 지향하는 이론들이 공유하는 시각이다(예를 들어 Haraway, 2016/2019; Braidotti, 1994, 2002; Strathern, 2005/2019; Kohn, 2013/2018). 그러나 들뢰즈를 비롯하여 이러한 새로운 시각의 이론가들이 주체 개념을 완전히 폐기하는 것은 아니다. 기존의 주체subject 또는 행위 주체agent 개념에서 한계를 발견하는 이들은 이 개념을 용해하여 유동적이고, 다수적이고, 인간 중심적이지 않은 것으로 재개념화한다. 그리고 그 과정에서 배치는 개인 주체를 대체하는 개념 및 단위로 동원되기도 한다. 예를 들어 미셸 칼롱Michel Callon(2005)은 행위는 개인뿐 아니라 집단적으로 이루어질 수도 있는 것이고, 따라서 행위주체성의 형태도 다양하다고 설명한다. 어떤 배치 형태를 갖느냐에 따라 행위주체성은 계산적일 수도 무의식적일 수도, 집단적일 수도 개인적일 수도 있다는 것이다. 더 나아가 행위주체성은 인간 신체에서만 비롯하는 것이 아니라 보철, 도구, 기술 장치, 알고리즘에서도 비롯할 수 있다고 말한다. 따라서 "개인-인간-행위 주체"라는 개념에서 벗어나 "사회-기술적 배치"(p.5)를 들여다볼 때 더 많은 것을 발견할 수 있다고 주장한다.

칼롱(2005)이 제시한 바처럼 개인의 선택이나 행동은 반드시 개인의 명확한 의식과 의도를 통해 행해지는 것도 아니며, 개인이 어떤 의도를 지니고 행위주체성을 발휘한다고 하더라도 사회 현상의 단위에서 볼 때 그러한 행위주체성은 다른 인간 및 비인간적 요소에 의해 희석되거나 굴절되기도 한다. 데란다(2006/2019)가 사회적 배치는 "의도적 행위의 집단적이고 비의도적인 결과"(p.49)라고 하며 비선형적인 인과성이라는 메커니즘을 고려해야 한다고 한 것도 이러한 맥락에서 이해할 수 있다.

배치 개념은 고정된 형태의 주체는 물론 개별 인간 행위자의 의식적인 행위주체성을 상정하지 않는다. 들뢰즈는 행위주체성이 지닌 주관적 개념을 제거하는 작업으로서 배치를 제시했다(김숙진, 2016). 배치의 행위주체성은 각 구성원보다는 배치의 형태 자체로부터 나온다. 여러 이질적 요소가 함께 작동하여 행위주체성을 만들어 낸다.[39] 예를 들어 앞서 언급했던 레디(2013)가 줌파 라히리의 소설에서 초국적 뷰티 배치를 제시한 것은 소설 속 등장인물, 즉 개인 행위 주체가 능동적이고 의식적으로 발휘하는 행위주체성에 주목하기보다 초국적 환경에서 뷰티라는 하나의 배치물로부터 발생하는 정동적 효과 및 행위주체성을 다루기 위함이다. 미란다가 딕시의 이미지를 마주했을 때 겪는 변화는 인물의 인종 및 젠더적 특성, 인물이 놓인 환경, 인물 간의 관계, 인물의 발화, 이미지가 전달되는 방식 등 다양한 요소의 계열화 속에서 나타난 것이다. 그렇기에 배치는 그 "요소의 합 그 이상"(DeLanda, 1991: 20)이다.

이러한 차원에서 중요한 개념이 욕망이다. 배치가 다른 이론과 차이를 갖는 부분은 욕망을 다루는 방식에 있어서다. 많은 이론이 욕망을 대개 결핍에 기인한 것으로 설명해 왔다. 욕망을 핵심 개념으로 하

39 이는 '3인칭'(Deleuze, 1986/2019)이자 '페르소나'(Deleuze & Guattari, 1991/1994)로 지칭된다.

는 논의에서도, 여성의 남근 선망은 남근의 결여로 인한 것이고(프로이트) 식민지인의 백인 선망은 흰 피부의 결여로 인한 것이다(파농). 또한 앞서 본 피부색에 대한 선행 연구들은 대개 푸코식의 담론 개념을 사유의 틀로서 취한다. 그 설명 속에서 유색인에게 하얀 피부는 욕망의 대상이고, 그 욕망은 백인성의 특혜적 권력이 형성되어 온 역사 속에서 구성된 욕망이다. 즉 백인성의 담론 속에서 개인은 하얀 피부를 욕망하는 주체로 호명되고, 사회 곳곳에 미세혈관처럼 퍼져 있는 권력의 장치dispositif들이 하얀 피부를 욕망하게끔 만든다.

반면 들뢰즈주의적 관점에서의 욕망은 결핍이나 억압과 관련되지 않는다. 배치 자체가 곧 욕망의 배치다. 이러한 욕망 개념을 토대로, 푸코가 미시적인 권력 장치의 작동으로 설명한 것을 들뢰즈와 가타리는 욕망의 배치로 바꾸어 놓는다.[40] 푸코의 사유가 '권력이 어떻게 욕망을 규율하는가?'의 질문이라면, 배치 이론은 이를 "권력은 어떻게 욕망되는가?"(Deleuze, 1994/1997: 105)라는 질문으로 바꾸어 놓는다. 들뢰즈는 푸코의 권력 장치는 구성적인 억압의 효과이며 그에 반하는 것은 '저항'이라는 현상뿐인데, 모든 것이 권력 장치하에 있는 존재일 때 그 저항이란 과연 가능한 것인지의 의문을 제기한다. 따라서 들뢰즈는 푸코에게는 없는 탈주의 힘, 푸코가 규정한 권력 '바깥'의 힘으로서 욕망 개념을 제시한다. 욕망은 탈주선과 뒤섞여 존재하며 무언가를 생산하는

40 들뢰즈는 푸코의 장치 개념이란 배치의 한 구성 요소라고 보며, 재영토화가 일어나는 곳에서 발견할 수 있다고 말한다. 푸코의 장치를 통해서 이루어지는 규율은 배치 속에서는 코드화 또는 (재)영토화의 과정인 셈이다.

힘을 갖는 것으로 정의된다. 욕망은 어떤 요소들이 접속하여 힘의 흐름을 절단하고 채취하는 생산적 능력이다. 그리고 이처럼 흐름을 절단하고 채취하는 방식으로 작동하는 것을 들뢰즈와 가타리는 '기계,' '욕망하는 기계desiring machine'라고 명명한다.[41]

들뢰즈와 가타리의 욕망 개념을 통해 미백은 비교적 다양한 얼굴을 드러낸다. 미백의 규율 권력을 탐구하는 작업은 식민주의를 비판하는 효과를 가질 수는 있으나 탈식민적 생성 담론을 생산하는 데는 한계를 갖는다. 반면 탈주적인 욕망의 개념을 바탕으로 '미백 기계'는 무엇을 생산하는가를 질문할 때, 결핍과 억압 담론으로부터 벗어난 미백은 새로운 해석의 장을 맞이할 수 있다. 백인성의 담론적 구조 속에서 흰 피부를 결핍한 이가 흰 피부를 추구하도록 규율되어 이루어지는 행위로서 미백을 바라보는 것이 아니라 다른 의미를 생산하는 것으로서 해석할 여지가 생기는 것이다.

종합하자면, 권력과 이데올로기에 의해 주체가 형성된다는 관점에서 욕망에 의해 주체가 생성된다는 관점으로의 전환은 무엇보다 소수자의 주체성을 해석하는 데 주요한 함의를 지닌다. 어떤 주체가 된다는 것은 "말하고, 사유하고, 재현하려는 욕망"(Braidotti, 1994: 120)을 바탕으로 이루어지기 때문이다. 그리고 이런 관점은 뷰티를 해석하는 기존의 페미니즘적 연구들이 마주한 '억압 대 힘돋우기'의 이분법적 해석

41 예를 들어, 입이 성대와 접속하여 계열을 이루며 소리의 흐름을 절단하고 채취하면 '말하는 기계'로서 분절된 소리를 생산하고, 입이 식도와 접속하여 계열을 이룬 뒤 영양소의 흐름을 절단하고 채취할 경우 '먹는 기계'로서 신체 에너지를 생산한다(이진경, 2002).

구도를 일부 극복하게 해 준다. 특정 개인 또는 집단이 주어진 구조 속에서 능동적 행위주체성을 지닐 수 있는가에 대한 가불가의 답을 찾는 문제로부터 벗어나는 것이다. 고정된 주체와 총체화된 담론을 벗어나, 욕망의 배치 속에서는 다양한 계열화의 운동이 존재하는 열린 장으로 현상을 바라볼 수 있다.

기관 없는 신체와 n개의 되기

들뢰즈적 사유에서 배치를 통해 발현되는 주체란 늘 체화된 주체embodied subject이며 "몸을 입은 주체enfleshed subject"(Braidotti, 2000: 159)다. 배치에서 일어나는 주체화는 반드시 신체에 대한 논의를 동반한다. 더욱이 이 책은 미백이라는 가시적 신체 문제를 다룬다는 점에서 들뢰즈적 사유에서 신체와 정체성이 어떻게 다루어지는지를 살펴봐야 한다. 앞서 피부색과 뷰티에 대한 논의, 특히 그 논의에서 신체와 정체성에 주목하는 논의가 사회구성주의적 관점에 의거한다는 점을 보았다. 그리고 그러한 관점은 구조적 억압의 차원을 중요하게 다루고 있으며 행위주체성과 구조 간의 갈등을 논하는 문제로 귀결된다는 점이 한계라고 지적했다. 그 대안으로서 들뢰즈의 신체와 주체화는 조금 더 급진적인 방향을 향한다.

우선 들뢰즈와 가타리(1980/2001)가 말하는 '기관 없는 신체' 개념을 살펴보자. 이 개념은 신체에 큰 유동성을 부여한다.

> 기관 없는 신체는 기관들이 제거된 텅 빈 신체가 아니다. …… 기관 없는 신체는 기관들에 대립한다기보다는 유기체를 이루는 기관들의 조직화에 대립한다. 기관 없는 신체는 죽은 신체가 아니라 살아 있는 신체이며, 유기

체와 조직화를 제거했다는 점에서 더욱 더 생동하고 북적댄다. (p.67)

기관이 없어 유기체와 조직화를 결여한 신체란 특정한 방식으로 고정되지 않은 신체를 의미한다. 따라서 신체는 늘 무언가가 되어 가는 과정becoming이며 잠재적인 변형의 장이다. 이로써 온전한 유기적 신체로서의 '개인individual' 개념은 나누어질 수 있는 '분체dividual' 개념으로 나아간다. 신체는 연결과 접속, 분절과 횡단에 열려 있는 휘발적인 volatile(Grosz, 1994) 속성을 갖는다. 더욱이 신유물론적 횡단성이 나타나는 배치 속에서의 분체 개념은 더 강화된다. 인간과 비인간 요소의 연결 접속으로 형성되는 포스트휴먼은 기존의 이성 중심적, 인간 중심적, 유기체 중심적인 사고를 해체하는 방식으로 신체와 주체에 대한 사유를 이끈다.

들뢰즈가 말하는 주체화는 이처럼 어떤 잠재적 에너지로부터 이루어지는 '되기becoming'다. 특정한 주체란 하나의 단일한 유기체적인 위치를 갖는 것이 아니라, 이질적 요소와의 결합 속에서 끊임없이 '되어 간다.' 여기에는 정동이 관여한다. 들뢰즈(1978/2005, 1981/1999)는 정동을 존재 능력의 지속적인 변이의 차원에서 파악한다.[42] 어떤 신체는 다

42 정동을 정의 내리는 방식은 다양한 가운데, 그레고리 시그워스Gregory Seigworth와 멜리사 그레그Melissa Gregg(2010/2015)는 정동 이론의 두 지배적 방향성을 이브 세즈윅Eve Sedgwick과 애덤 프랭크Adam Frank(1995), 그리고 브라이언 마수미Brian Massumi(1995)에서 찾는다. 전자의 경우 실번 톰킨스Silvan Tomkins의 심리생리학적 관찰을 바탕으로 감정 이전에 생물학적이고 신체적인 정동이 있다는 점에 주목하고, 후자의 경

른 물질적·관념적인 무언가와의 조우를 통해서 정동적 경험을 한다. 그리고 그 정동은 신체의 행위 능력을 증가시키거나 감소시킴으로써 '변용affection'을 일으킨다. 좋은 정동과의 마주침은 신체의 행위 능력을 향상시키고, 나쁜 정동과의 마주침은 행위 능력을 감소시킨다. 따라서 주체화는 다양한 정동 경험과 변용 역량에 따른 변이와 생성의 과정이며, 되기는 신체의 변용 역량 및 행위 능력을 극대화하는 방식으로 나아가는 것을 의미한다. 미백을 이러한 개념에 의거해 해석해 볼 수 있지 않을까? 상식적으로 통용되는 미백 개념은 그 자체로 고정된 피부색이 아니라 하얀 또는 밝은 피부색을 만드는 것, 즉 과정으로서의 의미white'ning'를 기본적으로 내포한다. 미백을 통한 정체성의 정치는 미백하는 신체가 특정한 방식으로 정동되어 행위 능력의 증가나 감소를 경험하는 양상을 통해 설명할 수 있다.

이때 중요한 점은 되기란 무언가와 닮기 위한 동일화 과정이 아니라는 점이다. 되기는 기본적으로 자기 자신을 생산한다. 더 나아가, 되기란 본질적으로 권력의 반대 방향을 향한다. "생성들은 소수적이며, 모든 생성은 소수자-되기becoming-minoritarian"(Deleuze & Guattari, 1980/2001: 550)다. 이미 우리는 다수자를 중심으로 하는 가치를 기준으로 삼기 때문에 '다수자-되기'란 존재할 수가 없다. 되기, 또는 소수자-되기는 무언가를 모델 및 척도로 삼아 그것이 된다는 의미가 아니

우 바뤼흐 스피노자Baruch Spinoza와 들뢰즈의 계보학에 서서 신체 능력의 행동학 차원에서 정동을 바라본다. 들뢰즈는 존재를 역량의 차원에서 설명하는 스피노자의 윤리학을 바탕으로 정동을 제시하고 그 효과로서 나타나는 되기 개념을 이야기한다.

라 되기 관계에 놓인 두 항의 탈영토화적인 변화를 의미한다. 들뢰즈에게 영향을 준 질베르 시몽동Gilbert Simondon의 철학을 따르자면 되기는 '상호변환transduction'을 의미한다. 들뢰즈와 가타리가 제시하는 대표적인 예인 말벌과 서양란의 관계에서 이를 쉽게 이해할 수 있다. 서양란은 말벌의 생식기 모양을 본뜨고 말벌은 서양란의 생식 장치가 됨으로써 수분이 일어난다. 즉 서양란의 말벌-되기, 말벌의 서양란-되기는 서로의 일부(분체)를 탈영토화함으로써 상호적으로 일어난다.

이와 같은 상호 간의 탈영토화를 통해 "유대인-되기는 필연적으로 유대인뿐만 아니라 비유대인들도 변용시킨다. 여성-되기는 필연적으로 여성뿐만 아니라 남성도 변용시킨다"(p.551). 도나 해러웨이Donna Haraway(2016/2019)가 모든 되기는 "더불어-되기becoming-with"(p.274)라고 한 것 또한 같은 맥락이다. 따라서 미백을 칭하는 '화이트닝whitening'을 문자 그대로, 또는 식민주의적 해석 방식대로 '백인-되기'라고 여기는 시각은 들뢰즈와 가타리의 되기 개념에서는 애초에 성립이 되지 않는다. 유색인의 미백은 백인에 대한 흉내나 모사가 아니라 유색인과 백인의 존재론 모두를 변화시키는 '미백인-되기'로서 새로운 의미를 생성한다.

되기가 다양한 차이를 생산한다는 점 또한 중요하게 짚어야 한다. 모든 되기는 각각의 특수한 신체적 경험을 토대로 자신만의 되기를 한다. 유사한 의미로 엘리자베스 그로츠Elizabeth Grosz(1994)는 철학자 모리스 메를로퐁티Maurice Merleau-Ponty의 현상학적 이해를 이어받아 "내가 살아낸 몸body-as-it-is-lived-by-me"(p.86) 개념을 제시한다. 이 개념을 통해 그로츠는 단일한 의미의 신체란 없고, 각각 다른 형태의 복수형의 신체bodies만이 존재한다고 말한다. 마찬가지로 들뢰즈의 주체, 즉 신체로서 나타나고embodied 신체를 입은enfleshed 주체는 그 신체가 놓인 환경 속에서 그 신체 고유의 경험을 바탕으로 생성되는 주체다. 따라서 되기는 특정한 주체로 수렴되는 과정이 아니라 개인이 놓인 상황에 따른 n개의 되기다. 더불어 들뢰즈가 말하는 차이의 존재론은 각 개체 간의 차이이면서 자기 자신의 내적 차이이기도 하다. 하나의 개체는 어떤 것과 접속, 결합, 해체하느냐에 따라 유동적으로 변화하는 생성적 주체다. 따라서 되기란 정체성의 정적인 상태가 아닌 수행 과정이라고 할 수 있다.[43]

차이에 의거한 되기, 소수자-되기, n개의 되기는 곧 배치의 탈영토화와 연결된 힘이다. 배치 내 요소 간의 연결과 횡단을 통해 기존의 지층에 균열을 내고, 이것이 탈영토화로 나아가면서 되기가 이루어지는 것이다. 이로써 들뢰즈주의적인 차이의 존재론은 각 주체를 유기적인 정체성 내로 흡수시키지 않고, 다중적 코드화와 탈코드화가 일어나는 정체성으로 파악할 수 있게 해 준다.

4. 배치와 포스트식민주의

들뢰즈와 가타리의 철학은 탈식민 담론에 많은 자원을 제공한 것으로 평가받는다(Bensmaïa, 2010; Bignall & Patton, 2010; Chow, 2010a). 우선 어떤 현

43 이 점에서 주디스 버틀러Judith Butler의 수행성 논의와 공명하는 부분이 있다. 행위자의 존재를 거부하고 행위만이 있다고 말했던 버틀러(1990/2008)처럼 들뢰즈의 주체는 수행을 통해 생성된다. 다만 들뢰즈는 그 수행성 안에 신체가 지닌 물질성과 다른 요소와의 관계성, 비인간적 요소의 개입에 대해 주목함으로써 신체의 변용 역량에 주목한다.

상에 대해 존재론적인 접근을 한다는 점에서 그렇다. 소수자에 대한 논의는 늘 모순 속에 놓여 있다. 이미 세계에 존재하는 위계질서 속에서 헤게모니를 지닌 항에 반대되는 항으로만 고찰되기에, 소수자의 목소리를 드러내기 위해 소수자가 지닌 특수성과 차이성에 집중하다 보면 소수자가 보편과 규범으로부터 이탈해 있다는 점을 강조하게 되는 것이다. 유색인은 늘 백인과 비교하여 '비백인non-White,' 즉 백인이 '아닌' 정체성으로서 부정의 항으로 위치 지어지기 쉽다. 그러나 미백의 배치를 존재론적으로 관찰한다는 것은 백인의 존재를 기준이나 비교점으로 삼지 않은 채 미백에 대해 이야기한다는 것을 의미한다. 동일성에 의거한 준거점이 제거된 배치 속에서 소수자는 그 존재가 오롯하게 관찰될 기회를 갖는다.

더불어 들뢰즈와 가타리의 철학은 기존의 체계를 벗어나 탈중심을 향하는 여러 개념들을 낳았다. 탈영토화·재영토화 개념을 통해 포착하는 포획과 이탈에 대한 설명, 되기의 탈주적 과정, 국가에 대항하는 형태로서의 유목주의 등은 제국적 권력을 벗어나 창조적인 무엇인가로 나아가는 개념들이다. 이러한 개념들은 중심점을 제거한 열린 체계를 통해 미시 정치를 일으킨다는 점에서 미백 현상에 대한 탈식민적 해석에 유용한 이론적 바탕을 제공한다.

하위 주체를 넘어서 유목적 주체로

서론에서 언급했듯이 포스트식민주의의 논쟁은 포스트post-라는 접두사의 정당성을 둘러싸고 진행되어 왔다. 시대적 의미('이후')와 인식론적 의미('너머') 어느 쪽에서도 기준점에는 유럽 중심적 식민지관이 작동한다는 모순이 있다. 이 난관은 포스트식민주의 이론가 가야트리 C. 스피박Gayatri C. Spivak의 유명한 질문 '하위 주체는 말할 수 있는가Can the subaltern speak?'를 통해 요약된다. 스피박(1988/2013)이 이모할머니인 부바네스와리 바두리의 자살에 대해 언급하는 부분은 특히 주목할 만하다. 부바네스와리는 1926년 인도 독립을 위한 무장 투쟁 수행 중에 자신의 임무를 감당하지 못하고 자살했다. 그러나 자신의 자살이 당시 인도 사회 관념 속에서는 불륜으로 인한 임신으로 오해받을 것으로 예측하고, 일부러 생리가 시작되기를 기다렸다가 목숨을 끊었다. 더욱이 이 행동은 힌두 문화에서 과부가 죽은 남편을 화장한 후 자신도 불태우는 과부 희생 의례인 사티sati에서 과부가 생리 중에 불태워져서는 안 된다는 공리에 대한 저항이기도 했다. 그러나 부바네스와리의 의도는 제대로 읽히지 못하고 오랫동안 불륜에 의한 자살로 추정되었다. 이 사건을 통해 스피박이 말하려는 바는 하위 주체의 목소리가 사회적으로 제대로 수용될 만한 언어나 배경이 없는 조건에서 하위 주체는 말을 할 수가 없다는 것이다. 부바네스와리의 말은 해독될 적절한 맥락을 가져 보지 못했다. 스피박은 또 다른 부바네스와리들의 의도를 가로막는 구조를 해체하고 그들의 말이 전달될 수 있는 맥락, 그 '상황성situatedness'을 찾아내는 것을 지식인의 윤리적 소임이라고 말한다.

이때 하위 주체의 말이 해독될 맥락을 마련한다는 것이 지닌 함정을 주의해야 한다. 하위 주체가 지닌 어떤 지정학적 특수성이 그를 '하위' 주체로 만들었는가를 부각하는 방식은 식민 구조를 탈피하지 못하기 때문이다. 하위 주체의 "원래 '맥락'과 '특수성'을 성급하게 제공하면 지배 담론과 공범 관계가 생길 수 있다"(Chow, 1993/2005: 65). 이어지는 부분에서 아시아인에게 부여되는 '진정성'의 덫에 대해 서술하겠지만, 어떤 하위 주체의 진정한 맥락을 '복구'시키겠다는 접근은 자칫 하위 주체를 그 특정한 상황성 및 맥락 속에 가두는 효과를 지닐 수 있다.

이에 대한 대안적 또는 보완적 사유의 틀로서 들뢰즈와 가타리(1980/2001)의 '유목론nomadology'에 주목해 보자. 유목론은 두 가지 정신적 공간을 가정하는데 하나는 '홈 파인 공간striated space'이고 다른 하나는 '매끈한 공간smooth space'이다. 홈 파인 공간에는 정해져 있는 홈을 따라 실재와 진리가 존재하며, 그것은 제국과 주체의 원리다. 들뢰즈와 가타리는 이러한 정신적 공간을 거부하고 유목적 사유의 공간을 제안하는데, 그것이 바로 매끈한 공간이다. 매끈한 공간은 무규정적인 열린 공간이다. 여기에는 '상위'도 '하위'도 없다. 따라서 '이른바 하위 주체'에 대한 더 해방적인 접근을 이 매끈한 공간 속에서 추구해 볼 수 있다. 더 나아가, 들뢰즈와 가타리는 홈 파인 공간에 맞서는 요소를 '전쟁 기계war machine'라고 부른다. 유목적인 전쟁 기계는 제국적 장치들을 파괴하며 매끈한 공간을 추구하는 표현적 형식이다.[44]

44 들뢰즈와 가타리(1980/2001)는 유목적 전쟁 기계에 대한 공리를 "유목적 전쟁 기계는 소위 표현의 형식이며, 이것과 관련된 내용의 형식이 바로 이동적 야금술이다"(p.797)라고 제시한다. '이동적 야금술itinerant metallury'이란 공간에 구멍을 뚫어 이동함으로써 구멍투성이로 만드는 기술이다. 들뢰즈와 가타리의 유목론이 지닌 배치는 담론적으로는 유목적 전쟁 기계가 매끈한 공간을 만들고, 이동적 야금술과 같은 방법으로 구멍 뚫린 공간이라는 물질적 흐름을 만드는 것이다.

유목론의 배치

	내용	표현
실체	구멍 뚫린 공간	매끈한 공간
형식	이동적 야금술	유목적 전쟁 기계

출처: Deleuze & Guattari(1980/2001: 797).

브라이도티(1994)는 들뢰즈의 유목론을 바탕으로 유목적 주체nomadic subject를 "사회적으로 코드화된 사고와 행동 양식에 정착하는 것에 저항하는 비판적 의식"(p.5)을 함양한 주체로 정의 내린다. 유목적 주체는 정상성으로 간주되는 주체의 언어에 편입되지 않고 영토화의 흐름에 저항하는 다양한 차이의 힘을 통해서 나타난다. 차이의 힘에 기반한 신체 및 주체 생성의 의미 때문에 유목적 주체는 '차이의 정치학politics of difference'을 주창해 온 포스트식민주의적 페미니즘의 정치적 함의를 내포한다. 유사한 맥락에서 브라이도티는 다양한 경험의 흐름이 체화된 여성 신체와 그 특수한 위치에 주목하자는 차원에서 "위치의 정치학the politics of location"(p.17)을 주창했다. 이 위치의 정치학이란 물론 앞에서 언급한 하위 주체의 상황성에 대한 강조가 지닌 함정을 지닌 교착적 의미로서의 차이를 의미하는 것이 아니다. 배치 개념은 차이의 정체성을 논할 때 한계로 지적되는 정적인 의미로서의 차이(가령 백인 여성'으로부터의 차이')가 아닌 들뢰즈주의가 지향하는 의미로서의 차이(되기)를 지향한다. 이로써 배치 개념은 대개의 소수자 주체성에 대한 연구가 주창해 왔던 차이의 정치학에 새로운 결을 더한다. 소수자 A가 억압받는 위치의 차이성을 설명하는 것이 아니라, 'A-되기'를 통해 A와 관계하는 다른 주체 항들의 상호변환, '더불어-되기'에 수복하는 것이다. 이러한 '되기의 정치학'을 통해 발견한 유목적 주체는 보다 탈중심화된 지평, 매끈한 공간에 위치한다.

제국주의의 권력 속에서 '하위' 주체로 규정된 하위 주체로부터 차이의 존재론을 내포한 유목적 주체를 이끌어 내는 것은 들뢰즈주의적인 탈식민 담론 생성 작업이다. 유목적 주체는 특정 단일 권력의 억압이 자신에게 남긴 피해의 자국을 부각하며 그것에 의해 정의되는 존재가 아니다. 유목적 주체는 여러 힘과 욕망이 교차하는 배치 속에서 체화된 신체를 통해 자신을 드러낸다. 따라서 미백 배치 속에서 우리가 발견하고자 하는 것은 식민주의와 제국주의의 인종색 언어가 만든 '홈'을 따라 움직이는 하위 주체의 모습이 아니라, '매끈한' 미백 문화 속 여러 요소의 연결망과 각각의 국면 속에서 생성되는 유목적 주체, 또는 '미백 기계'다.

탈주하는 시뮬라크라

유색인의 미백을 해석하는 가장 손쉬운 틀이 서구 백인에 대한 모방이라는 담론이다. 이러한 해석에서 백인의 얼굴은 모든 권력이 수렴되는 기준점이 된다. 이에 대해 들뢰즈와 가타리(1980/2001)는 '흰 벽'과 '검은 구멍'으로 형성되는 얼굴성facialty이라는 추상 기계를 통해 직접적으로 지적한 바 있다. 인종주의라는 체계는 백인의 얼굴을 보편의 얼굴로 삼는다. 그 체계는 황인종과 흑인종을 일탈로 규정한다. 흰 얼굴을 갖지 않은 자들의 차이를 용납하지 않으며 그들을 흰 얼굴로 '얼굴화'하기 위해 동일자의 권력을 발휘한다.

> 인종주의는 점점 더 특이해지고 지체되는 파동 속에서 적합하지 않은 특징을 특정 장소나 조건, 특정 게토 안에서 용인하기 위해, 또는 결코 이타성을 지지하지 않는 벽에서 삭제하기 위해 그것들을 통합하는 척하는 백색인Homme blanc의 얼굴에 의해 일탈의 격차들을 결정함으로써 진행되었다(이 사람은 유대인이다, 이 사람은 아랍인이다, 이 사람은 흑인이다, 이 사람은 광인이다 등). 인종주의의 관점에서 외부는 없다, 바깥의 사람은 없다. 오로지 우리처럼 되어야 할 사람들만 있을 뿐이고, 그들의 죄는 우리와 같지 않다

는 것이다. (p.340)

따라서 들뢰즈와 가타리(1980/2001)는 얼굴을 해체하는 정치, '탈얼굴화'를 주장한다. 백인의 얼굴로 권력이 수렴되지 않도록 하는 탈얼굴화는 호미 바바Homi Bhabha(1994/2012)의 '모방mimicry' 개념과 맞닿아 있다. 바바는 서구의 지배적인 시선이 타자의 저항적 응시에 부딪혀 분열되는 지점을 모방 개념을 통해서 포착한다. 서구의 식민주의적 시선은 피식민자에게 정형화된 정체성을 부여하려고 함과 동시에, 피식민자들이 자신의 문화를 모방하려고 한다는 담론을 만들어 냈다. 그러나 "모방의 양가성(거의 동일하지만 '아주 똑같지는 않음')"(p.198)은 식민자에게 위협이 되기도 한다.

> '아주 똑같지는 않은/하얗지는 않은'의 양가성의 세계에서, 그 제국 본토의 욕망의 주변부에서, 서구 세계의 '기반이 되는 대상들'은 식민지 담론(현존의 부분적 대상들)의 변칙적이고 일탈적인 '뜻밖에 습득된 대상들'이 된다. 서구의 몸과 책이 자신의 현존의 부분적 대상들(재현으로서의 식민지 담론)을 잃어버리는 것은 바로 그 순간이다. 다시 말해, 그 순간에 서구의 몸과 책은 자신 재현의 권위를 상실하게 된다. (p.210)

식민주의적 포획 담론이 낳은 이 혼성적 존재들은 식민주의의 권위 자체를 뒤흔드는 위협적인 쌍생아로 존재한다. 피식민자는 식민자와 동일한 존재로 완전히 포섭되지 않는다. 오히려 식민지 담론이 미처 포획하지 못한 '변칙적이고 일탈적인' 양상은 제국주의의 권력에 균열을 가한다.

앞서 백인성에 대한 해체적 접근의 사례로 언급했던 카와시마(2002)를 빌어 바바의 모방 개념이 지니는 의의를 더 살펴보자. 일본 애니메이션 캐릭터들은 하얀 피부나 큰 눈, 검은색이 아닌 색의 머리카락 등을 통해 백인의 외형을 표현하고 있다는 비판을 받기도 하는데, 카와시마는 이러한 주장을 하는 자들을 '백인을 특권화하는white-privileging 주체'로 규정하고 비판한다. 그 주체 위치는 일본인이 백인을 모방하고 싶어 하며, 그 결과 나타난 모방은 진짜에 미치지 못하고 부적절한 형태에 머무를 뿐이라는 가정을 기반으로 한다. 그 반대급부로 아시아인의 진정한 아름다움을 표현한다는 명목하에 배우 루시 리우Lucy Liu와 같은 이미지가 대두되기도 한다.

그러나 카와시마(2002)는 모방이 식민자의 담론이라는 바바의 개념을 인용하여 이러한 인식을 비판한다. 하얀 피부, 큰 눈, 검은색이 아닌 머리카락 등을 백인만의 외형적 특징으로 고정시키는 것이 인종적이고 식민주의적인 독해라는 것이다. 그리고 루시 리우의 외모를 '진정한 아시아인의 아름다움'이라고 여기는 것도 식민자가 규정한 "모방적 대안mimed alterity"(p.173)에 불과하다.[45] 따라서 아시아인이 백인처럼 되고 싶어 한다는 발언은 물론 '아시아인은 백인처럼 되지 않고도 아름다울

45 유사한 의미에서 레이 초우Rey Chow(2002)는 '강제적 모방주의coercive mimeticism'를 이야기했다. 특정한 종족 주체는 담론과 제도가 호명하고 규율하는 힘에 의해 특정한 방식의 정체성에 위치하게 된다는 의미다. 그리고 특히 유색인은 더욱 인종·종족적인 진정성authenticity을 증명하도록 요구받기 때문에 일종의 모범 답안으로서의 진정성을 재생산하는 방식으로 정체성을 수행하도록 강제된다.

수 있다'는 발언까지도 백인중심주의에 공모하는 효과를 지니게 된다. 바바(1994/2012)와 카와시마(2002)의 논의는 아시아인의 시각적 진정성에 대해 비판적인 견지에서 바라보게 만듦으로써 백인의 얼굴성이라는 권력의 배치물을 해체한다.

다시 들뢰즈주의 철학의 개념으로 논의를 이어가자면, 들뢰즈(1969/1983)는 바바와 유사한 방식으로 '시뮬라크라'의 전복성을 포착한다. 그는 플라톤주의가 본질과 그 이마주image, 원본과 복제를 나누고, 선별하고, 위계화하는 철학이었음을 비판한다. 그리고 이마주 또한 두 종류로 나뉘는데 들뢰즈는 이를 '도상적 복제물iconic copies'과 '환영적 시뮬라크라phantasmatic simulacra'라고 구별한다. 도상적 복제물이란 형상의 본질에 근거한 모범적인 복제로서 표준적인 동일성을 전제로 하는 반면, 환영적 시뮬라크라란 본질에서 벗어나 경계선을 흐리는 존재를 의미한다.

파농(1952/2014)이 고민하고 주장했던 탈식민의 방법은 환영적인 시뮬라크라를 통해 달성될 가능성을 찾는다. 파농은 식민지인으로서의

표 7　　도상적 복제물과 환영적 시뮬라크라

도상적 복제물	환영적 시뮬라크라
유사성에 근거	비유사성에 근거
내적인 본질을 갖춘 좋은 그림자	내적 불균형, 일탈, 전복의 나쁜 그림자
동일자the Same의 모델	타자the Other의 모델
표준적 동일성 존재	탈중심화된 체계

앙티유인의 내면에서 "하얀 존재감"(Fanon, 1952/2014: 220), 즉 지배적 존재로서의 백인을 발견한다. 내면의 하얀 존재감이 강하게 자리 잡은 앙티유인일수록 자신의 언어와 제스처를 통제하며 자신의 열등감과 싸우고 백인의 세계관 속에서 자기 분열을 경험한다. "한 사람의 검둥이는 매 순간 자신의 이미지와 싸운다"(p.184). 이 싸움은 자신을 도상적 복제물로 위치시키는 것으로부터 벗어나려는 분투라고 할 수 있다. 파농은 '모범적인 백인 모방 — 진정한 흑인'의 이분법으로부터의 벗어난 심리적 탈식민을 촉구하는 것이다. "검둥이는 없다. 백인도 마찬가지다"(p.223)라며 (피)식민 주체를 해체하는 파농의 주장은 유기성을 잃은 개인dividual(기관 없는 신체)과 일탈적인 시뮬라크라를 논하는 들뢰즈적 사유 안에서 더 큰 울림을 갖는다.

이러한 맥락에서 조금 이르게 미백의 함의를 도출해 보자면 다음과 같은 해석이 가능할 것이다. 앞서 언급했던 "모범적 소수자"(Kim, 2001), "명예 백인"(Bonilla-Silva & Dietrich, 2009)은 도상적 복제물로서 파악된 아시아인이다. 백인이라는 원본으로서의 형상에 근거하여 동일자를 모델로 삼는 아시아인은 백인 세계 안에서 착하고 안전한 존재로 받아들여진다. 그러나 오리엔탈리즘적 상상 속에서 황색 공포로 인식되었던 아시아인이 하얀 피부로 탈바꿈할 때 이것은 또 다른 위험peril으로 여겨진다. 미백의 아시아인은 백인의 내적 본질을 공유하지 않은, 즉 내적으로는 비유사성에 근거한 존재다. 백인의 세계관도, 서구 국가에서의 거주증도, 원본에 대한 존경도 결여한 미백의 아시아인은 백인 형상을 거부하면서 환영적인 허구의 세계를 만들어 내는 전복적 그림자다.

들뢰즈는 바로 이 전복적인 그림자로부터 생산적인 힘을 발견한다.

> 시뮬라크럼은 표면으로 기어 올라와 동일자the Same와 유사자the Like, 모델과 복제물을 허구의 권력 아래 복속시킨다. 그것은 참여의 질서, 분배의 고정성, 가치 결정에 있어서 위계를 모두 불가능하게 만든다. 그것은 유목민적 분포와 승리한 무정부적 상태의 세계를 수립한다. 시뮬라크럼은 새로운 정초를 제시하지 않으며, 모든 정초를 삼켜 버린다. 그것은 보편적인 와해를 일으키지만, 그 와해란 긍정적이고 즐거운 사건, 즉 탈정초de-founding다. (p.53)

시뮬라크라는 재현의 요구, 동일성의 척도로부터 벗어나 끊임없이 탈정초하는, 탈주선을 만들어 내는, 탈영토화하는 잠재성을 지닌다. 장 보드리야르Jean Baudrillard가 결핍이라는 부정적 관점에서 시뮬라크라를 논한 것과 달리, 들뢰즈는 욕망을 결핍이 아니라 생산으로 해석한 것과 마찬가지 방식으로 시뮬라크라를 욕망하는 기계가 생산하는 긍정적 힘으로 보았다.[46] 여기에는 단순히 반복 복제하는 것이 아니라 변이 생성하는 특성이 있기 때문이다. 시뮬라크라는 곧 차이의 존재론으로서 n개의 되기를 보여 준다.

미백 욕망의 지도 만들기

들뢰즈주의적 사유가 해석의 방식으로 주창하는 것은 지도 제작법

46 이러한 차원에서 이재현(2019)은 "현대 사회가 보드리야르에게 '억제하는 기계deterrence machine'가 지배하는 사회라면, 들뢰즈에게는 욕망하는 기계가 작동하는 사회"(p.92)라고 말한다.

cartography이다. 들뢰즈와 가타리(1980/2001)는 사진이나 그림 같은 사본과 지도를 대비시키며 "언제나 사본을 지도로 바꿔 놓아야 한다"(p.32)고 주장한다.

> 지도는 장場들의 연결 접속에 공헌하고, 기관 없는 몸체들의 봉쇄–해제에 공헌하며, 그것들을 고른 판 위로 최대한 열어놓는 데 공헌한다. 지도는 그 자체로 리좀에 속한다. 지도는 열려 있다. 지도는 모든 차원 안에서 연결 접속될 수 있다. 지도는 분해될 수 있고, 뒤집을 수 있으며, 끝없이 변형될 수 있다. 지도는 찢을 수 있고, 뒤집을 수 있고, 온갖 몽타주를 허용하며, 개인이나 집단이나 사회 구성체에 의해 작성될 수도 있다. 지도는 벽에 그릴 수도 있고, 예술 작품처럼 착상해 낼 수도 있으며, 정치 행위나 명상처럼 구성해 낼 수도 있다. (p.30)

지도 제작법은 어떤 현상에 대해 그 본질을 찾고 설명하는 것이 아니라 현상을 구성하는 요소들을 배열 및 재배열하며 주변을 살피는 방법이다. 지도 제작법은 세계의 중심을 한 군데에 놓지 않고 다성적이고 복잡한 것으로 바라보는 리좀적 세계관을 전제로 한다. 따라서 브라이도티(1994)는 "유목민과 지도 제작자는 같은 상황적 필요성을 공유하며 함께 손을 잡고 나아간다"(p.17)고 말한다. 즉 유목적 주체가 생성되는 방식, 유목적 주체를 발견하고 해석하는 방식, 글로 쓰는 방식이 곧 지도 제작법에 해당한다. 그렇기에 지도 제작법은 동일성의 척도에 의거한 모방 담론에 대항하는 방법론이다.

이러한 의미에서 이 책은 미백에 대한 지도를 제작하려고 한다. 들뢰즈는 지도 제작법에 대한 방법론을 명백하게 규정한 적은 없으나,[47] 지금까지 이론적 논의로서 살펴본 리좀적이고 유목론적인 접근 자체가 지도 제작의 연구와 글쓰기 방식에 해당한다고 볼 수 있다. 지도 제작법은 어떤 문화 및 사회 현상에 존재하는 수직적 구조를 해체함으로써 기존의 지배-피지배 위계로부터 탈주하는 사유의 방법 전반으로 이해해도 좋을 것이다.[48] 이러한 이해를 토대로 아시아 내에서 제기되었던 방법론적이고 정치적인 사유의 한 흐름을 유목론적 지도 제작의 시도로 살펴보고자 한다. 바로 '방법으로서의 아시아Asia as method'다.

글로벌한 지식 생산의 구조 속에서 서구가 권력을 쥐고 있다는 사실은 비서구권 학자들의 포스트식민주의적 비판의 차원에서 꾸준히 문제시되어 왔다. 이에 다케우치 요시미竹內好가 1960년대에 '방법으로서의 아시아'를 언급하고, 그 이후 탈냉전과 일부 아시아 국가들의 급속한 발전이 이루어지면서, 이 개념 또는 방법론이 무엇인가에 대한 고

47 가타리(1992/2003)는 분열 분석을 지도 제작법의 하나로 설명하며, 기계적 담론성, 에너지-공간-시간적 담론성, 무형적 복잡성, 카오스모제적 구현의 네 가지 존재론적 기능소들의 배치에 대한 도표를 제시한 바가 있다.

48 예로, 이지영(2018)은 최근의 '방탄 현상'을 지도 제작법으로 이해한다. 지구적 위계질서 안에서 피지배적인 위치에 있던 BTS와 세계의 '아미ARMY'가 '방탄-아미 다양체'라는 수평적으로 연결된 리좀적 다양체를 형성함으로써 희망의 지도를 그린다는 것이다. 방탄 현상은 어떤 성공적인 모델을 재현하는 사본이 아니라 탈영토화와 재영토화를 반복하면서 수평적으로 연결 접속해 나가는 비중심적 체계다. K팝이 소수성을 지니고 있던 미국 중심의 팝 시장에서 방탄-아미 다양체는 소수자-되기를 하며 수목적 체제로부터 탈주하는 혁명적 실천을 수행한다.

민이 지속되어 왔다. 이에 대해 구체적인 왕도나 분석방법론으로서의 활용법을 제시하기는 어려운 가운데, 방법으로서의 아시아란 기본적으로 아시아의 경험과 맥락이 지식 생산에 적극적으로 관여하게 만드는 것을 의미하는 것으로 이해할 수 있다.

그러한 맥락에서 제시된 한 가지 방법론이 '아시아 간 상호 참조inter-Asia referencing'다(Chen, 2010; Iwabuchi, 2014; Chua, 2015). 탈식민적인 인식론의 출발은 서구를 무조건적 준거점으로 놓는 사유를 거부하는 데 있다. 아시아 간 상호 참조는 "아시아를 상상적 기준점anchoring point으로 활용"(Chen, 2010: xv)하여 각 아시아 국가들의 경험이 서로의 참조점이 되어 지식 생산을 하는 것을 의미한다. 서구를 역사 발전이나 지식 생산의 기준점으로 삼아 아시아를 비교적 관점에서 다루는 것에서 벗어나 아시아 역내의 문화를 논의하고 비교하려는 방법론이라고 할 수 있다.

이러한 전략이 지향하는 바가 서구에서 생산된 이론이나 서구 학자들과의 협업을 배제하는 고립된 형태의 지역 연구는 물론 아니다. 더욱이 아시아를 '상상적 기준점'으로 놓자는 말을 아시아의 우수성을 강조하거나 아시아를 지식 생산의 새로운 준거점으로 만들자는 선언으로 해석해서도 안 될 것이다. 이와부치(2014)는 아시아 간 상호 참조를 아시아의 경험을 성찰하여 고유의 미묘한nuanced 언어와 맥락을 활용한 개념 및 이론을 구축함으로써 지식 생산의 발전을 이루어 내려는 일종의 "생산적 우회"(p.47)로 여겨야 한다고 말한다. 따라서 아시아 간 상호 참조가 궁극적으로 시사하는 바는 기존의 지배적인 준거점을 해체한다는 데 있으며, 일종의 학술적 전략, 즉 그야말로 '방법으로서의' 아시아다.

관련해서 주요하게 제시된 연구 전략은 현상이나 개념을 아시아 맥락에서 '(재)개념화 및 이론화'하는 것이다(Chua, 2011; Iwabuchi, 2014). 예를 들어, 앞서 언급한 '무코쿠세키/무국적' 개념은 영어로 먼저 생산된 '초국적transnational' 개념보다는 더 긍정적인 이동성에 대한 함의를 지니면서 동아시아 문화에 대한 미묘한 설명을 제공한다. 그리고 이와부치가 제기했던 이 개념을 정선(Jung, 2011)이 한국의 맥락을 담은 '무국적mugukjeok'으로 다시 개념화하면서 동아시아에서 유통되는 개념으로 만들기도 했다. '초국적' 개념은 미국을 대표로 하는 서구의 패권적인 문화나 산업이 국경과 문화권을 넘어 동질적인 문화를 공유하게 만드는 현상으로서 역사적 맥락을 갖는다. 반면 '무국적'이란 새로운 용어에는 특정한 문화적 구속력으로부터 탈영토화하는 의미가 부여되어 있다. 즉 초국적이 국경을 약화하는 방식이 거대하고 단일한 홈 파인 공간을 만드는 방식이라면, 무국적은 그 홈을 거부하고 매끈한 공간을 지향한다.

사유의 방법 측면에서뿐만 아니라 아시아 간 상호 참조는 실제 동아시아의 미디어 문화에서 수용자의 감각을 통해 이루어지는 일상 실천의 측면에서도 나타난다(Iwabuchi, 2014). 동아시아 내 문화 콘텐츠의 활발한 유통이 형성한 문화 지형 속에서 '동아시아적 감수성'이라고 부를 만한 것이 형성되는 것이다(Cho, 2011; 홍석경, 2013). 이것은 들뢰즈적 관점에서 상호변환을 통한 되기의 기반이 될 수도 있다. 기존의 지배 문화적 참조물에 의존하지 않고 아시아 역내의 변이와 생성 속에서 차이의 정체성을 형성해 나가는 의미를 갖기 때문이다. 서구를 모델로 하는 모방적 위계가 아니라 아시아 간의 상호 참조적인 문화 및 감각의 형성은 그 자체로 수평적인 리좀 체계를 형성하는 지도 제작법의 성격을 띤다.

이러한 논의를 고려할 때 아시아에 존재하는 담론이자 일상 실천으로서의 미백은 아시아 간 상호 참조 차원에서 해석해 볼 만한 주제다. 유색인이 피부색을 밝게 만드는 행위가 'skin-whitening'이라는 단어로만 명명될 때 'white'에 접미사 'en'이 붙으면서 자동적으로 백인화, 즉 백인 모방의 의미를 내포한다. 라틴아메리카의 미백이 '블랑케아미엔토blanqueamiento'라는 용어를 통해 라틴 국가들에서 시행되었던 피부색 관련 정책의 차원까지 포괄하여 지역 특유의 맥락을 드러낼 수 있듯, 한국에서 사용되는 '미백'의 국지적 의미와 동아시아에서 유통되는 '美白'의 동아시아 횡단적, 또는 상호 참조적 의미가 있을 것이다. 따라서 앞에서 피부색에 대해 이미 서구에서 축적된 백인성 연구를 경유해 왔지만, 2부부터 전개될 미백에 대한 논의에서는 그 개념과 이론을 기계적으로 한국에 대입하거나 비교하는 방식을 취하지는 않을 것이다. 미백의 문화 현상 자체를 개념화 및 맥락화하는 방향으로 나아가야 한다. 즉 방법으로서의 아시아, 또 '방법으로서의 한국'을 통해 미백에 접근할 때, 기존의 헤게모니적 시각을 우회할 수 있다.

한국의 미백이 지닌 다층적인 면면 그 자체를 드러내는 작업은 제국주의적인 담론에 대한 사본을 형성하지 않고 현상에 들어가 볼 수 있는 "많은 입구"(Deleuze & Guattari, 1980/2001: 30)를 지닌 지도를 만드는 시도다. 서구와 아시아의 위계를 구축한 근대적 사고는 의미화하고 표상화하는 선형적 인과론을 바탕으로 하기에 하나의 입구와 하나의 출구만이 존재한다. 식민주의로 의미화되고 표상된 세계를 수용한 채 시도되는 포스트식민주의적 해석은 결국 식민주의적 표상을 띤 단일 출구를 거치지 않을 수 없다. 따라서 우리는 미백이 리좀적으로 형성하는 지형을 살펴보아야 한다. 이를 위해서는 지도를 펼치는 방식으로 사유의 체제를 바꿔야 한다. 지도 내에서 연결 접속과 흐름을 통해 만들어지는 다양한 층위를 밝혀야 한다. 방법으로서의 아시아와 지도 제작법의 공명 속에서 한국 또는 아시아의 사회 현상을 설명하려는 시도는 제국의 존재를 환기하는 언어와 이론에 편의적으로 기대지 않음으로써 식민주의적 사고로부터 탈주하는 방법이다.

2부
미백 배치

3장

미백 이미지 배치

미백이란 특정한 형태의 시각성이다. 미백 피부의 조건으로 '매끈함'이나 '촉촉함' 같은 촉각적 요소가 요구되기도 하지만, 이러한 요소들도 일차적으로는 시각적으로 판별되는 것이라는 점에서 미백은 시각적 이미지로 유통된다고 할 수 있다. 따라서 미백 배치에 들어가는 첫 번째 진입로로서 한국 사회의 미백 배치를 형성하는 이미지들을 관찰할 것이다.

오늘날 이미지는 서로 다른 시공간과 미디어를 가로지르며 특정한 집단적 기억을 형성하는 일종의 '네트워크-이미지'[49]로서 존재한다.

49 이지영(2018)은 들뢰즈적 사유에 입각해 '네트워크-이미지'를 제시한 바 있다. 네트워크-이미지란 "다양한 사용자들이 생산한 동영상들이 연결 접속되면서 확장된 의미를 생산하는 관련 동영상들의 배치"(p.206)를 가리킨다. 이 개념의 전신이라고 할 수 있는 '시퀀스-이미지'란 관객이 여러 영화에서 본 장면들을 기억 속에서 연결시켜 어떤 계열을 만들어 내는 것을 의미한

이 장에서는 다종의 이미지들이 형성하는 '미백 이미지 배치'를 살펴보고자 한다. 미백 이미지가 매스 미디어를 통해 매개되기 시작한 때부터 미백 이미지는 시공간과 미디어를 횡단하며 배치를 형성해 왔다. 이 배치를 횡단하는 기호학적이고 물질적인 요소들이 존재하며, 이들이 미백에 대한 집단적인 기억을 만들고 특정한 정동을 형성한다.

1. 흑백 변신 이미지

미백이 한국의 미의 기준이나 미용 역사에 늘 있어 왔듯, 미백 이미지 또한 유구한 역사를 지닌다. 신윤복의 〈미인도〉를 비롯하여 20세기 이전의 회화에서 미인의 이상적 피부가 밝은색으로 표현된 것은 3부에서 살펴볼 K팝 국제 팬덤 내부의 '화이트워싱' 논란에 대한 반박 근거로 동원되기도 한다. 한국의 역사 속에서 누적되어 온 수많은 미백 이미지들에 대한 역사학적 관점의 분석은 매우 흥미로운 작업이 될 것이다. 그러나 이 책은 미백을 한국의 전통적인 아름다움으로서 추적하는 것이 아니라, 동시대적 의미를 함축한 뷰티 실천으로서 바라보고 있다. 따라서 여기서 소개하는 미백 이미지 배치의 범위는 미백이 상품화되고 매스 미디어를 통해 매개되기 시작한 때부터의 미백 이미지로 한정된다. 비교적 근과거라고 할 수 있을 20세기 후반부터 시작된 한국 신문 광고

다. 그리고 오늘날 디지털 환경 속에서 다양한 미디어 플랫폼이 등장하고 영상물의 선형성이 깨지는 맥락 위에서 네트워크-이미지 개념이 제안되었다.

속 미백 이미지가 시작점이다. 그중에서도 한 가지 레토릭에 주목하여 미백 이미지의 소사小史를 써 보고자 한다. 이것은 우리가 살아가는 현 시점의 미백을 파악하기 위한 전제적 작업이라고도 할 수 있다.

한국에서 미백 제품이 지면 광고에서 본격적으로 등장하기 시작한 것은 1950년대 중반 이후다.[50] 이전에도 피부를 개선시키거나 밝은 색의 피부 표현을 위한 화장품과 그 광고가 소수 있었지만, 오늘날의 '미백 기능성 제품'이라고 할 만한 제품이 미백의 효과를 시각화한 형태로 광고되기 시작한 것은 1950년대 중반부터다. 이러한 초기의 미백 광고들은 미백이 당시 한국 사회에서 어떤 식으로 코드화되고 상품화되었는가를 보여 준다는 점에서 유의미하기도 하지만, 그러한 코드화가 오늘날의 미백에 대한 집단적 기억에 영향을 미치거나 오늘날과 차이를 보이기도 한다는 점에서도 유의미하게 볼 필요가 있다. 여기서는 미백에 대한 집단적 기억을 형성하며 시대를 횡단하는 특정한 이미지 레토릭을 '흑백 변신 이미지'라고 지칭하며 살펴보고자 한다.

1950년대 미백 크림인 '베노퀸'과 'ABC미백제,' 미백 효과를 지닌 비누인 '코티벌꿀비누'의 지면 광고는 공통적으로 신체의 일부는 검고 일부는 하얀 사람의 모습을 그려 놓았다(그림 6, 7, 8). 검은 피부가 하얗게 변화한다는 의미를 명시적으로 전달하는 것이다. 그런데 이것은 단지 중립적 의미의 색조로서의 검은 피부가 하얀 피부가 된다는 의미로 해석되지만은 않는다. 부정적 의미로서의 검은 피부가 긍정적 의미로서

50 1920~1999년 주요 일간지를 아카이빙한 네이버 뉴스 라이브러리에서 '미백,' '흰 피부,' '표백' 등의 단어로 검색했을 때 1950년대 중반부터 광고를 발견할 수 있다.

그림 6　　1956년 12월 23일 〈경향신문〉 2면에 실린 1950년대 미백 제품 '베노퀸' 광고. 피부 일부가 하얗게 변한 사람의 그림 아래에 "깜둥이? 흑인이 희게 되어 말썽!!"이라는 문구가 있다.

그림 7　　1958년 11월 22일 〈동아일보〉 2면에 실린 1950년대 미백 제품 'ABC 백정제' 광고. 얼굴의 반은 검고 반은 미백제를 사용해 하얘진 흑백 변신 이미지를 볼 수 있다.

그림 8 1959년 9월 11일 〈동아일보〉 4면에 실린 1950년대 미백 제품 '코티벌꿀비누' 광고. 비누는 서구 제국주의의 맥락에서 함의를 지니는 상품이기도 하다. 과거 서구의 비누 광고는 흑인이나 식민지인을 비롯하여 인종화된 존재를 동원하고 그들이 비누를 통해 검은 때를 씻어 내는 모습을 보여 줌으로써 전근대적인 세계에 위생 관념을 가져다주는 제국의 역할을 정당화했다. 따라서 '코티벌꿀비누'를 들고 좋아하는 원주민 그림은 제국주의적 레토릭으로 독해된다.

의 흰 피부로 탈바꿈한다는 것을 암시한다. 그 부정성이란 전근대적이고 원시적인 것이고 긍정성이란 선진적이고 서구적인 것을 내포한다. 그리고 이 이분법에는 인종주의 및 식민주의가 작동한다. 베노퀸 광고를 보면 머리카락이 듬성듬성하고 피부가 빗금 쳐진 형상의 사람 그림 아래에 "깜둥이"라는 주가 달려 있다. 또한 코티빌꿀비누에서는 열대 지역 원주민처럼 보이는 사람 그림이 있다. 코티벌꿀비누를 갖게 된 원주민은 몸이 반만 하얗게 변한 채 즐거워하는 모습으로 묘사된다. 이렇게 베노퀸과 코티벌꿀비누는 원시성에 대한 표백을 약속해 준다.

이들 광고로부터 서구 제국주의 및 인종주의 코드를 읽을 수 있는 것은 이러한 레토릭이 비단 한국 광고에서만 특수하게 발견되는 것이 아니기 때문이다. 제국주의와 인종주의는 흰색과 검정색에 대한 의

미를 선점하여 각각 선진성과 후진성에 관한 의미의 계열화를 형성해 왔다. 제국은 위생 관념과 흰 피부를 분절하여 흼을 문명화된 제국과 연결 지었다(McClintock, 1995). 그리고 문명화된 교육과 경제적 선진성을 경험한 흑인의 내면에는 백인의 흼에 대한 욕망이 자리 잡았다(Fanon, 1952/2014). 이처럼 흼에 제국의 선진적 정체성을 부여하는 영토화 과정이 반복되어 오면서 재현의 관습이 되었다.

광고가 동원하는 언어적 표현들은 그러한 선진성의 표상을 강화한다. 언급한 세 제품의 광고에서 사용된 문구들에서 "피부탈색 미백화약용크림 현대의학이 완성한," "새로운 미용과 표백에 특수약용크림 근대적 미백," "세계적인 특수화장비누"와 같은 표현들을 발견할 수 있다. 이것은 피부를 '탈색' 및 '표백'한다는 것이 선진적 의학과 과학 기술로 가능한 것임을 암시한다. 이로써 새로운 기술을 통해 검은 한국 여성을 하얗게 탈바꿈할 수 있다는 환상이 판매되기 시작했다. 검음을 지워 냄으로써 전근대적이고 후진적인 것들을 지우고 선진적인 무언가를 획득하리라는 환상이다.

이러한 환상에 대한 약속은 서구적인, 또는 글로벌한 기표와의 연결 접속을 통해서 작동한다. 제품명이 모두 외국어인 것은 논외로 하고라도, 동산유지에서 만든 코티벌꿀비누의 '코티'란 프랑스제 화장분인 '코티분'을 직접적으로 연상시킨다. 또 다른 미백 제품으로 1960년대 한미화학에서 출시된 '여왕미용약용크림'은 광고에 영국의 엘리자베스 여왕 사진을 싣기도 했다(그림 9). 이 광고는 해당 제품이 "미국, 서독, 불란서"의 재료로 생산한 제품이라고 소개한다. 독일 중에도 서독이라고 특정한 점으로부터 당시 경제적으로 선진국이 아니었고 이념적으로도 서방 민주주의를 따르지 않았던 동독은 흰 피부를 표상하

그림 9 1960년 4월 20일 〈부산일보〉 1면에 실린 1960년대 미백 제품 '여왕미용약용크림' 광고. 영국 엘리자베스 여왕의 사진과 함께 미국과 서유럽 국가의 원료를 사용했다고 광고하고 있다. 서구 문명과 백인 여성의 아름다움에 대한 선망이 드러난다.

는 국가 대열에서 빠져 있음을 알 수 있다.

흑백 변신 이미지 배치에서 한 가지 특기할 점은 일제의 코드화 흐름이다. 일제강점기였던 1926년 〈동아일보〉에 실린 어느 일본 비누 광고(그림 10)는 일제 영향하에 이루어진 마케팅 방식의 사례를 보여 준다. 이 광고는 "흑인이 변해야 미인이 된다"라는 문구와 함께 어두운 피부의 여성 얼굴과 흰 피부의 일본 여성 얼굴을 병치해 놓았다. 이때 미의 기준으로 제시되는 것은 일본 여성이다. 일제 치하 화장품 광고는 일본의 가치 기준을 규범화하며 한국 여성이 일본 귀족 여성처럼 되고 싶어 한다는 전제하에 기획되었다(이성범, 2006).[51] 더불어 외국에 대한 선

51 인터뷰에서 만난 한 여성 참가자가 한 말은 한국 미백의 이미지에 과거 일본이 남긴 영향을 보여 준다.

옛날에 되게 어렸을 때 저희 집안 어른들, 일본에서 공부

그림 10 1926년 11월 30일 〈동아일보〉 5면에 실린 1920년대 일본 비누 광고. '백색미안白色美顔'을 만들어 준다는 이 비누가 이상적으로 제시하고 있는 얼굴은 일본 귀족 여성의 얼굴이다. 이 광고에서도 왼쪽 상단에 흑백 변신 이미지가 보인다.

망 심리를 자극하거나 광고에서 낯선 외국어를 사용하여 외제품을 연상시키는 전략은 당시 일본 광고의 전형적 형식으로, 감시와 검열로 인해 일본 광고 형식을 벗어날 수 없던 일제강점기를 통해 한국에 도입되었다(신인섭, 1994; 이성범, 2006).

유럽 국가의 식민 지배를 받았던 다른 아시아 국가와 달리 한국의 역사 속에서 흑백 변신 이미지가 형성하는 식민주의적 의미의 계열화는 굴절된 형태를 지닌다. 일본이 지닌 서구에 대한 선망과 그 시각적 레토릭, 일본의 한국 식민 지배, 미디어 검열 등으로 이어지는 흐름 속에서 탄생한 것이다. 따라서 흑백 변신 이미지에서의 흼은 서구의 선진성과 연결되면서도, 그 의미는 일본 식민 지배의 지층을 한 차례 거쳐 접속한 형태라고 할 수 있다.

흑백 변신 이미지는 미백 제품 광고 자체가 잘 보이지 않던 1970년

하고 오신 분들이 그런 말씀을 저한테 하셨어요. 미영이는 일본 사람처럼 하얗다고. (미영, 41세, 회사원)

대에는 발견되지 않다가,[52] 1980년대 후반부터 다시 등장한다. 그런데 이전과는 달리 1980년대의 피부색 변신 이미지는 서구든 아니든 한국 영토 바깥의 존재를 지시하지 않는다. 1980년대 중반에 나온 미백 화장품 '바이오 후레쉬' 광고는 그림이나 외국인이 아닌 국내 배우 황신혜를 모델로 내세웠다. 이 광고 또한 모델의 얼굴을 반으로 나누어 한쪽은 어둡게, 한쪽은 밝게 연출한다. 그러나 이전의 광고와 비교하여 볼 때 특정 인종이나 국가를 명시적으로 연결하지 않는다. 물론 그렇다고 하여 이 1980년대 광고가 인종주의와 완전히 단절하여 새롭게 탄생한 이미지라고는 할 수 없지만, 이 광고가 동원하는 언표들이 이전과는 다른 이미지 배치의 양상을 드러내고 있음은 분명하다.

바이오 후레쉬 광고에 사용된 문구들은 기존의 피부색 변신 이미지 계보학으로부터 탈주하여 새로운 집단적 배치를 마련한다. 이 광고의 카피 문구인 "하얗고 싶다 하얗고 싶다!"는 미백에 대한 욕망을 직설적으로 표현한다. 그리고 서구적이고 세계적인 기표와의 연결 접속 대신 한국의 아름다운 여성을 대표하는 얼굴과의 접속을 통해 미백을 한국 영토 바깥에서 온 것이 아니라 한국 여성의 아름다워지고 싶은 욕망으로 전이시킨다. 이 욕망의 달성을 약속하는 주체는 광고 속 설명처럼 "생명공학에서도 앞서가는 태평양화학"이다. 또 다른 문구인 "햇빛에 그을리고 거칠어진 피부를 하얗고 깨끗하게"는 이미지 속 변신의 방향을 바꾼다. 어두운 쪽에서 밝은 쪽으로의 변신이 있기 이전

52 1970년대에는 화장품 회사의 캠페인과 광고를 통해 '바캉스'와 '태닝'이 유행했다(태평양50년사편찬위원회, 1995). 1970년대 미백 제품 광고를 찾기 어려운 이유 중 하나로 짐작된다.

에, 햇빛으로 인해 밝은 쪽에서 어두운 쪽으로의 변화가 먼저 있었다는 것을 암시하기 때문이다. 이로써 미백은 '깜둥이'의 피부를 하얗게 탈바꿈시키는 서구의 선진 기술이 아니라 햇빛에 그을린 피부의 원래 빛깔을 건강하고 아름답게 되찾으려는 욕망의 배치로 바뀐다.

이러한 이미지 도식은 여전히 지속되어 현재에도 흔히 '비포 앤 애프터'라고도 불리는 방식으로 나타나고 있긴 하지만, 신문이나 TV 등의 레거시 미디어에서는 발견하기가 어렵다. 피부 자체의 개선을 목적으로 하는 미백 기능성 화장품의 광고에서 흑백 변신 이미지 또는 비포 앤 애프터 이미지 제시는 식품의약품안전처의 규제 대상이 되기 때문이다. 그럼에도 규제가 완벽하게 이루어지기 어려운 소규모의 화장품 기업들을 중심으로 온라인에서는 이러한 광고가 이루어지고 있다. 또는 피부의 속성 자체를 밝히는 것이 아니라 톤업크림과 같이 메이크업을 통해 일시적으로 피부 톤을 밝히거나 균일하게 만드는 제품의 경우 여전히 흑백 변신 이미지를 많이 사용하고 있다. 이런 광고에서는 여성의 얼굴이나 팔 등에 제품을 발라서 하얗게 변한 부분과 바르지 않은 부분으로 나누어 그 대비를 제시한다. 이를 통해 피부에서 어두운 색소를 지워 낼 수 있다는 환상을 판촉하기보다는 피부에 색을 덧입힘으로써 흴 뿐만 아니라 잡티 없이 깨끗하게 정제된 피부 같아 보이도록 만드는 기술력을 강조한다. 이러한 이미지로부터 베노퀸이나 코티벌꿀비누 광고가 지닌 명시적인 인종주의 코드를 곧장 떠올리기란 어렵다. 이 이미지는 오히려 바로 이어서 살펴볼 '뽀샤시' 미학의 전형적인 이미지, 또는 이후에 살펴볼 동아시아 소셜 미디어 미학이나 유사 K뷰티 제품 광고 이미지와 더 유사한 시각적 특성을 공유한다. 따라서 이는 동아시아인의 뛰어난 화장술 및 신체 변형 능력처럼 독해되거나, K뷰티의 효과에 대한 증명처럼 보인다.

살펴본 바와 같이 흑백 변신 이미지는 계보학적인 형태의 배치를 형성하고 있다. 하나의 이미지 레토릭으로 미백 배치 전체의 역사성을 살피기에는 부족하지만, 그 안에서 조금씩 다른 시각적 특성이 발견되며 서로 다른 의미의 계열화를 해 왔음을 발견할 수는 있다. 근대 이전 전통적 미인상에서의 미백, 서구 또는 일본을 통해 직간접적으로 받아들인 식민주의와 인종주의의 기호를 품은 미백, 그을린 피부를 되찾거나 피부의 흠을 감추기 위한 미백은 모두 다른 형태이고 다른 의미를 갖는다. 이처럼 미백은 탈코드화와 새로운 코드화의 과정을 거쳐 왔다. 같은 이미지 도식이라도 그것이 내포하는 의미는 달라지며, 그렇기에 미백 이미지 배치는 다양한 흐름이 오가는 공간이다. 앞으로 이어질 내용은 오늘날의 시점에서 이런 다양한 물질적·기호적 흐름의 뒤얽힘을 드러낼 것이다.

2. 디지털 미백 이미지

오늘날 가장 일상적으로 접할 수 있는 미백 이미지에서 '셀카'를 빼놓을 수 없다. 스마트폰의 카메라 필터 애플리케이션을 사용해 찍은 셀카를 소셜 미디어로 공유하는 것이 일상이 된 지도 오래다. 셀카는 미백이 조형성 및 인공성을 지니며 그 성격은 디지털 기술을 바탕으로 구현된다는 것을 보여 주는 이미지다. 디지털은 이미지를 비트bit로 바꿈으로써 새로운 정보를 생성하는 것을 용이하게 해 주었다. 사람들은 디지털 미디어 기술을 이용해 자유롭게 이미지를 생성 및 변형할 수 있다. 대중을 대상으로 커뮤니케이션을 하는 TV, 신문, 잡지 등의 재현 미디어와 달리 개인화된 표현 미디어로서의 디지털 미디어는 미백 이미지를 누구나 생성하고 공유할 수 있는 민주적 이미지로 만든다. 오늘날 미백 이미지 배치를 관통하는 것은 디지털 기술 및 미학이다.

'뽀샵'과 '뽀샤시': 디지털 미백 미학

> 미백이 된 피부는 뭔가 뽀샤시하게 광채가 난다고 해야 되나? (세준, 26세, 대학생)

> 실제로 얼굴이 더 뽀샤시하게 나오는 부분은 카메라 테크닉이 더 중요해요. (조명 B)

> 몇 년 전까지만 해도 뽀샤시? 복숭아 피부 이런 게 정말 유행이었다가…… (메이크업 A)

'뽀샤시'라는 단어는 미백의 피부를 묘사할 때 자주 사용된다. 신문 기사에 '뽀샤시'가 등장한 것은 1999년이 최초인 것으로 관찰된다.[53] 2000년대 초반의 기사들은 신세대가 향유하는 새로운 문화로서 뽀샤시라는 단어 및 관련된 현상을 소개한다. 표준어가 아닌 단어에 대해서

53 사람들이 PC 통신 ID에 자신이 바라는 외모의 형태를 담는 유행에 대해 보도하면서 '뽀샤시'가 예시 중 하나로 언급되었다(《경향신문》, 1999. 4. 13).

도 이용자들이 직접 그 뜻을 등록할 수 있는 네이버 오픈 국어사전에는 2003년에 한 이용자가 "아기처럼 피부가 뽀송뽀송하다. 또는 잡티 없는 하얀 피부를 일컫는 말이다"라고 정의를 내려놓았다.

뽀샤시의 미학은 피부의 아름다움에 대한 기존의 상상적인 관념이나 매스 미디어들이 구현해 온 미백의 재현 미학을 토대로 삼고 있으면서도 몇 가지 사건들과의 추가적인 연결 접속을 통해 만들어진 배치물이라고 할 수 있다. 그 사건들이란 각각 2000년대 초반에 서로 다른 층위에서 활발하게 생성 및 확장되고 있던 별개의 배치물이자 기술적, 기호적 흐름이다.

우선 디지털 기술과의 연결이 있었다. 전 세계적으로 디지털카메라는 1990년대 중순부터 소비자들에게 보급되기 시작했는데, 한국의 경우에는 2003년에 디지털카메라의 판매량이 필름 카메라의 판매량을 추월했다(《주간동아》, 2003. 3. 6). 그리고 카메라가 내장된 휴대폰, 일명 '폰카'가 보급되면서 디지털 이미지의 형태로 사진을 생산하고 보관하는 일은 매우 일상화되었다. 이러한 "디카 · 폰카 신드롬"(이동현, 2003. 12. 24)이 동반한 것은 사진의 후보정 기술이다. "디지털은 '마술'이다"라는 문장으로 시작하는 다음 기사는 디지털카메라의 테크닉과 포토샵을 이용한 후보정을 통해 누구나 자신의 결점을 고칠 수 있다는 내용을 소개하면서 그 핵심을 '뽀샤시'라고 설명한다.

> 얼짱 사진 핵심은 '뽀샤시'다. 너무 화려하게 부각되면 그렇지 않은 '원본'을 들키게 되니 조심해야 한다. 뽀샤시한 상태로 시선을 집중시켜야 한다. …… 포토샵에 있는 다양한 필터 기능만 잘 활용해도 '뽀샤시' 얼짱 사진 연출이 가능하다. '가우시안 블러'로 전체적인 '뽀샤시' 효과를 주면 된다.

(신익수, 2004. 2. 16)

디지털 이미지에 대한 '뽀샵'[54] 효과로서의 '뽀샤시'는 기존의 이미지를 구성하던 요소를 해체하고 재배치한다. 실제 신체의 피부 색조를 변환하는 것은 매우 어려운 일이다. 그러나 디지털 이미지로 변환된 피부는 특정한 색조, 채도 및 명조(Hue, Saturation, Brightness: HSB) 값을 부여받은 디지털 객체다. 따라서 미백은 이 값을 변환함으로써 달성 가능하다. 그야말로 "디지털은 '마술'"이라는 것을 사람들이 가장 일상적이고 극적으로 느낄 수 있는 부분이 바로 사진의 뽀샤시 효과였던 것이다. 더욱이 이러한 작업은 현재 시점에서는 고도의 전문적 지식이나 기술을 요하지도 않는다. 디지털카메라와 포토샵 기능을 흡수한 각종 카메라 애플리케이션의 여러 기술적 인터페이스를 통해 몇 번의 터치로 보정이 가능해지면서 뽀샤시는 완전히 일상생활의 미학으로 자리잡혔다.

뽀샤시의 미학에 접속한 또 다른 사건적 흐름 및 배치물은 바로 '얼짱'[55]이다. 2000년대 초반부터 유행하기 시작한 '얼짱'은 기존의 스타가 탄생하는 방식과는 다른 셀러브리티의 탄생을 보여 준다. 2000년대 초 인터넷 커뮤니티 문화가 급성장하고 컴퓨터에 장착된 카메라로 자신을 찍은 사진인 '캠사진'이 포털 사이트 다음의 '5대 얼짱 카페'

54 '포토샵'의 은어.

55 '얼굴 짱'의 줄임말로서 등장한 '얼짱'은 현재 국내에서는 유행이 지나간 단어가 되었지만, 해외에서는 한류가 부상하면서 한국식 메이크업 스타일이나 한국식 스타일로 예쁜 외모를 지닌 이들이 'Ulzzang,' 'オルチャン' 등으로 불린다. K뷰티를 지칭하는 하위 개념으로서 이해할 수 있다.

와 같은 커뮤니티에서 유통되면서 셀러브리티로서의 얼짱이 부상했다. 특히 휴대폰의 전면 카메라 기술은 자연스레 '셀카'의 유행을 만들어 냈고, 더 많은 얼짱의 탄생으로 이어졌다. 기존 스타들이 재현 미디어가 구성해 낸 결과물이라면, 얼짱은 표현 미디어로부터 생성되어 나온 셀러브리티다. 얼짱은 스스로 사진을 찍고 필요에 따라 '뽀샵'을 하여 온라인에 업로드했고, 얼짱 카페에서는 '5대 얼짱' 등을 뽑기 위해 회원들이 투표를 하기도 했다. 스타가 특정한 스타성과 엔터테인먼트 산업의 기획력을 바탕으로 그 매력을 인정받는 것이라면, 얼짱 셀러브리티는 동시대 또래들이 공유하는 시각적인 미의 기준을 토대로 선별되었다. 그리고 그 미의 기준을 구성하는 데는 2000년대 초 30만 화소 안팎이던 폰카와 웹캠 특유의 저화질 이미지, 그리고 뽀샵의 기술이 개입되어 있다. 이를 통해 얼짱은 10~20대 또래 문화 안에서 선호되는 신체적인 기호들을 생산함과 동시에 체화했다. 얼짱은 뽀샤시 미학을 구현한 미백 이미지의 프로토타입이고, 얼짱 사진에서 나타나는 코드와 감수성을 따라 하는 셀카 미학이 온라인에서 유통되며 얼짱 배치와 미백 배치를 형성해 왔다.

디지털카메라와 포토샵, 폰카와 셀카, 온라인 대중문화와 얼짱이 연결되는 흐름 속에서 뽀사시 미학은 동시대 미백 개념의 외연을 확장하는 데 결정적인 역할을 했다고 볼 수 있다. 미백은 과거의 미인도에서 보이는 것같이 하얀 색조의 피부만을 의미하지 않는다. 셀카와 얼짱으로 대표되는 디지털 미백 이미지의 특성들을 들여다보면 밝은 색조 외에 추가적인 속성을 지닌다는 것을 알 수 있다.

우선 '흐릿함(블러blur)'이 있다. 위의 기사 인용문에서도 확인할 수 있듯 온라인상에서 '뽀샤시' 효과를 주는 포토샵 기법을 소개하는 내용을 볼 때 대부분 '가우시안 블러Gaussian blur' 사용을 언급한다. 가우시안 블러는 이미지가 가지고 있는 섬세한 노이즈를 줄이는 방식, 흔히 말해 이미지를 '뭉개는' 기능이다. 이런 사진 보정 코드는 얼굴의 일부에 의도적인 블러 효과를 넣는 미학으로 더 확장되기도 했다.[56] 이때의 블러 효과는 무언가를 감추기 위해서라든지 시각적으로 불쾌한 부분을 처리하기 위해 해당 부분을 흐릿하게 처리하는 일반적인 영상 문법과는 별개로 나타난 문화적 코드다. 무언가를 감추고 걸러낸다는 의미보다는 오히려 꾸미기 효과의 기능에 가까우며, 특정 시기에 나타났던 문화적 감성 코드에 부합하는 이미지 미학이라고 할 수 있다.

두 번째는 투명함이다. 포토샵으로 뽀샤시 효과를 낼 경우 가우시안 블러와 함께 많이 사용되는 것이 '투명도opacity' 값의 조정이다. 투명도를 높여 미세하게 반투명한 이미지를 만드는 것이다. 투명함이란 디지털 기술 도래 이전의 매스 미디어에서는 구현되지 못했던 속성이다. 투명한 피부라는 것은 사람들이 가진 미에 대한 관념 속에서 존재했고 실제 사람의 피부를 보며 감지되던 속성이라고 할지라도[57] 그것을 이미지상에서 구현하기는 어려웠다. 그러나 이미지가 지닌 정보를

56 1999년에 운영을 시작한 국내 소셜 미디어인 싸이월드는 2015년에 사실상 주요 서비스를 종료했지만, 현재까지도 싸이월드 내에서 유행했던 소셜 미디어의 문화적 코드들이 '싸이월드 감성,' '싸이 감성'이라는 단어를 통해 언급된다. 싸이월드 미니홈피에 업로드하는 사진을 꾸밀 때 유행하던 방식 중 하나가 얼굴의 일부에 블러 효과를 사용하는 것이었다.

57 예를 들어, 여성 잡지 〈여원〉의 1974년 10월호에는 "윤택 있는 투명감"을 만들기 위한 피부 손질법을 소개한다.

표 8 카메라 애플리케이션 필터

앱	필터 분류	필터명
SNOW	HOT	흐림1, Daily, Light, Plain, Cream, A4, Pure, Gleam, Jelly, B&W
	내추럴	Aqua, Milk, Angel, Sugar, Vanila
SODA	Natural	Daily, Natural, Light, Pure, Clean
	Selfie	Frost, Vanila, Soap, Grain, Velvet, Coral
	Bright	Bright, Lily, Milk, White, Lovely
B612	Hot	Clean, Daily, Heart, Aqua, Pinky, Pretty, Merry, B&W
	셀피	Loveletter, Alight, Gleam, Pure, Baby, Youth, Momo

조정하여 투명도를 설정할 수 있게 되면서 피부의 투명성이 시각적으로 구현 가능해졌고 미백의 의미 속에 안착하게 되었다고 할 수 있다.

이처럼 디지털 미디어 기술과 함께 나타난 뽀샤시 미학은 누구나 구현할 수 있는 미백 이미지 미학으로서 자리 잡고 그 외연을 확장함으로써 오늘날 통용되는 미백의 주요한 의미를 형성하는 데 핵심적 역할을 했다. 디지털 미디어 기술의 미학을 통해서 미백은 단순히 색조를 흰색에 가깝게 만들거나 명도를 밝히는 것 외의 다른 특성과도 결합한 배치물이 되었다. 디지털 미백 이미지는 피부에 노이즈가 최소화된, 즉 피부가 잡티 없이 고른 색과 질감 등으로 보인다는 것을 의미한다. 그리고 더 나아가서는 투명한 속성으로까지 연결된다. 따라서 미백은 디지털 환경 속에서 누구나 구현할 수 있는 것임과 동시에 명백히 조형적이고 인공적인 속성을 지닌 피부 상태로서 시각화된다.

하얀 자아의 탈지표성

뽀샤시 미학이 미백의 외연을 확장했다고 할 때, 그 확장된 의미의 가장 핵심은 바로 인공성 또는 탈지표성이다. 미백이란 실제 물리적 피부의 변환뿐만 아니라 디지털 이미지상에서의 변환까지를 포함하는 개념이다. 그리고 이러한 디지털 미백 이미지의 탈지표성은 다양화되고 자동화된 형태의 뽀샤시 미학을 구현해 주는 스마트폰 카메라 애플리케이션의 성장 속에서 꾸준히 발전해 왔다.

뽀샤시 효과를 개인의 기호에 맞추어 편리하게 사용할 수 있도록 여러 가지 색감의 필터를 제공하는 수많은 카메라 애플리케이션들이 있다. 대표적으로, 이름부터 '눈'을 뜻하는 '스노우SNOW'는 한국을 비롯한 아시아 지역에서 많이 사용되는 소셜 카메라 애플리케이션이다. 2015년 네이버의 자회사 캠프모바일이 출시한 이 애플리케이션은 국내에서 애용되는 카메라 애플리케이션임은 물론 한·중·일 지역에서 7000만 다운로드를 기록하고 전 세계 3억 명의 가입자를 보유하고 있다(정유현, 2019. 5. 7). 그 외에 국내에서 많이 활용되는 B612, 푸디Foodie, 소다SODA 또한 스노우에서 파생된 자매 애플리케이션들이다.

2020년 기준 애플 앱스토어에서 다운로드 순위 상위권의 카메라 애플리케이션 네 가지와 각 애플리케이션 내에서 인기가 있거나 인물 사진용으로 분류된 필터들을 보자. 대부분 흰색이나 뿌연 느낌을 연상시키는 이름을 갖고 있다. 인터뷰에서 만난 20대 초중반의 여성에게서 가장 많이 언급되었던 필터는 소다의 '밀크Milk'다. 이 필터는 명도를 높이면서도 피사체에 그림자를 최소화하여 균일한 톤을 맞추고 흰빛이 덧입혀진 것 같은 느낌을 구현한다. 이는 언뜻 한국의 소셜 미디어 이미지에서 두드러지는 '디지털 미니멀리즘'적인 색감에(Manovich,

2017) 부합해 보인다. 사람들이 소셜 미디어에서 자신을 '인스타그래머블instagrammable'하게 큐레이팅할 때 필요한 색감은 바로 이러한 필터들에서 탄생한다. 브라이도티(1994)가 신체적 표면이란 "자아의 이동 가능한 극장"(p.50)이라고 한 표현은 애플리케이션과 소셜 미디어 속 얼굴 이미지에서 구현된다. 슬라이드를 통해 필터를 바꿀 때마다 사진 속 얼굴의 HSB 값은 변화한다. 이렇게 소셜 미디어 속 수많은 셀카는 실제 신체의 피부색과 연결 고리를 끊고 특유의 색감을 획득한다.

수정 및 보정이 손쉬워진 디지털 이미지는 복제물과 시뮬라크라에 대한 논의를 불러일으킨다. 플라톤에게 있어 좋은 복제물은 유사성과 동일성의 원리에 근거한 것이었다. 플라톤주의적 관점에서 사진 이미지는 사진의 본질적인 특성이라고 여겨지는 '지표성indexicality'에 강조점이 찍히면서, '사진이 세계를 객관적으로 재현하는가'라는 문제를 떠안는다. 미백 이미지는 진짜 미백의 피부를 보여 주는가? 하얀 아시아인의 얼굴은 실제로도 하얀가? 복제물로서의 이미지는 이처럼 어떤 고정된 기준점을 바탕으로 이미지의 진위성을 판별하는 질문을 요구 받을 수밖에 없다. 그리고 진짜가 아니라고 판별된 이미지는 열등한 가치를 부여받음으로써 이미지가 지닌 다른 가치를 드러낼 여지를 잃는다.

얼짱 사진이 인기를 얻던 때까지만 해도 얼짱의 진위 여부에 대한 질문은 늘 꼬리표처럼 따라다녔다. 온라인에서 이름이 알려진 얼짱을 출연시키면서 화제가 되었던 TV 프로그램인 〈얼짱시대〉(ComedyTV, 2009~2013)는 얼짱들의 실물을 확인하고 평가하는 장으로 기능하기도 했고, 실제로 사진과 많이 다른 실물을 지닌 이들은 비난이나 조롱의 대상이 되기도 했다. 뽀샵은 '뽀샵질'이라는 표현에서도 알 수 있듯 부정적인 의미를 내포했다. 그러나 디지털 사진 산업이 확장되어 감에 따라 이미지는 지표성의 요구로부터 훨씬 자유로워졌다. 대표적인 예로 취업이나 진학을 위해 증명사진을 제출해야 하는 몇 안 되는 국가인 한국에서 증명사진이란 자신의 원래 모습 그대로를 '증명'하는 역할을 하지 않는다. 실제보다 나은 이미지를 전달하기 위해 증명사진에 보정을 하는 일은 너무 일반화되어 오히려 사진관 측에서 보정 희망 여부를 묻는 경우가 없어졌을 정도다. 이제는 디지털 보정 상태가 이미지의 기본값이라고 해도 무방할 것이다. 따라서 셀카에 해시태그로 따라붙곤 하는 '셀기꾼'(셀카+사기꾼)이라는 단어에는 애초에 '뽀샵질'에 부여되었던 부정적 의미가 아닌 스스로의 인공성 및 탈지표성을 인정하는 적극적 의미가 부여되어 있다. 셀카가 비유사성에 근거한 것이며 환영적 이미지라는 사실을 공공연하게 인정하는 것이다.

스노우가 개발한 메타버스 플랫폼 '제페토ZEPETO'는 그 인공성을 한 단계 더 높인다. 이 애플리케이션은 3D와 머신러닝 기술을 이용해 아바타를 만드는 기능을 제공하는데, 출시 3년차인 현재 전 세계 2억 명의 가입자를 보유하고 있다. 카카오톡 등 소셜 미디어에서 자기의 실제 사진을 프로필 사진으로 쓰기가 민망한 사람들을 위해 캐릭터화를 시도했다는 개발자의 의도에 부합하게(권명관, 2018. 5. 30), 이 애플리케이션은 머신러닝 기술을 통해 얼굴 사진을 분석한 후 그 얼굴의 특성을 반영해 아바타를 만들어 준다. 따라서 아바타의 피부색 또한 자신이 찍은 사진 속의 얼굴 피부색을 바탕으로 구현된다.[58] 그러나 실제 이용자의 얼굴을 시작점으로 삼는 것이 무색하게 이용자들은 아바타의 외

58 하지만 실제 피부색보다는 명백히 밝아 보인다.

형을 바꾸는 데서 제페토 사용의 즐거움을 발견한다. 제페토의 인기 피드에는 밝거나 창백한 피부색의 아바타들이 가득하다. 예쁜 제페토 캐릭터를 만드는 튜토리얼에 대한 유튜브 영상들도 일반적으로 얼굴색을 최대한 밝게 설정할 것을 권한다. 이처럼 이용자들은 말 그대로 '제페토'가 되어 디지털 자아를 생성하고 있고, 그 생성의 원리에는 디지털 기술과 미백의 미학이 있다.

디지털은 사진이 지닌 지표성을 탈코드화함으로써 사진을 전통적인 존재론으로부터 탈영토화한다. 탈영토화된 미백의 이미지는 시뮬라크르적 존재다. 디지털 미백 이미지는 실물의 복제물로 존재하는 것이 아니라, 사진을 찍는 주체 및 피사체가 상상하는 가상의 모델에 대한 시뮬라크라로 존재한다. 따라서 원본이 없는 디지털 미백 이미지의 시뮬라크라 속에 있는 '하얀 자아'는 누구인가에 대한 질문이 따라붙는다. 이 질문은 얼짱들의 실물에 대해 따져 묻는 것과 같은 차원이 아니다. 이 질문은 미백 배치가 무엇을 하는가에 대한 질문이다. 미백 배치는 고정된 자아, 고정된 신체를 해체한다. 해체된 자리에서 어떤 생성이 일어나는가에 대해서는 3부를 통해 살펴볼 것이다.

3. 공적 미백 얼굴

오늘날 우리는 광고 모델이나 스타의 하얗게 빛나는 얼굴을 도시 공간과 미디어의 곳곳에서 발견한다. 여기서는 그러한 얼굴을 '공적 얼굴'이라고 지칭하고자 한다. 공적 얼굴이란 원래 어빙 고프먼Erving Goffman(1956)이 제시했던, 사회적 상호 작용 상황에서 취하는 공적 자아public self 개념에 기반한 것으로, 개인이 사회적 상호 작용에서 상대에게 특정한 인상을 전달하기 위해 얼굴 근육, 스타일, 화장 등을 활용한 것을 의미한다. 이 개념은 셀러브리티 연구에 도입되면서 보다 '공공성'의 의미를 지니게 된다. 유명인이 하는 자기 표현 양식이 커뮤니케이션 기술의 발달 속에서 보편화되면서 그의 신체는 개인의 소유물이 아니라 대중이 공유하고 소비하는 대상이 되었다는 의미에서다(Rojek, 2001/2019).

여기서는 세 가지 형태의 공적 미백 얼굴을 살펴볼 것이다. 첫 번째는 스타의 얼굴, 두 번째는 미스 코리아의 얼굴, 세 번째는 화장품 및 성형외과 광고 속 얼굴이다. 이 세 유형의 얼굴은 실제 인간을 피사체로 하더라도 대표성과 추상성을 지닌다는 공통점이 있다. 스타와 미스 코리아는 한국의 미의 기준을 대변한다는 점에서, 광고 사진은 광고가 가정하는 이상적 미와 광고 문법에 따라 구현되었다는 점에서 일정 정도의 대표성과 추상성을 지닌다. 그리고 이 세 유형의 이미지가 사회적 상호 작용을 하는 대상은 한국인 대중이다. 따라서 한국인 대중의 시선으로 보았을 때 어색함이나 불편함이 없이 보편성에 호소하는 이미지이고, 더 나아가 긍정적인 인상 전달을 위해 이상적인 아름다움을 표현하려고 한 이미지다.

로맨스의 얼굴

한국 스타의 신체는 한국인의 아름다움을 매개한다. 수용자가 스타의 매력을 가장 쉽게 발견할 수 있는 것은 바로 스타의 외형에서고, 스타의 팬들이 가장 흔하게 하는 호감의 표현도 외모에 대한 것이다. 그럼에도 불구하고 '예뻐서 좋아한다'라는 것은 일차원적이거나 피상적이라는 이유로 스타 연구 및 수용자 연구의 영역에서는 다루어지지 못한 듯하다.[59] 그러나 한국 배우에게는 얼굴의 아름다움이 중요하며(홍석경, 2013), K팝은 듣는 음악보다는 보는 음악으로서 유튜브를 통한 시청각적 유통으로 국제적 팬덤을 형성했다는 점을 고려할 때, 한국 스타의 얼굴과 그 얼굴을 담아내는 한국 방송의 영상 문법은 탐구가 필요하다.

우선 드라마 속 배우의 얼굴부터 살펴보자. 한국 드라마에서 배우의 얼굴은 드라마의 정서를 구축하는 주요한 역할을 한다. 한국에서 프라임타임에 방영되는, 또는 화제를 낳는 상당수 드라마는 로맨스 장르에 속하거나 서사 속에 이성애적 로맨스 관계를 주요한 축으로 삼고 있다. 따라서 이성애적인 매력과 그 매력을 체화한 신체를 지닌 배우들이 주연을 맡는다. 또한 배우 얼굴의 클로즈업 숏은 한국 드라마의 영상 도식image schema으로서(양승국, 2011), 그 비중이 매우 높다.

이때 드라마가 구현하는 스타의 피부는 스타 피사체를 있는 그대로 포착한 결과가 아니다. 드라마가 제작되는 초기 단계에서 드라마의 색감과 질감, 배우의 '스킨톤'을 결정하는 작업이 이루어진다. 이것은 대체로 드라마가 지닌 장르적 성격과 주연 배우의 얼굴이 지닌 특성에 따라 결정되며, 당시 선호되는 영상 기법이나 촬영 환경 등이 함께 고려된다. 주로 로맨스 장르의 경우에는 조명의 분광diffusion 정도를 높여 '소프트'한 질감을 구현하고, 액션, 스릴러 등의 장르에는 콘트라스트

59 관련하여, 어느 한류 연구자가 해외 K팝 수용자 인터뷰를 하는 과정에서 K팝 팬들에게 '왜 K팝 아이돌을 좋아하는가?'라는 질문을 했더니 가장 먼저 '예뻐서'라는 답이 많이 나왔고 이를 연구에 반영하거나 발표하기에는 '부끄러워' 곤란했다는 일화를 들은 적 있다.

를 높이는 식으로 조명과 후보정 작업을 조정한다.

그러나 최근의 추세는 장르를 불문하고 입자가 거친 화면보다는 소프트한 화면을 구현하는 편이다. 이러한 추세는 디지털 미백 이미지가 방송 영상 미디어의 스타 이미지 미학에도 영향을 미친 결과로 이해된다. 인터뷰에서 만난 15년차 드라마 조명 감독은 자신의 경험담을 말하거나 사례를 들기 위해 카메라 애플리케이션 스노우를 여러 차례 언급했다. 드라마에서 구현하려는 이상적 이미지의 기준을 스노우 카메라에서 찾는 것이다.

> 콘트라스트 있는 톤보다 스노우 카메라로 찍었을 때 뽀샤시하게 나오는 게 광이 빛이 발하니까 여배우들은 좋아하는 것 같아요. (조명 A)

> [조리개를 열면] 많은 광이 들어오고 심도가 점점 열어진다고 했잖아요. 그러면 스노우 카메라처럼 나오는 거예요. (조명 A)

> 여배우는 [조명 연출에 대해] 요구를 하는 편이죠. 요즘에 스노우 카메라 애플리케이션 있잖아요. …… 여자들은 그걸로 셀카를 찍잖아요. 그러면 모든 얼굴이 일정한 톤으로 나오고 뽀샤시하게 퍼지는 것 같은 입자와 여기에 뭐 곰보 같은 것도 안 보이고. 그런 걸 안 보이게 해 달라고 하죠. (조명 A)

드라마 〈그 겨울, 바람이 분다〉(SBS, 2013)의 영상 기법은 방영 당시에도 많은 화제를 낳았고, 이후 여러 로맨스·멜로 장르의 드라마들이 차용하는 영상미를 구현한 것으로 여겨진다. 〈그 겨울, 바람이 분다〉는 '알렉사 플러스Alexa Plus'라는 시네마 카메라를 도입하였고 배우의 얼굴을 극단적으로 클로즈업하면서도 포커스를 죱혀 희미하게 처리하는 기법을 사용했다. 앞에서 디지털 미백 이미지의 등장과 함께 나타났던 셀카의 블러 효과 및 투명함의 속성을 여기서 발견할 수 있다.

> 대표적으로 떴던 게 〈그 겨울, 바람이 분다〉에서 송혜교의 피부 톤을 사람들이 많이 좋아했죠. 그래서 막 여배우 카메라라고…… 여배우들이 알렉사 아니면 계약서에 도장 안 찍는다고. (DI 컬러리스트)

〈그 겨울, 바람이 분다〉를 연출한 김규태 감독은 한 일간지와의 인터뷰를 통해 이 드라마의 색감을 '뽀샤시'라는 단어를 통해 소개했다.

> 처음부터 20~30대들에게 어필할 수 있는 호감도를 지닌 트렌디한 영상 기법을 시도해 보자는 콘셉트를 잡았었다. 시간적 여유가 있다 보니 조명의 톤이나 미술적인 부분에서 색 보정 과정이 들어갔다. 일명 '뽀샤시'라고 부르는 콘트라스트가 거의 없는 톤으로 색감과 질감을 잡았었다. (《한국경제》, 2013. 4. 18)

이처럼 뽀샤시 미학이 새로운 카메라를 매개로 드라마의 영상 도식과도 연결되는 사건으로 기능한 〈그 겨울, 바람이 분다〉는 이후에 많은 드라마에 영향을 주었고, 클로즈업 영상 도식은 미백 클로즈업 영상 도식으로 더 구체화되었다. 최근 시청률이나 화제성의 측면에서 높은 성과를 보였던 로맨스 장르 드라마를 보면 클로즈업 장면을 쉽게 발견할 수 있다. 각 드라마가 기본적으로 설정하고 있는 스킨톤에는 차이가 있지만, 화면 속에서 얼굴이 배치되는 방식이나 얼굴을 구성하는 색과 빛의 배치는 비슷하다. 대체로 배경을 아웃 포커싱하여 희미하게 만든 후, 초점이 맞춰진 배우의 얼굴은 노이즈가 없이 고른 색감으로 표현하는 식이다. 특히 여배우의 경우에는 남배우보다 빛의 반짝이는 반사나 그림자가 지는 공간을 더 줄여서 매끈한 표면으로 구현하고 있다.

드라마의 미백 클로즈업은 한국 드라마가 지닌 로맨스의 환상을 불러일으킨다. 한국의 로맨스 장르는 이성애 연애의 일상성을 넘어선 상상적 즐거움을 제공한다. 특히 최근 드라마에서는 로맨스의 속성과 환상성이 명시적으로 결합하는 경우가 많다(박소정, 2016; 백경선, 2018). 비인간 또는 반인반신/반인반수 형태의 주인공이 등장하거나 비현실의 세계를 구축한 후 그 비현실성을 극복하는 낭만적 사랑 서사를 보여주는 식이다. 드라마 속 배우의 클로즈업 얼굴은 이러한 로맨스 판타지를 함축한 얼굴이며, 그 어떤 장애물도 극복 가능하다는 낭만적 사랑의 환상이 작동하는 얼굴이다. 얼굴의 흠집과 그림자는 현실성을 불러들이기에 배제된다. 다소 인공적으로 보정된 매끈한 얼굴은 수용자들이 드라마의 비현실적 및 비개연적인 로맨스 세계로 들어가는 인터페이스다. 현실의 자국을 지운 드라마 스타의 얼굴은 낭만적 사랑의 신화를 봉합하는 역량을 발휘한다.

이러한 미백의 역량은 최근 로맨스 관련 예능 프로그램에서도 동원된다. 〈하트 시그널〉(채널A, 2017~)과 〈선다방〉(tvN, 2018)은 비연예인을 출연시켜 이성애적 감정을 발견하고 발전시키는 과정을 보여 준다. 그런데 이전까지 이른바 '짝짓기 프로그램'이라고 불리는 연애 소재 프로그램과 달리 이 두 프로그램은 출연진의 정동적 커뮤니케이션을 더 강조하는 포맷을 지닌다. 출연진과의 인터뷰를 통해 출연진의 정보를 소개하거나 속마음을 듣는 과정, 즉 인지주의적 정보를 제공하는 부분은 생략한 채, 영상의 상당 부분이 각 인물의 표정이나 몸짓, 발화 방식을 보여 주는 데 주력한다. 눈의 마주침, 동공의 움직임, 목소리의 고조, 손발의 위치, 서로의 자세를 모방하거나 대화의 주고받음이 자연스러운 정도 등의 미세한 정보들로부터 상황이 어떻게 전개되고 있는지를 파악하게끔 하는 것이다. 그 과정에서 취향과 마음, 운명 등의 요소가 그 무엇보다 중요하게 다루어짐으로써 낭만적 로맨스의 세계를 구축한다.

이러한 속성을 구성하는 데는 역시 미백의 미학이 동원된다. 출연진의 얼굴은 흠집이 없고 그림자가 적게 지며 희고 맑은 색감 연출이 이루어진다. 이들은 스타가 아니지만 이들의 얼굴은 스타의 얼굴과 같은 방식의 효과를 일으킨다. 오히려 출연자가 스타가 아니기 때문에 그의 신체는 엔터테인먼트 산업의 환상성에서 벗어난 일상성을 가진 신체이고, 따라서 미백의 미학은 그 일상성을 상쇄시키고 로맨스의 정동적 능력을 강화하는 역할을 해야 한다. 출연진의 인공적이고 조형적인 얼굴은 촬영 공간인 집(〈하트 시그널〉)과 카페(〈선다방〉)의 모던하면서도 동화적인 인테리어와 함께 어우러져서 인스타그래머블한 이미지를 연출하기도 한다. 〈하트 시그널〉의 경우 출연진의 로맨스가 전개되는 관찰 영상과 합리적 추론의 과정이 이루어지는 패널들의 스튜디오 촬영 영상이 교차적으로 제시된다. 스튜디오 영상의 경우 미백 미학이 구현된 관찰 영상에 비해 훨씬 대비와 채도가 높아서 패널들의 피부 요철이 드러나고 어두운 톤으로 연출된다. 이러한 상이한 연출을 통해 두 세계(합리적 추론의 현실 세계와 로맨스 정동의 세계)는 대비를 이룬다.

이처럼 방송 프로그램에서 미백의 이미지는 현실성 및 일상성을 감소시키고 환상성을 강화하는 영상 도식으로서 선택된다. 이것은 한국의 많은 미디어 콘텐츠가 담고 있는 이상화된 이성애 연애의 낭만성과 부합한다. 특히 한국 로맨스 장르 드라마의 경우 서사적 개연성이나 핍진성보다는 '달달함'[60]이라고 표현되는 장면 단위가 수용자에게 더 중요성을 갖기도 하는데, 미백의 클로즈업 숏은 그러한 장면 구성에 중요한 역할을 한다.

엔딩 요정

드라마 속 스타와는 다른 식으로 유통되는 또 다른 스타 미백 이미지는 바로 아이돌의 얼굴이다. 아이돌 얼굴의 미백을 살펴볼 구체적인 대상으로 음악 방송의 '엔딩 요정'을 들 수 있다. '엔딩 요정'이란 하나의 무대가 끝난 후 엔딩 클로즈업 숏이 화제가 된 가수를 일컫는 말이다. 이 신조어가 대중에게 퍼진 것은 아이돌 연습생들의 서바이벌 오디션 프로그램인 〈프로듀스 101〉 시즌 1(Mnet, 2016)을 통해서였다. 기존에도 음악 방송에서는 한 무대가 끝날 때 가수의 얼굴을 엔딩 숏으로 잡는 경우가 있었지만, 여러 가지 엔딩 숏 중 하나의 선택지였을 뿐이다. 그러나 별도의 시퀀스 같은 기능으로서의 클로즈업 엔딩 숏이 아이돌 가수 무대 엔딩 숏의 전형적 문법으로 정착된 것은 〈프로듀스 101〉을 통해서다.

〈프로듀스 101〉에는 여러 기획사에 소속된 아이돌 연습생 101명이 출연한다. 연습생들은 서로 경쟁을 하며 몇 차례의 미션 무대를 거치고, 무대 점수와 시청자 투표를 바탕으로 최종 선정된 11명이 하나의 그룹이 되어 데뷔를 한다. 프로그램의 가장 첫 미션 무대는 101명

60 황미요조(2013)는 한국 여성이 로맨스 드라마로부터 핍진성 대신 '달달'과 '케미'를 열망하는 양상에 대해 고찰한다.

의 연습생 전원이 하나의 곡에 맞추어 노래와 안무를 선보이는 무대다. 이미 등급이 한 차례 나누어져서 카메라에 노출될 수 있는 시간 또한 차등적으로 분배되어 있긴 하지만, 기본적으로 이 미션은 카메라에, 궁극적으로는 시청자를 향해 자신의 얼굴을 노출하려는 101명의 경쟁 구도를 취한다. 특히 노래가 끝난 후 카메라는 마무리 동작을 하는 일부 연습생들의 얼굴에 잠시 머무른다. 이러한 '얼굴의 경쟁'은 〈프로듀스 101〉의 2차, 3차 미션을 통해서 더 반복 강화된다.[61] 더불어 이 프로그램은 Mnet 유튜브 공식 채널에서 '1대1 아이콘텍트'라는 콘텐츠를 통해 연습생별 직캠[62] 형식을 모방한 영상을 제공했다. 그 과정에서 연습생 정채연의 클로즈업 엔딩 숏이 화제가 되었고, 이는 정채연 팬덤이 커지면서 그녀가 최종 데뷔조에 들어가는 데 결정적인 기여를 했다. 엔딩 숏의 화제성에 힘입어 〈프로듀스 101〉은 전 시즌에 걸쳐 대부분의 무대에서 각 연습생마다 1~2초 분량의 클로즈업 엔딩 숏을 보여 주는 관습을 만들었다. 이로써 아이돌에게 엔딩 숏의 클로즈업은 짧은 시간에 강한 인상을 남길 수 있는 기회로, 본 무대만큼이나 연습과 대비가 필요한 필수 영상 문법이 되었다.

그런데 주목할 점은 클로즈업 엔딩 숏 속 아이돌의 표정은 그 앞의 공연 무대와 반드시 연속성을 갖는 퍼포먼스로 구성되지는 않는다는 점이다. 곡이 지닌 분위기나 정서를 이어가는 표정으로 엔딩 숏을

61 각 연습생을 응원하는 팬들 사이에서는 어떤 연습생의 얼굴이 더 원 숏으로 많이 잡혔느냐가 중요한 관심사나 논란거리가 되기도 했다.

62 팬들이 직접 찍은 영상.

연출할 때도 있지만, 아이돌이 연기하는 곡 속의 페르소나가 아닌 아이돌 자신의 페르소나를 보여 주는 엔딩 숏도 많다. 가령, 다소 무게감이 있는 분위기의 곡을 연기했더라도 클로즈업 엔딩 숏에서는 윙크를 하거나 미소를 짓는 식이다. 클로즈업 엔딩 숏은 오롯이 아이돌의 얼굴을 위해 할당된 공간으로, 이전까지는 없었거나 그 중요성이 적었던 아이돌 '얼굴의 정동'을 전달하는 영상 문법이다.

아이돌 클로즈업 엔딩 숏은 들뢰즈(1983/2002)의 '변용-이미지affection-image' 개념을 떠올리게 만든다. 들뢰즈는 영화의 클로즈업 숏을 변용-이미지라고 부르며, 변용-이미지에는 고유의 탈영토화가 있다고 말한다. 클로즈업이 된 얼굴은 단순히 신체의 일부를 확대해서 보여 주는 것이 아니라 다른 차원으로의 이동을 의미한다는 것이다.

> 근접 화면은 대상을 그것이 포함된, 그래서 한 부분이 될 집합으로부터 결코 떼어내지 않는다. 하지만 그와는 전혀 달리, 그것은 대상을 시공간적인 모든 좌표들로부터 추상화시킨다. 즉 근접 화면은 대상을 실체의 상태로 격상시킨다. (p.182)

클로즈업의 순간 얼굴은 개인individual의 일부가 아닌 분체dividual로서 존재하며 독자적으로 다른 특질과 연결된다. 드라마 속 스타의 분체로서의 얼굴은 배우의 신체를 떠나 한국 로맨스 드라마의 환상성을 작동시키는 공간이 된다. 아이돌의 얼굴은 분체로서 더 강한 속성을 드러낸다. 아이돌의 얼굴은 그의 신체는 물론 무대 연기로부터 분리되어 K팝이 지닌 강력한 시각적 충격을 환기시킨다. 그 얼굴은 K팝이 청각 예술이기보다는 군무와 각종 외양적 스타일이 행위 능력을 발휘하는 시청각 예술이라는 맥락을 적극적으로 끌어온다. 깔끔하게 다듬어진 매끈한 하얀 피부에 강렬한 조명을 받아 빛이 나는 아이돌의 얼굴이 카메라 렌즈를 응시할 때, 그 응시는 카메라 필터와 선명한 UHD 스크린을 거쳐 수용자의 응시와 접촉하며 강렬한 인상을 남긴다.

특히 음악 방송 클로즈업 엔딩 숏에서 화제가 된 '엔딩 요정'들이 주로 밝은 피부색을 매력으로 내세우는 여성이라는 점에 주목해 보고자 한다. 엔딩 요정의 시초가 된 정채연은 하얀 피부가 매력으로 꾸준히 강조되어 왔으며, 화제가 된 그의 엔딩 숏은 '무결점 피부'라는 서술과 함께 여러 차례 기사화되었다. 〈프로듀스 101〉 이후 음악 방송 프로그램도 클로즈업 엔딩 숏을 도입했는데, 가장 대표적으로 여성 아이돌 그룹 레드 벨벳의 멤버 아이린이 엔딩 요정 수식어를 얻었다. 또한 2019년 KBS 연말 가요 시상식에서는 '엔딩 요정즈'라는 제목의 특별 합동 공연이 마련되었다. 이 무대는 아이린을 포함하여, 트와이스의 나연, 오마이걸의 아린, 에이핑크의 초롱으로 구성되었는데, 모두 각 그룹 내에서 가장 흰 피부를 지닌 멤버로 인정받거나 화장품 광고 모델을 한 경력이 있는 이들이다. 이 무대에서는 모두 흰옷을 입고 출연했다.

이들의 얼굴이 지닌 아름다움과 화장, 조명, 디지털 보정 등의 결과물로 만들어진 미백 클로즈업 숏의 "백색 광채"(Deleuze, 1983/2002: 177)는 "백색 공간에 대한 확고한 특질화qualification, 그리고 또한 거기서 일어나게 될 것에 대한 강렬한 잠재화potentialization"(pp.179~180)를 내재한다. 그 잠재화란 드라마 스타와 마찬가지로 환상성과 관련된 것이면서도, 아이돌은 그 환상성에 신체적 요소가 개입하는 정도가 훨씬 크다. 다양한 색깔의 머리카락과 일상복으로부터 동떨어진 무대 의상, 가느다랗고 하얀 팔다리는 혼종적 또는 "무국적"(Iwabuchi, 2002; Jung, 2011)의 특성을 드러낸다. 더 나아가 "대중 장식mass ornament"(Kracauer, 2010[1975])과도 같은 군무, 선형적 서사가 없는 포스트모던한 가사와 뮤직비디오 이미지(Manovich, 2017)는 아이돌의 신체를 고정된 시공간으로부터 탈구시킨다.

아이돌 미백 얼굴의 특질화 및 잠재화는 팬의 시선을 거치면서 더 두드러진다. 온라인 공간에서 볼 수 있는 엔딩 요정 이미지는 대개 팬들의 보정 작업을 거친 결과물이다. 보정된 이미지 속 아이돌의 피부는 매끈함, 투명함, 균질함의 정도가 높아져서 실제 자연스러운 인간의 피부처럼 느껴지지 않고 그야말로 요정처럼 보인다. 또한 아이돌의 눈동자 색상은 밝으며 눈 속에는 반짝이는 흰빛이 들어 있다. 사진의 색상값을 조정하는 과정에서 아이돌이 착용한 컬러 렌즈와 눈동자 속 조명이 부각되기도 하고, 또는 팬이 의도적으로 눈동자를 수정하기도 하기 때문이다. 그리하여 팬이 보정한 이미지는 실제 물리적으로 존재하는 아이돌에 대한 지표성을 느슨하게 만든 인공적 형태다. 말 그대로 '백색 광채'를 발하는 이 얼굴은 음악 방송이든, 미디어 산업이든, 한국이든 아이돌의 신체를 매어 두는 특정한 영토로부터 탈영토화하는 힘을 발휘한다.

인터뷰에서 만난 아이돌 홈마스터들은 사진의 객관성을 중요하게 여기지 않았다. 있는 그대로를 보여 주는 "그런 사진들을 볼 거였으면 기자 사진으로 만족했"(홈마스터 A)을 것이라고 말하며, 보정은 필수임을 암시했다. 홈마스터들이 사진의 객관성에 대해 언급하더라도 그 객관성이란 있는 그대로를 드러내는 사진의 지표성을 의미하는 것이 아니다.

> 보정을 할 때 신경 쓰는 부분은 '최대한 내가 봤던 그 실물에 가깝게'예요. 물론 추억 보정 효과도 있겠지만, 홈마의 역할 중에는 그 현장에서 그 실

물을 못 봤던 사람들을 위해, 그리고 나를 포함해서 그 순간을 영원히 간직하고 싶은 사람들을 위해 그 행복했던 찰나를 기록해서 공유해 주는 거라고 생각하거든요. 그 행복감까지 같이 담으려니까 자연스럽게 사진 색감도 판타지스럽게 되는 것 같아요. (홈마스터 A)

가장 신경 쓰는 부분은 'OO를 좋아하지 않는 사람 눈에도 예쁜 사진인가'다. 빠순 렌즈(팬들에게는 어떤 모습이든 예뻐 보이는 것)라는 말이 있다. 그래서 정말 객관적으로 봤을 때 예쁘게 나왔는지 주변 친구들에게 몇 번이고 물어본 후 사진을 선택한다. (홈마스터 B)

홈마스터들이 담고자 하는 실물의 객관적인 아름다움이란 '내가 봤던 그 실물'이다. 이른바 '빠순 렌즈'를 통해서 발견하게 되는, 즉 팬들이 주관적으로 공유하는 아름다움의 형태다. 기자들이 현장에서 찍는 사진은 물론이거니와, 방송 촬영 환경에서 장비와 도구를 동원하여 생산되는 스타의 이미지 또한 팬의 육안이 본 것과는 차이를 지닌다. 일차적으로 스타의 얼굴은 팬에게 특정한 정동을 전달해 팬의 시선을 변용시키고, 그 팬의 시선을 통해 또 스타의 얼굴은 변용되고, 다시 이 변용된 얼굴은 사진의 보정을 통해서 구현된다.

한 홈마스터가 공개한 보정 전과 후의 사진은 극적인 변화를 보여 주었다. 원본은 촬영 당시의 환경적인 요인으로 인해 아이돌의 얼굴이 거의 보이지 않았다. 그러나 보정본은 명도 등의 조정을 통해 얼굴이 뚜렷하게 드러날 뿐만 아니라 홈마스터가 '빠순 렌즈'를 낀 육안으로 본 것, 그리고 아이돌에 대한 이상적 이미지가 겹겹이 작동하여 환상성의 이미지가 되었다. 보정된 이미지 속 인물은 하얗고 투명한 피부를 갖고 있었으며, 눈동자는 푸른빛이 돌며 하얀 조명점이 박힌 모습이 부각되어 반짝였다. 이러한 사진은 아이돌의 미백 이미지가 지닌 조형성을 드러낸다. 또한 인지적 차원에서는 지각되지 않는 정동적 정보를 전달한다. 애초의 원본은 피사체에 대해 거의 어떤 정보도 전달하지 못했다. 그러나 그 정보의 공백, 현실화되지 않은 잠재적인 아이돌의 얼굴 속에서 홈마스터는 무언가를 인식한다. 홈마스터가 인식한 것은 잠재적인 것이지만 '비실재'는 아니며, 잠재적 상황으로서의 실재다(마모루, 2013/2016). 그리고 팬의 시선으로 만들어 낸 실재, 그 정동적 정보는 미백의 미학으로 형체를 드러낸다.

홈마스터가 생산해 내는 스타의 수많은 사진에서 쓰인 미백 뷰티 효과는 행복감과 연결된다. 이 행복감은 신체와 이미지를 타고 이동하는 정동이다. 즉 스타의 신체는 팬의 판타지를 충족시키며 팬의 시선을 변용하는 방식으로 정동적 능력을 발휘하고, 그 과정에서 발생한 행복감은 홈마스터가 촬영하고 보정하는 방식을 통해 판타지적인 사진을 통해 표현되고, 이것은 다시 홈마스터로부터 사진을 제공받는 수많은 다른 팬들에게 행복감으로 해석되며 온라인 공간을 돌아다니는 것이다. 이로써 스타는 사진의 지표성이나 특정한 시공간성에 묶이지 않을 뿐만 아니라 팬의 환상이 구축한 공간에 놓임으로써 스타 이미지를 보위한다. 드라마 〈그녀의 사생활〉(tvN, 2019)에 나오는 대사는 스타와 팬 사이에 이렇게 생산되고 공유되는 정동을 암시한다. "보정은 사랑이야."

미스 코리아의 얼굴

한 국가의 미인 대회에서 선발된 이는 그 국가의 미에 대한 이상적 기준을 제시함으로써 국가 정체성을 구성하거나 매개한다(Banet-Weiser, 1999). 미스 코리아 대회는 한국의 미의 기준을 국가적 차원에서 영토화함과 동시에 매년 선발된 미스 코리아를 통해 한국 미인에 대한 구체적인 배치물을 제시한다. 그리고 그 배치물에 미백은 주요한 요소로 자리 잡고 있다.

2004년 대한피부과의사회에서는 미스 코리아 맨 얼굴 심사 기준표를 마련했다(김광원 · 김민규, 2015). 여기서 밝은 피부 톤은 미인의 기준으로 제시된다.

> 얼굴=여드름 유무, 모공이 늘어난 정도, 흉터, 안면홍조, 모세혈관 확장, 입술의 색깔과 윤기, 주근깨, 잡티, 기미 등 색소질환의 유무와 전체적인 피부 톤을 보고 고르게 하얀 피부인지 검은 피부인지 판단한다. 하얀 피부에 가중치를 둔다. (p.178)

대중에게 프로필 사진이 공개되는 미스 코리아 후보자들은 이미 피부에 대한 이러한 기준에 의거해서 예선을 통과했다는 점을 고려할 때, 일차적으로는 고른 피부 톤, 더 나아가 하얀 피부를 지닌 이들이다. 더욱이 미스 코리아는 본선 대회까지 함께 합숙하며 유사한 뷰티 과정 및 학습을 거치기 때문에 더 통일된 미백 배치물로 나타날 수밖에 없다. 심사 과정에서의 피부색 판단 기준을 비롯하여 미스 코리아 후원 에스테틱 숍 및 스킨케어 제품들, 화장법에 대한 교육, 프로필 사진 촬영 시의 조명과 보정 방식 등 미스 코리아 후보자들은 미백 얼굴을 형성하는 동일한 과정에 참여하기에 유사한 미백 이미지로 생산된다.

주목할 점은 미스 코리아의 미백 이미지 배치란 한국 영토 바깥으로 확장되지 않는다는 것이다. 미스 코리아 본선에서 우수한 성적을 거둔 참가자들이 세계권 미인 대회에 출전할 때는 태닝하는 것이 관례다. 예로, 2014년 미스 코리아였던 조세휘는 안티에이징 미백 크림 광고 모델로 활동하기도 했지만 2017년 미스 유니버스에 출전할 당시에는 어두운 피부로 태닝을 했다. 태닝은 미스 유니버스 참가를 준비하는 필수 과정이며, 이것이 "세계화의 방증"이라고 여겨지기도 한다(《뉴시스》, 2010. 7. 17). 발리우드 영화가 할리우드 영화와 경쟁하기 위해 하얀 피부의 인도인 여배우를 내세우는 것과 달리, 한국인은 세계 미인 대회에서 경쟁력을 얻기 위해서 태닝한 피부를 내세운다.[63]

미스 코리아 출신으로 세계권 미인 대회에서 본선 진출이나 수상 등 주요한 성과를 거둔 이들의 사진을 살펴보면 그 차이가 드러난다. 미스 코리아 출전용 프로필 사진과 세계권 미인 대회 출전용 프로필 사진을 보면 같은 인물임에도 피부색에 분명한 차이가 있는 것은 물론이거니와, 그 피부가 촬영된 환경 및 연출 방식에도 차이가 있음을 알 수 있다. 미스 코리아 프로필 사진의 경우 밝은 색감을 지닌다. 주로 흰색이나 밝은 파스텔톤을 배경으로 촬영되고 인물의 앞에 흰 조명이 있다는 것을 짐작할 수 있는 광이 얼굴의 돌출 부위를 중심으로 전반에 나타난다. 밝은 분홍색 또는 살구색의 색조 화장과 은빛의 액세서리는 인물의 얼굴을 더 밝히는 역할을 한다. 반면 세계권 미인 대회는 짙은 회색, 군청색, 녹색 등의 배경이 주로 관찰된다. 어두운 톤의 색조 화

63 에스테틱 숍에서 미백이 포함된 피부 관리를 후원하는 미스 코리아 대회와 달리 미스 유니버스 대회의 후원 명단에는 반드시 태닝 살롱이 포함되어 있다.

장과 빛을 반사시키지 않는 무거운 빛깔의 액세서리는 태닝을 한 피부톤과 유사한 색조 및 명도로 통일감을 형성한다.

미스 코리아의 지층에서 구심력을 발휘하던 미백은 세계권 미인 대회에서는 원심력으로 작동한다. 미백 관련 업체로부터 후원을 받고, 유사한 색감과 질감의 미백 프로필 사진을 통해 경쟁하고, 다시 미백 제품 광고에 등장하는 모델이 되었던 미스 코리아의 신체가 문자 그대로 탈영토화하여 세계권 미인 대회에 위치했을 때는 미백 이미지와의 연결 고리를 끊고 태닝이라는 다른 이미지와 결합한다. 미백 또는 태닝이 형성하는 의미의 계열화가 한국 사회와 세계권 미인 대회에서 각각 다르기 때문에 나타나는 차이라고 할 수 있다.

광고의 얼굴

앞서 언급한 주황의 작품으로 돌아가 보자. 일반인을 대상으로 화장품 광고의 전형적인 레토릭을 모방해서 마치 광고 모델처럼 보이게 만든 이 사진은 한국에서라면 누구나 어디서 한 번쯤은 보았다는 기시감을 겨냥한 작품이다. 한국 여성 스타들의 스킨케어 및 베이스 메이크업 제품 광고들은 거의 유사한 특성을 지닌다. 당대 최고의 전성기를 구가하는 여성 스타들이 찍은 광고임에도 불구하고 인물의 개성이나 특색, 심지어는 개개 브랜드의 특성에도 상관없이 화장품 광고의 전형적인 기호를 따르고 있다. 모델들은 머리카락이 얼굴을 가리지 않도록 깔끔하게 넘기고, 대체로 흰 민소매의 옷을 입고 있으며, 피부는 은은하게 빛이 난다. 각 광고 이미지는 제품도 다르고 촬영된 시기도 다르지만 공통적인 시각 기호가 관통함으로써 일종의 장르를 형성한다.

주황의 작품에 대해 "표면적으로는 너무나 명백해 보이는 초상 사진이지만 …… 이 초상은 결코 명백하지 않고 오히려 모호하고 애매하게 다가온다"(장서윤, 2017)라는 비평처럼, 이러한 광고 속 미백의 이미지도 모호하고 애매한 곳에 위치한다. 모델들이 입고 있는 흰옷은 인물의 개인성을 삭제한다. 모델들이 입은 옷 중에는 원피스와 같이 여성성을 부각하는 옷도 있지만 란제리나 슬립 원피스와 같이 옷을 입기 전의 상태로 보이는 경우도 다수다. 때로는 어깨가 완전히 노출되어 나체를 암시하듯 찍히기도 했다. 이런 이미지는 약 1980년대 미백 제품의 초창기 컬러 광고에서부터 발견되는 특징이다. 미백 광고는 색을 지닌 진짜 사람이 모델로 등장하면서부터 그 사람이 지닌 특성이나 개성을 지워서 원초의 상태로 만드는 시각적 관습을 택한다. 더 정확히는 여성의 원초적 상태, 여성이라는 것 외에는 어떤 정보에도 주목하지 않게 만드는 상태를 구현한다.

이것은 단순하게는 제품의 성격에 기인한 것이기도 하다. 다른 화장품 광고와 달리 미백 제품이나 베이스 메이크업 제품은 얼굴의 가장 넓은 부위를 상품화하기에 개성 있는 표현에 한계가 있고 색조나 액세서리가 부각되지 않도록 시각화되었을 것이다. 그러나 결과적으로 이러한 광고가 생산하는 의미는 단순히 제품이 지닌 성격 그 이상이다. 장르화되어 보편적으로 발견되며 개성이 삭제된 형태로 제시되는 하얀 얼굴의 여성은 곧 '아름다운 여성'에 대한 대중적이고 공적인 이미지를 형성한다.

이 사진들이 공통적으로 지닌 시각적 특징은 피부의 빛이다. 모델들은 피부에서 은은한 빛을 발한다. 이것은 한국 미백의 가장 큰 특징으로 꼽히면서, 단순히 피부의 색조를 하얗게 변형시키는 방식과는 다른 미백의 특수성으로 이해된다. 인터뷰에 참여한 많은 사람들이 미백을 색상의 문제보다는 깨끗하고 빛이 나는 피부와 연결 지었고,[64] K뷰티가 '도자기 피부porcelain skin,' '유리 피부glass skin'로 표현되는 것 또한 미백이 지닌 이러한 투명한 빛의 속성 때문이다.

> 광이 나고 결이 좋으면서 잡티가 없는 피부. (나연, 34세, 회사원)

> 미백이 된 피부는 뭔가 뽀샤시하게 광채가 난다고 해야 되나? (세준, 26세, 대학생)

> 광채가 나는 미백. (미영, 41세, 회사원)

> 물광 피부 있잖아요. 그런 느낌이면 좋을 것 같아요. (상호, 25세, 대학원생)

> 제일 좋은 거는 물광 나는 것 같은 피부 있잖아요. (지훈, 27세, 취업준비생)

> 물 차고 투명한 느낌 (혜지, 29세, 회사원)

> 피부가 빛이 있는 것 같은…… 물빛? 맞아요, 물광. (밍밍, 24세, 대학생)

64 2011년 여성 잡지 〈얼루어〉에서 진행한 설문 조사에 따르면 "당신이 바라는 이상적인 화이트닝?"이라는 질문에 57%의 응답자가 "피부 속부터 빛나는 화사하면서도 생기 있는 피부"라고 답했고, 29%가 선택한 2위 응답은 "기미, 잡티가 없는 깨끗한 피부"였다. "피부 톤이 새하얀 피부"를 선택한 응답자는 4%에 불과했다.

화장할 때 빛이 나는 피부가 떠올라요. (낫, 25세, 대학원생)

우리는 빛이 나는 미백 피부의 이미지를 일상적으로 마주한다. 바로 지하철역의 성형외과와 피부과 전광판 광고에서다.[65] 한국 지하철 역사 내부에 있는 전광판 광고는 LED 후면 조명을 이용한다. 그래서 전광판 속 모델의 얼굴은 은은하고 밝은 빛이 난다. 이처럼 대중교통 플랫폼과 거리에 편재해 있는 미백 이미지의 '백색 광채'는 도시 공간을 채우는 특유의 빛의 스펙터클을 형성한다.

기억색

광고 이미지를 비롯하여 이 장에서 살펴본 미백 이미지들은 우리가 이상적인 피부에 대해 갖고 있는 집단적 기억을 형성한다. 인터뷰에서 만난 DI 컬러리스트는 '기억색'의 개념에 대해 이야기했다. 기억색이란 사람들의 인식 속에 고정관념처럼 자리 잡고 있는 색을 지칭한다. 한국인이 가지고 있는 이상적 피부에 대한 기억색이란 매끈한 표면에서 은은한 빛을 내며 투명하리만치 밝은색이다. 우리는 온라인과 도시 공간 곳곳에서 조우하는 미백 이미지를 통해 끊임없이 집단적인 기억색의 배치 속으로 들어간다.

그런데 DI 컬러리스트는 우리가 흑인에 대한 기억색이 없음을 언

65 2012년 법 개정으로 대중교통에 의료 광고가 허용되면서 성형외과 광고가 급증했다. 2016년 기준 1~4호선에 게재된 광고 중 성형외과 광고의 비중은 약 3.1%에 불과하지만, 성형외과들이 많이 분포해 있는 3호선 강남 중심가의 경우에는 73%에 달한다(이유현, 2017. 11. 28).

급했다. 그의 말은 미백 이미지 배치에서 제외되는 신체가 있다는 것을 드러낸다.

> 시커먼 흑인이었는데 잡아놓으니까 "어, 스킨톤이 왜 이러냐"고 그러더라구요. 여기서 뭘 더 어떻게…… 색깔도 없는 사람이고 밝기 그거 하나인데 미묘하게 차이가 난다고 하더라구요. 그때 좀 놀랐어요. 아, 흑인을 내가 모르는구나. 그러니까 흑인도 여러 가지 다양한 스킨톤이 존재하고 있는데, 그거를 전 잘 모르는 거죠. 많이 접해 보질 못했으니까. (DI 컬러리스트)

이어지는 장들에서는 미백에 대한 의미가 더 풍부해지고 세분화되어 가는 신체 기술적 배치의 측면을 살펴볼 것이고 미백 이미지 배치에서 제외된 피부색이 전체적인 미백 배치에서는 어떤 식으로 재배치되는지도 보게 될 것이다. 그럼에도 미백 배치가 우리 사회의 집단적 기억에 어떤 폐쇄성을 만드는지의 문제를 염두에 둔 채 배치를 들여다봐야 할 것이며, 이에 대해 3부에서 구체적으로 논의할 것이다.

4장

신체기술적 미백 배치

미백 이미지를 만들기 위해서는 여러 기술과 도구가 개입해야 한다. 이때 기술은 어떤 내재적인 원리에 따라 독자적으로 발전해 온 것이 아니다. "테크놀로지는 따라서 언제나 기술적 의미 이전에 사회적 의미를 갖는다"(Deleuze, 1986/2019: 75). 기술이 미백을 만든 것이 아니라, 미백 욕망이 기술을 채택하거나 발전시켰다. 이 장에서는 바로 이러한 측면에 주목하여 미백의 '신체-기술body-technology 배치' 또는 '신체기술적somatechnical 배치'를 살펴보려고 한다. 두 용어는 공통적으로 신체와 기술이 밀접하게 연결되어 나타나는 양상을 일컫지만 그 정도에서 차이를 지니는 것으로 개념화할 수 있다. 신체-기술 배치란 신체가 기술을 동원하거나 둘이 결합하는 양상을 드러낸다면, 신체기술적 배치는 신체와 기술의 경계가 사라지는 양상을 말한다. 예를 들어 폰카로 필터를 이용해 얼굴을 찍는 행위는 신체-기술 배치를 형성하지만, 미백 필터로 찍은 듯한 얼굴을 갖기 위한 실천 및 필터가 덧대어진 얼굴이 기본값이 된 양상은 신체기술적 배치를 형성한다.

'신체기술somatechnic'의 개념을 더 살펴보자면, 이 개념은 신체 변형의 차원에서 고안된 개념으로[66] 모든 신체는 항상 이미 변형된 또는 변형 중인 신체임을 의미한다. 이는 자신의 자아를 구성하거나 제시하는 원리로서 신체를 활용하는 것에 대한 일련의 연구 흐름 속에 위치하면서도, 그 신체에 개입하는 기술적 차원에 더 천착한다. 이 용어를 만든 이들은 그리스어 '소마soma'와 '테크네techné'를 'and'라는 접속사 없이 바로 연결함으로써 '테크네'가 도구적으로 신체에 더해지거나 가해지는 것이 아니라 그 자체로 육체성이 만들어지는 역동적 원리임을 의미하고자 했다(Sullivan, 2014). 신체기술은 신체와 기술을 밀접하게 연결함으로써 "체화된 주체"와 "기술화된 대상" 사이의 경계를 흐린다(Pugliese & Stryker, 2009: 1).

미백은 신체-기술 배치에서 신체기술적 배치로 나아간다. 이 장에서는 미백을 구현하기 위해 신체에 여러 도구와 기술이 동반되는 양상을 관찰하는 것에서부터 시작한다. 화장품, 조명, 카메라, 디지털 신호 등 각종 요소들이 연결된 이 양상은 미백 배치의 기계적 배치를 일부 보여 준다. 그리고 이러한 과정이 매우 일상화되어 인간의 피부와 기술적 요소가 결합하여 둘 사이의 인터페이스에 대한 인식이 사라지는 신체기술적 배치까지 살펴본다.

66 2003년 니키 설리번Nikki Sullivan의 주최로 매쿼리 대학교에서 열린 '국제신체변형컨퍼런스International Body Modification Conference'에서 수전 스트라이커Susan Stryker 등의 학자들에 의해 신체 기술 개념이 고안되었다(Sullivan, 2014).

1. 미백 사물의 세계

카메라의 눈을 통해 만드는 미백

미백의 이미지, 특히 디지털 미백 이미지는 카메라를 거쳐서 만들어진다는 점에서 인간의 시선보다 카메라의 시선이 중요한 기능을 한다. 휴대폰에 기본적으로 설치된 일반 카메라 애플리케이션을 켰다가 너무 '사실적인' 자신의 얼굴을 보고 놀라 필터를 찾은 경험이 있을 것이다. 필터 기능이 있는 카메라 애플리케이션을 거쳐 나온 사진, 카메라와 팔의 각도를 적정하게 맞춰 만들어 낸 사진, '사진빨'을 잘 받는 화장을 하고 찍은 사진 등이 오늘날에는 더 당연하게 느껴진다.

> [여자 친구 화장을 보면] 그게 약간 사진 찍을 때 보정을 통해서 딱 잘 나오는 화장인데 그걸 현실에서 보면 약간 괴기스럽게 보이는 경우가 종종 있었던 것 같아요. (현민, 23세, 대학생)

이러한 양상은 카메라와 스크린을 통해서 매개되어야만 하는 방송 영상 속 미백 이미지에서는 더 중요한 문제다. 인터뷰에 참여했던 TV 방송 제작 종사자들을 비롯하여 현장에서 만난 제작진은 방송 영상에서 피부 미학이 구현되는 데는 무엇보다 카메라 기술 발전이 핵심적이라고 설명했다. 방송 영상에서 미백의 이미지를 구현하려면 조명, 메이크업, 보정 등 여러 요소의 협업이 이루어져야 한다. 하지만 기본적으로 이러한 협업의 결과물이 최종적으로 '카메라의 눈'을 통과하도록 되어 있다는 점, 그리고 최근 10~20년 사이 카메라의 획기적인 발전이 있었다는 점에서 카메라는 방송 이미지 구현의 핵심일 수밖에 없다.

옛날에는 카메라 감도가 상당히 안 좋았기 때문에 조명 영향이 컸어요. 조명이 조금이라도 잘못 들어가면 안부에 코 그림자나 이런 게 얼굴이 진짜 이상하게 나오는 일이 발생하거든요. 지금은 카메라 감도들이 너무 좋아서 조명이 스치기만 해도 뽀샤시해진다는 얘기가 있을 정도로. …… 카메라의 입지가 더 높아지긴 한 건데. (조명 B)

현재 국내 상업 영상을 제작하는 업계에서 가장 많이 사용되는 카메라 기종은 레드와 알렉사로 알려져 있다. 미국의 레드디지털시네마사가 출시한 최초의 4K 디지털카메라 레드원Red One은 필름 시대의 막을 내리고 디지털 시네마 카메라의 시대를 열었다고 평가된다. 국내에서도 영화 〈국가대표〉(2009)와 드라마 〈추노〉(KBS2, 2010)를 시작으로 레드사의 카메라가 사용되기 시작했다. 그러나 "디지털이 발전할수록 작업자들이 할 일이 더 많아진다"(DI 컬러리스트 인터뷰에서 인용)는 모순적 상황이 발생한다. 레드로 찍은 원본raw 영상은 방대한 정보를 담고 있어 후보정 작업에 많은 선택지를 제공하는 대신 세밀한 흠까지 모두 담고 있어 흔히 배우나 시청자가 기대하는 아름다운 색감의 영상과는 거리가 있었기 때문이다. 카메라의 시력이 좋아질수록 앞에서 말한 스타의 얼굴이 지닌 정동적 능력은 감소하는 것이다.

이러한 단점으로 인해 레드는 점차 아리ARRI사에서 출시한 알렉사로 대체되었다. 원래 필름 카메라와 조명 기기를 만드는 회사였던 아리는 디지털카메라가 지닌 거친 콘트라스트의 영상 질감을 보완하여 비교적 필름에 가까운 부드러운 영상을 표현하는 데 이점을 지닌 카메라로 평가된다. 앞서 미백 이미지 배치에서 주요한 요소로 등장했던 〈그 겨울, 바람이 분다〉의 클로즈업 이미지를 통해 알렉사는 방송 제작에서 주요한 행위자 자리를 부여받았다.

> 알렉사가 레드에 비해서 여배우 스킨톤이나 그리고 다이내믹 레인지[67]가 너무 부드럽게 잘 나오고, 필름에 근접하게 나와서…… 필름 카메라를 만드는 회사여서 그런지. 알렉사를 사람들이 더 선호하기 시작했어요. 그게 대표적으로 떴던 게 〈그 겨울, 바람이 분다〉에서 송혜교의 피부 톤을 사람들이 많이 좋아했죠. (DI 컬러리스트)

알렉사의 부상은 디지털 시대의 역설적인 한 단면을 보여 준다. 필름의 시대가 끝나고 디지털카메라와 UHD 방송은 인간 피사체를 더 정확하고 세밀하게 포착할 수 있게 해 주었지만, 피사체가 되는 사람이든 화면을 보는 사람이든 인간 얼굴 및 피부의 묘사에 대해서만큼은 정확한 영상을 보기를 거부한다. 표준화된 동일성에 의거한 복제물을 제공하는 기술이 갖추어졌음에도 불구하고, 적어도 드라마와 같은 낭만적 세계에 대해서는 그러한 정확한 복제물을 보기를 거부하고 환영성 및 환상성을 지닌 시뮬라크르적 이미지를 보기를 기대한다. 따라서 방송 영상에서의 미백 이미지는 디지털과 필름의 특정 요소만 취한 형태로 구현된다. 디지털카메라의 정보적 기능을 갖추되, 필름의 질감을 택하는 것이다.

피부 표현에 기여하는 다른 요소의 협업 또한 카메라의 눈을 통과했을 때를 염두에 두거나 카메라의 눈을 속이는 방식으로 이루어진다.

67 카메라에서 밝고 어두운 부분을 표현하는 능력을 말한다.

특히 조명의 경우 카메라의 위치나 설정값에 따라 핵심적인 보조 역할을 한다.

> 사람의 눈으로가 아니라 카메라의 시선으로 봤을 때 모든 걸 포커스를 맞춰 줘야 되기 때문에. 실질적으로 5600도 화이트로 때려도, 사람 눈으로 볼 때 약간 푸르스름하게 보일 수 있는데, 카메라 세팅을 그렇게 해 버리면 그거에 화이트 발란스가 맞아 버리니까. (조명 B)

> 만약에 여기서 홈이 패여 있으면 카메라가 여길 잡고 있으면 라이트가 여기로 가면 곰보가 보일 거 아니에요, 음각이니까. 그러면 거기서 반대각에서 라이트를 때려 주는 거죠. 카메라를 속이는 거예요. 페이크를 쓰는 거죠. (조명 A)

인물 얼굴에 미백 효과를 주기 위해서 조명이 할 수 있는 전통적인 방법은 조명의 양은 늘리면서 광원이 실크나 불투명한 비닐을 투과하게 하여 입자가 쪼개지는 분광diffusion 효과를 통해 부드러운 광질을 구현하는 것이다. 그러나 조명의 행위 능력을 의도적으로 낮추고 카메라와 협업함으로써도 가능하다. 조명의 세기를 낮추는 대신 카메라의 노출량을 높이는 것이다. 이 과정에서 발생할 수 있는 화면의 불량 요소는 카메라 기술이 발달함에 따라, 즉 카메라의 행위 능력이 증가함에 따라 해결된다.

> 다른 쪽 드라마를 갔는데 우리가 500룩스 나왔다 그러면 걔네는 50룩스가 나와요. 그런데 화면엔 되게 뽀샤시하게 나와요. 비디오 감독이 게

인[68]을 엄청 여는 거죠. 대신에 게인을 열 때도 룩스가 낮은 상태에서 게인을 열게 되면 화면에 노이즈가 많이 생겨요. 그런 부분은 카메라가 많이 좋아졌기 때문에 어느 정도 커버는 되죠. 카메라가 많이 발달이 돼서 그런 인물 톤도 많이 나올 수 있는 거죠. (조명 B)

화장 또한 카메라와 조명에 맞춘 형태로 이루어진다. 앞서 여자 친구의 화장이 실제로 볼 때보다 카메라에서 더 예쁘게 보인다고 말했던 20대 남성의 말처럼, 카메라의 시선 속에서 더 자연스럽고 이상적으로 표현되는 피부 형태가 있다. 인터뷰에서 만난 메이크업 종사자들은 보통 한국 여성이 베이스 메이크업 호수 체계에서 21호나 23호를 사용하는 것과 달리 스타들은 대체로 19호로 밝게 쓰는 편이라고 말했다. 더불어 일반적인 미백이나 K뷰티에 대한 이미지에서 나타나는 빛, 또는 '물광'은 방송 화장에서는 경계되는 요소다. 방송 영상 이미지에서 구현되는 스타의 빛나는 피부는 카메라와 조명, 비디오 조정의 협업을 통해서 이루어지는 것이기 때문에 방송 화장은 이들 협업이 제대로 이루어지도록 돕기 위해 빛나는 성격('물광,' '글로시함,' '번들거림')을 제거하는 방향으로 이루어진다.

쇼 프로나 예능이나 빛을 반사시키는 화장이 있어요. 화장이 빛을 먹는 화장이 있고 반사시키는 화장이 있는데, 보통 저희는 물광을 냈다고 그래요. 물광 화장을 하고 오면 조명이 반사가 되면서 약간 얼굴이 기름져 보이는

68 카메라 영상의 전기 신호 세기를 조절하여 영상의 밝기를 조절하는 것이다.

그런 게 생기거든요. 그래서 저희 조명하시는 분들 제일 싫어하는 화장이에요. 얼굴을 너무 번질번질하게 하고 T존이 하이라이트가 강하다 보니깐 비디오 게인을 제대로 열 수가 없죠. 육안으로 봤을 때는 되게 막 피부에서 광이 나고 그렇지만, 실질적으로 카메라나 조명을 댔을 때는 문제가 발생하는 부분이죠. (조명 B)

가장 크게는 영상이랑 지면으로 차이를 두는데 지면에서는 베이스가 너무 매트하게 들어가면 요철이 잘 보여서 약간은 좀 반사시킬 수 있는 글로시한 제품을 사용해 준다든지. …… 영상 촬영에서는 유분감이 있으면 그게 기름기로 보여 가지고. 영상에서는 유분감을 잡아 줘야 되는데, 지면에서는 촉촉해 보여도 상관없어요. …… 조금 유분감 돌면 다 눌러 달라고 요청하세요. (메이크업)

이처럼 한국에서 미백에 대한 기억색을 구성하는 역할의 스타 미백 이미지를 구현하기 위해서는 여러 요소의 협업이 이루어지며, 그 협업의 목표는 카메라의 눈을 거쳤을 때 가장 이상적인 아름다움이 구현되는 데 있다.

스타를 만드는 빛: 방송 제작 현장의 미백 신체-기술 배치

내가 방문한 드라마 세트장은 그야말로 조명으로 둘러싸인 공간이었다. 자연광이 없는 세트장에서 자연스럽고도 아름다운 피부 톤을 구현하려면 수많은 조명 장비가 동원되어야 한다. 대개 7~8명으로 이루어진 조명팀 스태프는 각자의 조명 기기를 담당한다. 소품처럼 배치된 천장 조명 외에 곁에는 4~5개 조명이 동원되고 그중 일부 빛은 반사판을

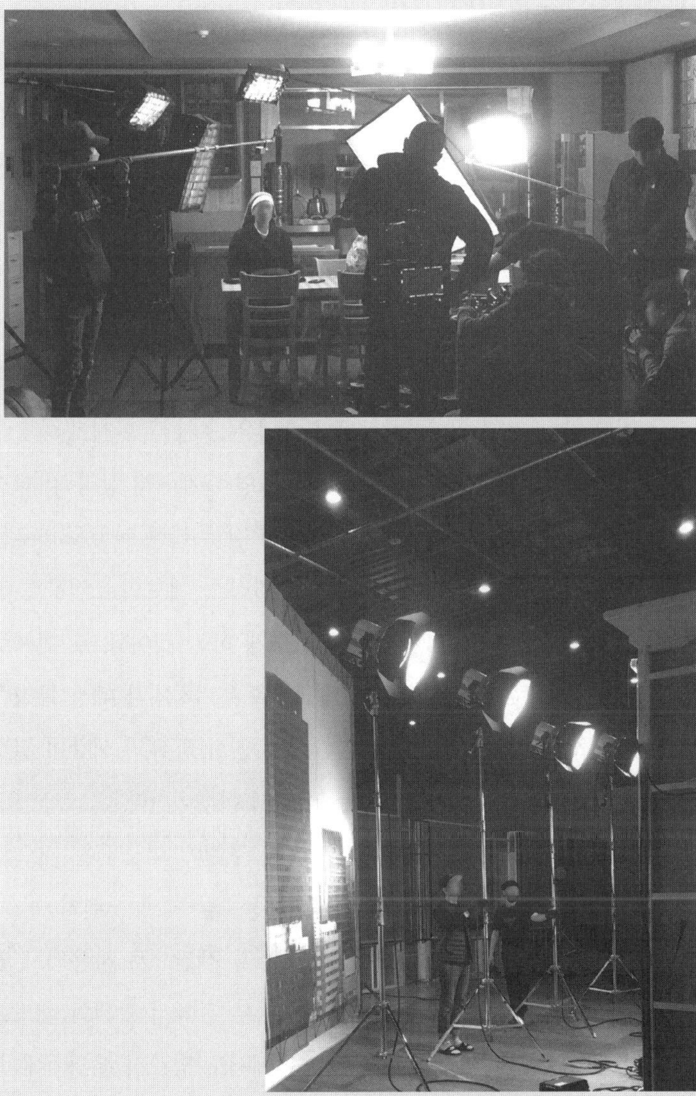

그림 11 드라마 〈열혈사제〉 촬영장. 촬영 세트의 안팎에서 7명의 스탭이 모두 각자의 조명을 가지고 여러 방향에서 배우를 비추고 있다. 이를 통해 배우의 얼굴은 그림자 없이 고른 피부 톤으로 연출이 가능하다. (사진: 박소정)

통해 배우의 얼굴을 비춘다. 유리창을 거쳐서 들어오는 자연광(햇빛 혹은 달빛)을 흉내 내기 위해 대형 조명이 추가로 설치되기도 한다. 숏이 바뀔 때마다 이 조명들은 마치 군무를 추듯 특정한 대형을 만들며 재빠르게 이동 배치한다. 그리고 그사이를 틈타 분장팀 스태프는 컨실러나 파우더형 화장품을 들고 배우들에게 달려간다. 혹시 빛으로 인해 피부가 번들거리듯 반사되거나 피부의 결함이 노출되는 것을 막기 위해서다.

또한 방송 영상 속 미백의 구현에서 중요하게 짚어야 할 것이 후반 작업의 기술이다. 그중 피부색을 비롯한 영상의 톤에 가장 큰 영향을 미치는 것은 색 보정 작업이다. 색 보정 작업은 크게 두 단계로 이루어진다. 첫 번째 컬러 코렉션color correction은 촬영 단계에서 장비 및 환경의 문제, 또는 실수로 인해 색이 틀어지거나 잘못 찍힌 영상을 바로잡고 통일하는 작업이다. 콘트라스트, 화이트밸런스, 채도의 조절을 통해 왜곡되어 보이지 않는 적정 범위로 들어오게 하는 것이다. 두 번째로 컬러 그레이딩color grading은 의도적으로 색을 추가하거나 빼서 특정한 색감을 구현하는 작업으로, 이 과정을 통해 영상 특유의 색감이 결정되기에 피부 톤에 대한 섬세한 구현은 여기서 이루어진다.

이때 어떤 컬러 그레이딩 기법은 미백 구현에 어긋나는 것으로 경계된다. 주황색과 청록색 계열을 강조하는 '틸 앤드 오렌지teal and orange'는 2000년대 이후 할리우드 영화의 주류 색감으로 사용되고 있다. 그런데 이 기법은 아시아계 배우들의 피부 톤에서 황색의 채도를 도드라져 보이게 만들 위험이 있다.[69] 한국에서도 장르적 분위기에 따

69 영화뿐 아니라 미국의 방송 영상 미학이 아시아인의 피부에 적합하지 않거나 아시아인 수용자에게 낯설게 인식되는 사

라 영화에서 이런 기법이 선택되기는 하지만, 대개 인물의 얼굴에 대한 색 보정으로서는 선호되지 않거나 응용하여 사용된다.[70]

색과 톤에 대한 보정이 이루어지는 것 외에 후반 작업에서는 '뷰티 이펙트'를 이용해 얼굴의 톤을 고르게 만드는 과정을 거친다. 여기에서 미백을 만드는 것은 디지털 신호다.

> 얼굴을 보시면 뭐 피부가 안 좋으면 파여 있잖아요. 조명을 받으면 그 파여 있는 미세한 구멍 같은 데 그림자가 생긴단 말이에요. 그래서 우둘투둘하게 보이는데. 우둘투둘하게 보인다고 하면 밝은 부분이랑 어두운 부분이 교차된단 말이에요, 계속. 반복된다는 건데……. 어두운 부분의 신호를 밝은 부분 거를 따와 가지고 덮어버리는 거죠. 그래서 뺀질하게 만드는 거예요. (DI 컬러리스트)

자연 상태의 피부가 미백의 이미지가 되기 위해서는 피부 위에 화장품, 조명, 반사판, 카메라의 렌즈와 설정값, 보정을 위한 디지털 신호

례는 종종 발견된다. 예를 들어, 한국계 미국인 배우 스티븐 연 Steven Yeun은 한 예능 프로그램에 출연해 미국에서 아시아계 배우로 겪는 어려움 중 하나로 조명 문제를 언급했다. 제작진이 아시아인 피부에 맞는 조명에 대한 지식이 없어 주인공 역할이었는데도 못생기게 나왔다는 것이다. 또한 최근 BTS가 미국의 〈엘런 쇼 *Ellen Show*〉에 출연했을 당시 한국에 비해 '톤 다운'된 조명에 대해 팬들 사이에 반응이 엇갈리기도 했다.

70 일례로, 사진 편집 프로그램인 '라이트룸' 튜토리얼을 공유하는 유튜브 영상에서 영상 제작자는 '틸 앤드 오렌지' 대신 노란 빛이 덜한 '틸 앤드 핑크코랄'로 수정하여 사용하고 있었다.

등이 동시적이거나 단계적으로 개입해야 한다. 따라서 미백 사물의 세계에서는 비인간적 요소와의 접속을 확대해 나갈수록 미백에 가까워질 수 있다. 그리고 스타의 미백은 이러한 도구와 기술의 능력을 얼마나 동원할 수 있는가를 통해서 결정되기도 한다. 영향력 있는 스타이고 주연급 배우일수록 제작진, 궁극적으로는 제작진과 연결된 도구와 기술을 동원할 수 있는 능력이 있게 마련이다.

> 모 배우들은 프로그램 시작하기 전에 반사판을 사줘요. 막 50장씩 사줘요. 요즘엔 잘 안 하는데 예전엔. 조명팀 회식시켜 주고. 자기 반사판 잘해달라고 50장씩 사다 주고. 다 떨어졌다 그러면 또 사 주고…… (조명 A)

> CG 회사에 뷰티팀이 있는 경우가 있어요. 어떤 배우라고 제가 말씀은 못 드리겠는데, 나이가 드니까 너무 피부가 늘어져 가지고 위로 올려달라고. 그건 자기 사비로 한 걸로 알고 있어요. 그렇게 하는 경우도 있고. 주로 연출 감독님이 주연 배우랑 친분이 있으니까 "걔 얼굴 좀 닦아 줘" 그렇게 해서 닦는 경우가 있고. (DI 컬러리스트)

2012년에 방영된 드라마 〈보고싶다〉(MBC)는 스타성과 기술의 동원력에 관련된 논란의 한 사례를 보여 준다. 드라마 속 두 남자 주인공 중 해리(유승호)의 피부는 밝고 깨끗하게 나오는 반면 정우(박유천)는 피부의 흠이 다 드러나게 나온 탓에 배우 박유천의 팬들이 제작진에게 단체로 항의하는 일이 벌어졌다. 팬들은 이 드라마가 알렉사를 사용한다고 해서 기대했는데 박유천에게 충분한 조명과 보정이 이루어지지 않았다며 두 남자 배우에 대한 동등한 대우를 요구했다. 두 남자 배우의 피부 표현이 다르게 이루어진 이유에 대해서 해리의 경우 멜로 드라마적인 서사가 강하게 부여된 캐릭터이고, 정우는 액션 연기를 하는 형사 역할이라 출연 신의 장르적 차이에 기인하여 배우별로 다르게 조명과 보정을 사용한 것이라는 예측이 나오자, 팬들은 박유천이 연기하는 정우의 캐릭터 속성보다 박유천이 주연 배우라는 사실을 강조했다.[71] 여기서 미백은 주인공의 속성이고 스타성의 근거라는 인식이 발견된다. 미백이 주인공을 만드는 빛과 색이라는 것은 바로 이러한 스타와 미백 기술 간의 연결 강도, 스타와 기술이 구성하는 신체-기술 배치의 역량 차원에서 설명이 된다. 미백 사물 세계의 각 요소와 접속했을 때 어느 정도의 역량을 발휘하고 욕망을 실현할 수 있는가가 스타의 힘으로 해석되는 것이다.

또 한편으로, 미백 사물의 세계에서 개별 사물들은 오롯이 그들 간의 연결을 통해 존재하고 발전하는 것이 아니라 환경 속에 놓여 있으면서 환경과의 상호 작용 속에서 행위 능력을 발휘하거나 변화한다. 비정형적인 다이어그램diagram에서 물질적·기호적 흐름을 통해 특정한 힘의 관계가 형성될 때 구체화된 배치물이 나타나듯(Deleuze, 1986/2019), 한국의 미디어 제작 환경이나 산업적 변화는 미백의 신체-기술 배치

71　예를 들어, 〈보고싶다〉 시청자 게시판에서 다음과 같은 글들을 발견할 수 있다. "남주 박유천한테는 조명이 아까운가요? 보정이 아까워요? 거친 역할이라고 카메라로 막 찍고 보정도 없어서 얼굴색이 노랗다 희다 들쭉날쭉 너무하십니다. …… 멜로 남주가 멋있게 나와야 여자들한테 반응 오는 거 몰라요?" "한정우 직업이 형사라고 꼭 사실적으로 찍으실 필요는 없으세요. 드라마잖아요. 그리고 이 드라마 남주이고요."

물이 어떤 형태로 나타나는가에 영향을 주는 잠재적 다이어그램이다.

촌각을 다투며 제작되는 한국의 드라마 작업 환경은 보정 작업에도 영향을 미친다. 빠듯한 일정으로 드라마 촬영을 하다 보니 후반부로 갈수록 통제해야 할 요소나 변수가 많은 야외보다는 실내 세트에서 촬영할 수 있도록 조율된다. 해당 종사자들은 이러한 제작 환경이 드라마의 색감이 특정한 방식으로 맞춰지는 데도 일조한다고 설명한다. 제작 기간이 충분하지 못해 미술이나 소품 등 드라마의 서사나 정서와 관련된 내용적 측면을 통해서 색감을 안정적으로 설정하는 역량이 발전하지 못한 반면,[72] 기술적으로 빠르게 개입하거나 수정할 수 있는 방법에서의 색감 통일이 선호되고 있다는 것이다. 영화나 일부 해외 유수 드라마와 같이 미술 차원에서 색깔이 통제된 영상을 모델로 삼으면서도 실제 국내 드라마 제작에서는 미술을 통제하는 방법이 아니라 후보정 단계에서 채도를 낮추는 방식으로 색감을 구현한다.

> 드라마 후반부로 가면 그날 방송할 거를 아침에 찍어 오니까요. …… 화면을 보는 순간 바로 답이 나와야죠. 제 속에서 내린 답이 만족을 못하더라도 지나가야 돼요. …… 후반부에 가면 세트에서 많이 찍거든요. 세트마다 고정되어 있는 조명이란 그런 세팅 값이 있어요. …… 색깔이 통제가 된 미술을 만들어 놨는데, 그래서 화면이 전체적으로 차분해 보이고 색깔도 여러 가지 색깔이 아니니까 요란해 보이지가 않는데, 그거를 보고 '아 채도가

72 〈그 겨울, 바람이 분다〉가 색감의 영상미로 화제가 된 데는 사전 제작 시스템에서 촬영되었기 때문이라고 제작진과 배우들이 밝히기도 했다.

낫구나'라고 생각을 하는 거예요. …… 뭔가 컴퓨터는 IT 강국이다 보니까 사양에 목숨 거는 사람들도 많고, 화질에 목숨 거는 사람들도 많고. 그래서 장비 같은 경우는 그거를 만드는 종주국이랑 거의 같이 간다고 생각해요. (DI 컬러리스트)

이처럼 드라마 제작 노동 조건의 문제, 제작 기술 차원에서의 우선순위에 대한 인식 등이 미백이 구현되는 방식에 영향을 미친다. 한국 드라마에서 영상의 색감 구현이나 배우의 피부미 구현은 거의 디지털 기술에 의존하여 이루어짐으로써 카메라와 후보정 기술 간의 연결은 더욱 긴밀해진다.

음악 방송에서도 아이돌 미백 피부의 구현은 방송 기술이나 환경의 변화로부터 영향을 받는다. 우선 색온도 개념에 변화가 일어났다. 10여 년 전까지 음악 방송 프로그램에서 사용하던 조명 온도는 3200K이었다. 그런데 LED에서는 흰색이 구현되기 위해서 5600K이 요구되고, 방송에서 주로 사용되는 무빙 라이트 또한 6000K에 달하게 되었다. 이처럼 LED 영상이 도입되면서 전반적인 색온도가 높아짐에 따라 노르스름한 색은 흰색에 가깝게, 흰색은 약간 푸른 흰색에 가깝게 색감의 변화가 일어났고, 일부 방송사에서는 그 색감과 톤에 맞춰 가는 식으로 변화를 결정했다.

또한 인터뷰에 참여한 한 조명 감독은 지난 10~15년 사이에 대중음악 산업이 변화하고 그에 따라 음악 방송의 구성도 변화하면서 음악 방송에서 조명의 입지가 좁아졌다고 말하기도 했다. 한 회 방송에 여러 장르의 무대 연기가 이루어지던 시절에는 각 곡의 분위기에 따라 다양한 조명 기술이 시도되었고, 솔로 가수의 무대에서는 한 곡이 나가는 동안 클로즈업 숏부터 풀 숏까지 다양한 구도 속에서 조명에 변화를 줄 여지가 많았다. 그러나 최근 음악 방송은 대부분 화려한 퍼포먼스를 하는 빠른 비트의 곡들로 구성되고, 출연진의 상당수가 그룹형 가수인데다 각 그룹당 멤버 수도 많게는 10여 명 안팎이 될 정도다. 더욱이 앞에서 서술한 것처럼 아이돌의 얼굴이 지닌 중요성과 그 중요성을 멤버들에게 평등 분배하는 문제로 인해 방송으로 송출되는 화면은 클로즈업이 많고 숏 전환도 빠르게 일어날 수밖에 없게 되었다. 이에 조명의 역할은 고유의 퍼포먼스를 하기보다는 각 클로즈업이 고른 색감을 가질 수 있도록 밝게 통일시켜 주는 역할로 축소되었다.

> 2PM이 'heartbeat' 노래할 때 그때 〈인기가요〉가 변화가 상당히 많았어요. …… 저희가 카메라 일곱 대를 쓰거든요. 일곱 대를 가지고 PD가 커팅을 해요, 노래별로 해 가지고. 몇 번 카메라, 몇 번 카메라, 몇 번 카메라, 커팅을 하는데 '쏘리 쏘리Sorry Sorry'를 예를 들어서 MBC, KBS 한 100컷이 나와요. 100컷이 나오면, SBS가 200컷이 나와요. 더 잘게 쪼개 버리는 거죠. 그 이유도 솔직히 따지고 보면, 지금 K팝이 생각해 보면 멤버 머릿수가 많잖아요. 열 명, 여덟 명, 그걸 다 카메라에 담으려면 쪼개질 수밖에 없는 거고 박자도 그만큼 빨라질 수밖에 없는 거고. 옛날엔 되게 루즈했거든요. 보통은 4박자 기준으로 해서 컷이 넘어가고 8박자 기준으로 컷이 넘어가고, 길게 뽑아 줘서 조명을 볼 수 있는 풀 숏 그림이 많았는데. 지금은 다 그냥 '원투 원투' 이렇게 나가니까 조명에 대한 퍼포먼스가 많이 감소가 되죠. 그냥 공간 채우기용. 블랙을 덜 나오게 하는 공간 채우기용밖에 안 되는 거예요. (조명 B)

4년 전인가 3사 가요 연말 프로 할 때 SBS하고 KBS가 욕을 제일 많이 먹었어요. 너무 깜박거리고 움직이고 그래서 '우리 오빠 안 보여요,' '발조명이네,' '발카메라네' 이런 식으로 욕을 많이 먹었는데. MBC는 그 당시 조금 덜 움직이고 조명 쪽으로 퍼포먼스를 좀 자제하고, 인물에 대한 부분을 좀 강조를 줬거든요. 그 부분에 대해서는 MBC가 승리를 한 거예요. …… 솔직히 텔레비전 보면서 자기가 좋아하는 가수 얼굴 보고 싶고 그런 부분 많잖아요, 쇼 프로는. 음악은 그냥 들으면 되는 거고. (조명 B)

실제 〈인기가요〉 현장을 방문했을 당시 무대에는 약 100여 개 정도 되는 크고 작은 조명들이 설치되어 있었고, 그 조명들은 하나의 무대가 진행되는 동안 계속해서 색이 변화하는 오색 조명이었다. 그러나 10여 곡 남짓한 무대가 진행되는 동안 조명은 무대의 배경 LED 화면과 어느 정도 색감을 통일하는 정도의 차이만 있을 뿐이었고, 형태나 움직임에 있어서는 획일적으로 보였다. 조명이 기본적으로 공간 또는 연기자를 밝히는 기능에 충실하도록 작동하는 것이다. 지난 10~20년간 조명 기술도 많이 발전했기 때문에 다양한 조명 퍼포먼스를 시도하고 수용할 수 있는 기술 환경이 갖추어져 있다.[73] 그럼에도 불구하고 아이돌 산업의 발전 속에서 시청자들이 방송을 통해 보기를 기대하는 내용이 달라짐에 따라 음악 방송 조명이 하는 역할은 수동적으로 바뀌었다.

73 예를 들어 조명 감독이 곡마다 특성을 분석해 조명을 설치한 후 퍼포먼스를 외워 실시간으로 조종해야 했던 과거와 달리, 이제는 컴퓨터로 조명 시스템을 도면화해서 시뮬레이션해 보고, 저장해 둔 시뮬레이션을 퍼포먼스로 옮기는 방식이다.

2. 미백의 신체기술화

미백이 신체기술화되는 과정은 피부를 어떤 식으로 가꾸고 표현해야 한다는 담론의 성장, 기술적 발전, 인식과 실천의 확대 등의 차원에서 이루어져 왔다. 여기서는 미백 배치를 이루는 요소들이 세분화되고, 미백에 대해 과학적이고 제도적인 지층이 형성되는 양상을 살펴보고자 한다. "사람과 도구 사이에 존재하는 것은 주체-객체 관계가 아니라 확장되거나 실현되는 역량"(Strathern, 2005/2019: 133)이라는 의미에서 볼 때, 피부를 설명할 수 있는 방법이 증가하고 미백 기술을 매개하는 개념이나 도구가 많아짐에 따라 신체기술로서 미백의 역량은 증가한다고 말할 수 있다.

건강한 피부 가꾸기

한국에서 최초로 기업화된 화장품인 박가분은 하얀 얼굴을 표현하기 위해 물에 개어서 사용하는 분이었다. 박가분은 1916년 가내수공업으로 제조되기 시작하여 1922년 정식으로 제조 허가를 받았다. 1920년대 초 당시에는 기생을 중심으로 여성에게 큰 인기를 끌며 하루에 1만 갑이 넘게 판매되었지만 1920년대 후반에 들어서며 몰락했는데, 박가분에 들어 있는 유해 성분이 논란이 되면서부터였다. 박가분에 납 성분이 들어 있다는 사실이 알려지면서 사람들은 화장품의 유해성에 대해서 관심을 갖게 되었다.

어떤 분을 바를까

(문) 나는 이십오세 된 여자인데 본래는 얼굴빛이 과히 흉하지 않았는데 요

즘 와서는 얼굴에 푸른 빛이 납니다. 어떠한 화장품을 써야 빛을 회복하겠습니까? 그동안은 박가분만 발랐습니다.

(답) 화장품을 쓰는 것은 얼굴을 예쁘게 하려고 하는 것인데 납이 섞인 나쁜 분을 쓰는 것은 오히려 얼굴을 흉하게 만드는 것입니다. 화장을 안 하면 안 할 법이지 이왕 하려거든 좋은 분을 써야 합니다. 서양 사람들은 얼굴 바탕을 잘 아끼니 나쁜 화장품을 안 씁니다. 얼굴에 크림을 바르고 젖은 수건으로 잘 문지른 다음에 양제 가루분을 바르는 것이 가장 좋다고 합니다. (기자)

(《동아일보》, 1926. 7. 11, 3면)[74]

이후 화장품에 사용되는 유해 성분의 기준에 대한 단속안이 마련된 것은 1969년 '보건범죄 단속에 대한 특별조치법(약칭 보건범죄단속법)'이 제정되면서였다. 보건범죄단속법으로 인해 당시까지 많이 광고되던 표백 크림과 약용 크림 중 상당수가 피부에 유해하다는 사실이 알려지며 규제가 이루어지기 시작했다(《매일경제》, 1969. 7. 1). 그리고 2000년에 화장품법이 제정되면서는, 이전까지 약사법 속에서 화장품이 취급되느라 약사법의 미비함을 통해 유통되던 유해 화장품들을 모두 규제할 수 있게 되었다. 1999년 화장품법 제정에서 주목할 만한 부분은 제2조 화장품에 대한 정의다.

제2조(정의) 이 법에서 사용하는 용어의 뜻은 다음과 같다.

1. "화장품"이란 인체를 청결·미화하여 매력을 더하고 용모를 밝게 변화시

74 현대식 맞춤법으로 옮겨서 인용했다.

키거나 피부·모발의 건강을 유지 또는 증진하기 위하여 인체에 바르고 문지르거나 뿌리는 등 이와 유사한 방법으로 사용되는 물품으로서 인체에 대한 작용이 경미한 것을 말한다. 다만, 「약사법」 제2조제4호의 의약품에 해당하는 물품은 제외한다.

2. "기능성화장품"이란 화장품 중에서 다음 각 목의 어느 하나에 해당되는 것으로서 총리령으로 정하는 화장품을 말한다.

가. 피부의 미백에 도움을 주는 제품

나. 피부의 주름개선에 도움을 주는 제품

다. 피부를 곱게 태워주거나 자외선으로부터 피부를 보호하는 데에 도움을 주는 제품

라. 모발의 색상 변화·제거 또는 영양공급에 도움을 주는 제품

마. 피부나 모발의 기능 약화로 인한 건조함, 갈라짐, 빠짐, 각질화 등을 방지하거나 개선하는 데에 도움을 주는 제품

([시행 2021. 9. 18.] [법률 제18448호, 2021. 8. 17., 일부개정])

화장품에 대한 정의에는 "용모를 밝게 변화"시키는 것이 포함되어 있다. 몇 차례 개정 과정에서 화장품 정의에 부분적인 변화가 있었지만 용모를 밝게 변화시킨다는 점은 변화가 없다. 이때 '밝게'란 물론 단순히 인체의 색조나 명도 차원이 아니라 많은 화장품에서 표기하는 '안색 개선'같이 폭넓은 의미라고 짐작할 수 있다. 그럼에도 밝은 용모로의 변화가 인체의 청결과 미화, 건강 등의 기능과 함께 화장품의 효과를 정의하는 필수 요소라는 점은 국내 뷰티 산업 및 담론에 시사하는 바가 있다.

또 1999년 화장품법 제정에서 주목할 만한 것은 당시 한국이 세계 최초로 '기능성 화장품' 제도를 도입했다는 점이다(보건복지부, 2019).

미백은 법·제도적 의미로는 기능성 화장품이라는 항목하에서만 인정되는 특수한 효과로 의미가 좁혀졌다. 이에 제품에 '미백 기능성 제품'이라고 명시하기 위해서 화장품 제조업체는 수천만 원의 임상 실험을 통과해야 한다. 임상 실험을 통과해 식품의약품안전처의 허가를 받더라도 소비자에게 극적인 효과를 약속하는 표현을 제품이나 제품 광고에 사용할 수 없도록 엄격하게 규제를 받는다.

> '어제보다 더 하얀 피부' 절대 못 써요. 쓸 수 있는 단어가 있어요. '안색 개선에 도움을 줍니다,' '미백 성분이 포함되어 있습니다'. 그러니까 진짜 애매하게 써야 돼요. 직접적으로 보자마자 '아, 이건 얼굴 하얘지겠구나'라고 느끼는 단어를 절대 못 써요. '얼굴에서 광이 납니다' 절대 못 써요. (화장품 A)

미백 배치 내에 이와 같이 다소 엄격한 법 제도적인 지층이 마련됨에 따라 미백은 1950~1960년대의 미백 제품이 표방하던 '표백'과는 연결을 끊고 '기능,' '도움' 같은 새로운 영역과 접속한다. 화장품을 통해서 하는 미백이란 법의 테두리 안에서 용모를 미화하고 개선하기 위한 보건의 신체기술이 된 것이다.

그 결과 오늘날 미백을 한다는 것에서 가장 중요하게 여겨지는 것 중 하나가 피부의 건강함이다. 인터뷰에 참가했던 많은 사람들은 자신이 생각하는 미백을 표현하기 위해 '창백'하다는 것과 구분했다.

> 창백이 약간 하늘빛? 쿨톤들이 하야면 약간 창백해 보이잖아요. 에메랄드빛도 아니고 하늘색 빛 살짝 나면서 실핏줄 같은 거 보이고 이런 사람들 약간 창백해 보이고. 정말 약간 아이보리톤? 그런 거는 하얗게 깨끗한, 건강

한 하얀 피부 톤. (가연, 37세, 주부)

예를 들어 창백한 피부는 아예 핏기가 없어 보이고 생기가 없어 보이는 그런 느낌인데, 미백이 된 피부는 뭔가 뽀샤시하게 광채가 난다고 해야 되나. (세준, 26세, 대학생)

저도 잠깐 외국에서 좀 있었을 때 별명이 심슨이었어요. 한국에서는 하얗다고 얘기를 했었는데 외국 애들한테는 제가 되게 노란 거예요. 바트 심슨 가족 있잖아요. …… 제가 아니라고 그랬는데. 진짜 딱 이렇게 팔목을 갖다 댔더니 걔는 창백하게 하얀 거예요. 그런데 그 창백함이 예뻐 보이지 않고 제 피부가 더 예뻐 보인다고 생각을 했어요. (미영, 41세, 회사원)

미백 이미지 배치에서 살펴본 것과 같이 빛이 나고 투명한 미백의 속성은 신체기술적 배치에서 피부를 건강하고 생기 있게 가꾸는 실천과 연결된다. 특히 미백의 신체기술적 배치는 환경 오염이라는 지층을 포함한다. 인터뷰 참가자 중에는 자외선이나 미세먼지에 대해 언급하는 경우가 종종 있었다. 특히 자녀가 있는 여성의 경우에는 자녀의 미백에 신경 쓰는 이유에 대해 이러한 유해 요소들로부터 피부를 보호하는 방법이기 때문이라고 말하기도 했다. 최근 환경 관련 이슈가 대두됨에 따라 피부 유해 요소에 대한 경계도 커졌고, 이에 피부 건강을 위한 신체기술로서의 미백에 대한 인식이 커지고 있는 것으로 보인다.

한편 미백이 건강의 신체기술로서 구성되는 데는 화장품 소비자를 위한 정보 플랫폼이 주요한 행위 능력을 발휘했다. 각 미디어별로 소비자 내에서의 '알음알음'으로 유통되던 내용을 '정보'로 바꾸어 매개하는 플랫폼들이 있다. 대표적으로 국내 화장품 정보 플랫폼 애플리케이션 '화해'는 2021년 10월 기준 1000만 건의 다운로드가 이루어졌으며, 23만여 개 제품에 대해 약 630만 건의 리뷰가 공유되어 있다. 화해는 각 제품마다 성분에 대한 설명을 제공하며 20가지 주의 성분의 포함 유무, 알레르기 유발 성분, 피부 타입별 특이 성분 등을 나누어 정보를 제시한다. 또한 TV 프로그램인 〈겟잇뷰티〉(ONSTYLE, 2016~)는 뷰티 예능을 표방하며 방영한다. 이 프로그램에서 진행하는 '블라인드 테스트'는 브랜드명을 공개하지 않은 채 그 사용감과 효과를 시험해 보는 것으로, 블라인드 테스트를 통해 좋은 평을 받은 제품은 방영되자마자 화제가 된다.

이러한 정보 플랫폼에 대한 소비자의 신뢰도와 의존도가 높다 보니 화장품 생산과 마케팅 자체가 이 플랫폼에 의존하여 이루어질 정도다. 기능성 제품으로서 과대광고에 대한 엄격한 규제를 받는 미백 제품은 '운 좋게' 이러한 정보 플랫폼을 통해 선택될 필요가 있다.

> 기초에서 제일 큰 변화는 사실 '화해' 같은 안 좋은 성분을 가려내는 앱들이 나오면서. 화해에서 빨간 불이 뜨면 일단 안 팔리는, 그게 기본이 됐어요, 거의. 근데 사실 연구소에 가면 되게 뭐라 그래요. "화해에서 초록색이 뜬다고 좋은 게 아니다"라고 얘기를 해요. "왜 화해 처방에 맞추느냐, 화해 초록색에 맞춰도 피부에 오히려 더 안 좋은 성분도 있고, 화해에 빨간 성분이 나와도 이 드라마틱한 변화를 주는 데 있어서는 그 성분이 꼭 들어가야 하는데 그걸 빼자고 하면 제품의 특징이 없어진다" 이런 얘기도 많고. 그래서 연구원들은 화해 진짜 싫어하는데 고객들은 화해만 보니까 결국엔 맞춰 가야 되더라구요. 그래서 최근에 나온 제품들은 다 화해에서 초

록색 뜨는 걸로 되어 있고. (화장품 A)

이러한 양상은 정보 채널이 얼마나 공신력이 있고 신빙성이 있는지 여부와는 별개로, 미백이 일종의 건강 정보로서 유통되는 양상을 보여 준다. 미백이 아름다운 효과를 내기 위한 미용 차원만이 아니라 건강과 밀접하게 연결되어 여러 정보와 시험을 거쳐서 이루어지는 신체기술로 유통되는 것이다.

세분화된 신체기술

미백이란 사전에서 '살갗을 아름답고 희게 하는 미용술'로 정의된다. 나는 인터뷰에서도 참가자들에게 미백의 정의나 영역을 미리 제한하여 질문하지 않았고, 참가자들도 기본적으로 미백이 문자 그대로 피부를 아름답고 희게 만드는 것이라는 데 공통적인 이해를 둔 채 각자의 정의와 의견을 공유했다. 인터뷰에서 만난 이들 중 화장품 마케터만이 대화의 도입부에서 "미백은 스킨케어고 톤업은 메이크업"(화장품 A)이라고 용어를 규정하고자 했다. 그는 업계와 법제도의 용어를 따라 미백을 스킨케어, 즉 기초적인 피부 관리 영역으로 국한했다. 그러나 비전문가들이 일상적으로 공유하는 넓은 의미의 차원에서 보면 미백은 톤업을 포함하는 더 큰 의미로 통용된다. 즉 미백은 흰색이 지닌 양면적 속성에 따라 두 가지 차원에서 인식된다. 흰색은 색의 한 종류이면서도 색의 부재이기도 하다(Dyer, 1997/2020). 따라서 미백이 피부 톤을 더 희게 만드는 것이라고 할 때, 미백을 한다는 것은 피부색에 흼을 부여한다는 차원(메이크업)과 피부로부터 무언가를 지워 낸다는 차원(스킨케어)으로 나뉜다. 이러한 두 가지 차원의 공존 때문에 비전문가는 물론 전문가 집단에서도 미백이라는 말을 스킨케어의 차원과 메이크업을 통한 톤업의 차원을 넘나들며 혼용하고 있었다.

미백에서 '백白'과 관련해서는 서술한 바와 같이 흰색이 지닌 기본적 속성 및 화장품의 분류법에 의거해서 두 가지 차원으로 나뉘는 한편, 미백의 '미美'를 구성하는 것을 들여다보면 훨씬 세분화된 영역이 존재하는 것을 발견할 수 있다. 아래 나열한 것은 미백 제품, 광고, 인터뷰 응답 등에서 미백 피부를 묘사 및 비유하는 다양한 단어다.

> 가꾸어진, 광채, 깨끗한, 도자기, 맑은, 매끈한, 모찌, 물 찬, 밝은, 백옥, 복숭아, 브라이트닝, 뽀샤시, 뽀얀, 살색, 생기, 속광, 수분, 아기, 아이보리, 얇은, 유리, 잡티 없는, 조명, 착한, 촉촉, 쿨톤, 투명, 형광등, 화사, 화이트닝, 21호……

이러한 단어들을 종합적으로 볼 때, 미백이 피부의 색조를 희게 만드는 기술에 그치지 않음은 분명해 보인다. 피부의 색조 외에도 밝기, 깨끗함, 질감, 투명도, 수분감, 탄력 등을 묘사하는 단어들을 볼 수 있다. 따라서 희다는 것은 미백의 핵심적이지만 부분적인 속성이고, 미백 전체를 설명해 주지는 않는다. 미백을 규정하는 조건에는 무수한 요소들이 따라붙는다. 이는 백인의 피부가 지닌 흠에 대한 인식에서도 드러난다.

> [백인은] 하얀데 좀 건조해 보이고, 주름이 쉽게 잘 생기고, 주근깨가 금방 생기고. (가연, 27세, 주부)

그 사람들은 하얀 게 정말 하얀 거긴 한데 창백해 보인다? 그 사람들이 태닝을 많이 하고 그러는 이유를 좀 알 것 같은…… (미영, 41세, 회사원)

국내에서 피부색에 대한 담론은 피부의 속성을 세분화하는 방향으로 진화해 왔다. 가장 먼저 세분화가 이루어진 것은 색조에 관한 것이었다. 이는 국내 최대 화장품 기업 아모레퍼시픽의 전신인 태평양의 사업 일환으로 시작한다. 1970년에 국내 최초로 신문에 실렸던 원색 컬러 광고인 '하이톤 메이크업'은 일반 여성이 자연스러운 색조 화장을 할 수 있도록 화장법을 제공하는 신호탄이었다. 1950년대까지의 화장이 일반적으로 하얀 분화장 위주였고 1960년대부터는 컬러 영화의 영향으로 번들거리는 얼굴 화장과 일명 '쥐 잡아먹은 입술'이 일부 직업 여성을 중심으로 나타났다면, 1970년대에는 한국 여성의 얼굴에 잘 맞는 화장 유형을 개발할 필요성이 제기된 것이다.

이러한 맥락에서 1971년부터 메이크업 캠페인이 시작되었다. "오, 마이 러브Oh, my love"라는 이름으로 진행된 이 캠페인은 한국 여성이 따라 할 수 있는 화장 패턴을 제공했다. "이러한 칼라 크리에이션은 무채색만을 알던 당시 우리나라 여성에게는 그동안의 화장 개념을 완전히 뒤집는"(태평양50년사편찬위원회, 1995: 471) 계기였다. 흑백 미디어가 보편적이던 시기에 대중적으로 매개되던 피부의 아름다움이란 흑백의 스펙트럼 안에서 백에 가까운 쪽이었을 테지만, 컬러 인쇄가 도입되면서 얼굴 표현의 요소로 명도뿐만 아니라 색조가 도입된 것이라고 해석해 볼 수 있다. 이후 1980년 컬러 TV 방송이 시작되면서 1981년 메이크업 캠페인은 여성의 피부를 4개의 피부 톤으로 구분하고 각 톤에 맞는 이상적 색상군을 분류하는 '화니핀 브랜드'를 개발했다. 이는 최근 유행하는 퍼스널 컬러의 도입의 초기적 형태라고 할 수 있다. 사람들이 자신의 피부 톤이 어떤 유형에 속하는지를 구체적으로 알고 싶어 하는 욕망은 이 시기에 태동한 것으로 보인다.

1970~1980년대에 꾸준히 이루어진 메이크업 캠페인은 피부에 색조의 즐거움을 도입함으로써, 그동안 하얀 분으로 덮던 베이스 메이크업 관습을 "투명한 피부화장," "밝고 옅은 화장"(태평양50년사편찬위원회, 1995: 473)으로 바꾸어 놓았다. 이에 피부를 대하는 인식도 함께 바뀌었다. 자연스러운 피부를 살리는 밝고 옅은 화장을 위해서는 피부 자체에 대한 관리가 필요해졌기 때문이다. 그리하여 1987년은 메이크업에 '스킨케어' 개념이 도입된 해다. 그리고 1980년대 후반은 "피부의 아름다움을 갈색계의 태닝된 피부에서 찾고자 했던 1970년대의 여름[75]과는 달리 일상의 생활 자외선으로부터도 피부를 보호하고자 하는 UV 화장품이 기초 제품에서 메이크업 제품까지 붐을 이룬 시기"(p.479)이기도 하다. 미백이 한국 역사 속에서 늘 미인의 기준으로 작동해 왔다고 하더라도 시대마다 그 구체적 형질은 달랐을 것인데, 이전 시기의 흰 분화장과 달리 피부를 희고 건강하며 투명하게 유지하려는 신체기술로서의 미백은 바로 색조에 대한 개념이 발달하던 1980년대 후반부터 자라났다고 볼 수 있다.

75 이 또한 메이크업 캠페인의 일환으로 형성된 1970년대의 화장 트렌드였다. 1973년 메이크업 캠페인은 '바캉스'라는 단어를 통해 판촉을 진행했다. 태닝한 서구인의 모습을 매력적으로 다룸으로써 여름에 레저를 즐기며 태닝하는 문화를 동경할 만한 것으로 만든 것이다. 이를 통해 '선탠 화장'이라고 불리는 브론즈 화장을 내세우기도 했다.

이처럼 피부에서 색조의 영역을 발굴하고 피부 톤에 맞춰 세분화하는 기술은 최근에는 더욱 전문화되어서, 베이스 메이크업의 가장 기본적인 지식으로 자리매김했다. 예를 들어 "메이크업의 기초"(김광원 · 김민규, 2015: 144)에 대한 설명은 이런 식이다.

> 동양 사람들의 피부색은 옐로 베이스 존과 블루 베이스 존으로 크게 나눌 수 있습니다. 옐로 베이스는 검거나 노란 기가 많은 사람들입니다. 반면 블루는 희고 붉은 사람이죠. 이를 바탕으로 메이크업에 들어갑니다. 옐로가 베이스인 경우 오렌지나 브라운 계열로 메이크업을 합니다. 헤어 컬러도 브라운과 오렌지 컬러가 어울립니다. 블루 베이스는 핑크나 퍼플, 라이트 블루 계열의 메이크업이나 패션이 맞습니다. 헤어 컬러도 다크 블루가 제 색깔이구요. 예를 들어 얼굴이 하얀 사람이 노랗게 염색하면 아파 보이죠.

미백이 세분화된 신체기술이 되는 양상은 미백의 피부를 규정하는 방식이 명백히 가시적이거나 측정 가능한 형태로부터 점차 멀어지는 차원과도 연결된다. 오늘날의 미백은 단순히 피부색이 하얗게 옅어지는 것을 의미하지 않는다. 피부와 뷰티 영역에 대해 사람들의 지식이 증가하면서 흑백 변신 이미지가 보여 준 것과 같은 극적인 미백의 효과는 가능하다고 믿어지지도 않거니와, 피부의 다른 이상적 요소들을 놓친다. 미백이 건강과 관련한 신체기술이 되고 기능성 제품으로 인식됨에 따라 색의 속성보다는 빛의 속성이 더 강조된다.

> 과거에는 미백을 '화이트닝'의 개념으로 생각하였다면, 요즘에는 '브라이트닝'의 개념으로 생각하는 것 같습니다. 단순히 하얗게 만드는 것이 아니

라 피부결을 밝혀 주고 환하게 빛나 보이도록 도와주는 역할인 거죠. 그래서 요즘엔 미백이란 말보다 광채, 속광 등의 용어로 대체되는 것 같습니다. (화장품 B)

미백 이미지 배치에서 서술한 바와 같이 미백의 피부는 '백색 광채'를 지녀야 한다. 그리고 이 백색 광채가 성립되기 위해서는 그 광채를 가로막는 흠집이 있어서는 안 된다. 즉 잡티 없이 깨끗한 피부가 미백의 조건으로 추가된다.

미백에 대해서 옛날에는 하얗다는 게 중심이었다면 최근의 미백은 잡티 없이 깨끗하고 맑은 피부에 조금 더 초점이 가는 것 같아요. 미백 위주의 키워드로 나온 제품이나 트렌드를 보면 '정말 너의 피부 톤이 한층 밝아질 거야'라는 거보다 잡티 없이 깨끗하면서 '너의 피부 본연의 색을 살려 주겠다'라는 키워드가 많거든요. 예전에는 뭔가 '미백하면 밝아져' 이런 거였다면, 최근에는 '너의 피부지만 깨끗하고 네가 정말 아름답게 보일 수 있는 미백 피부야'라는 느낌으로 나와요. (뷰티 유튜버)

미백이 동원하는 요소가 증가함에 따라 미백의 신체기술적 배치에 연루되는 사물과 기술도 많아진다. 앞서 살펴본 미디어 제작 환경은 매우 기술적인 전문 영역으로서 하나의 복잡계를 이루고 있었다면, 점차 일상 영역에서도 미백의 기계적 배치를 구성하는 요소들이 증가하고 있다. 일례로, 아래 인용한 전문가들의 말처럼 화장품의 영역은 점점 세부적인 영역으로 쪼개지고 있고, 화장은 '기초에 공을 들이는' 방식으로 다단계화되어 가고 있다. 이는 미백이 섬세한 지식과 노동을 요하는 신체기술이 되어 가고 있다는 것을 보여 준다.

> 진짜 엄청 쪼개져 있어요. 속수분, 겉수분, 자고 일어난 수분, 히알루론산을 저분자로 쪼갠 수분…… 엄청 많아요.[76] (화장품 A)

> 화장하기 전에 얼굴에 묻은 먼지를 먼저 스킨으로 닦아낸 다음 선크림, 로션을 발라 피부에 충분히 흡수시킨 다음 그 위에 수분크림을 얹히죠. 그제서야 파운데이션을 올리는데 상황에 따라 프라이머를 바른다거나 다른 여러 가지 베이스 제품을 사용하기도 해요. 또한 그 사람의 피부결에 따라 다 다른 제품을 사용하구요. (메이크업 B)

이로써 미백은 누구나 조금씩은 하고 있는 뷰티 실천이면서도 한편으로는 아무나 제대로는 하지 못하는 것이 되고 있다. 인터뷰 참가자 중 내 눈으로 보기에는 희고 깨끗한 피부를 가진 이들도 자신의 피부를 미백의 피부에 부합하는 형태로 인정하지 않았다. 미백은 주기적으로 관리를 받거나 전문가의 손길을 거칠 수 있는 연예인들이나 성취할 수 있는 것이라는 의견이 대다수였다. 이처럼 세분화를 거친 미백

76 이 내용은 인터뷰 참가자가 화장품 시장에서 미백보다 수분이 더 큰 영역이 되고 있다는 취지에서 한 말이다. 그러나 이 참가자는 화장품 산업 종사자로서 미백을 화장품법상 '미백 기능성'이라고 인정되는 제품에 한정하여 이야기했고, 이 책이 대상으로 삼는 미백은 대중이 생각하는 폭넓은 의미에서의 미백이기에 수분 또한 미백 피부를 구성하는 한 차원으로 간주하고 이 지점에서 인용하였다.

은 고급화의 신체기술이 된다.

고급화의 신체기술

효진(43세, 주부) 있어 보인다고 느껴요.

지연(44세, 회사원) 좀 부유한 느낌?

효진 네네.

지연 옛날로 치면 마님은 하얗고 일하는 사람은 까맣고.

윤정(46세, 주부) 부티.

희수(44세, 주부) 네, 부티.

윤정 일단 우리는 하얀 피부가, 딱 보면 부티 나는 느낌…… 좀 검고 이러면 안 그런 느낌.

인터뷰에 참가한 많은 사람들이 미백, 또는 흰 피부와 관련해 가장 먼저 떠오르는 것에 대해 부유함을 언급했다. 이는 분명 미백이 계급적 욕망과 관련해 인식된다는 것을 보여 준다. 피부색 담론에서 계급 상승의 욕망은 상당히 보편적으로 발견된다. 많은 국가에서 피부가 희다는 것은 햇빛에 노출되는 시간이 적다는 것으로, 바깥에서 노동을 하지 않는 부유층에게 해당하는 것으로 이해되어 왔다. 서구 문화에서도 태닝 피부가 사회경제적 여유로움의 지표가 되기 이전까지는 상류층은 더 밝은 피부로, 노동자 계층은 어두운 피부로 재현하는 관습을 통해 피부색과 계급의 관계에 대한 관념을 꾸준히 재생산해 왔다(Dyer, 1997/2020; Foster, 2012). 한국 또한 역사적으로 장시간 바깥에서 노동하는 계층과 그 노동의 수혜를 받으며 실내에서 시간을 보내는 계층 사이에 피부색 차이가 있었을 것이 분명하고, 따라서 희고 고운 살결은 부의 지표로 여겨져 왔다. 더불어 계급과 공간의 문제가 교차하는 지점에서 피부색은 도시/시골, 또는 도시/지방의 위계로서 해독되기도 한다. 박완서 작가의 소설 《그 여자네 집》(1998)에서는 "곱단이는 시골 아이답지 않게 살갗이 희고, 맑은 눈에 속눈썹이 길었다"라는 묘사가 나온다. 이런 도시/시골의 피부색 이분법은 많은 사람들이 흔히 갖고 있는 이미지다.

> 첫인상은 그런 것 같아요. 제가 지방에서 올라왔는데 처음에 딱 보고 누가 하얗잖아요, 그러면 그냥 저 사람 보고 '서울 사람인가 보다' 그런 생각하고. 지방에 있을 때 주변에 친구들이 하얀 애들이 없었어요. 너무 지방도 아니고 거기서도 시, OO시인데, 하얀 애들이 없었어요. 애들이 밭일하고 그런 건 아닌데. (지훈, 27세, 취업준비생)

이처럼 오늘날 한국 사회에서 미백의 피부는 '부티'를 드러내거나 도시성의 지표처럼 곧잘 상상되는데, 그 배경으로 소비자본주의를 고려할 필요가 있다. 서구 백인에게는 태닝된 피부가 소비 능력과 연결되는 것과[77] 달리, 한국 사회에서는 미백 피부가 소비 능력을 증명한다. 여러 인터뷰 참가자들이 미백 피부를 지닌 사람에 대해 '있어 보인다'

77 백인의 태닝이란 건강한 라이프 스타일을 유지할 수 있거나, 태양빛이 강한 곳에서 휴양을 즐길 수 있거나, 인공적으로 태닝을 받을 수 있는 능력 및 여유 등을 암시한다.

라고 표현했다. 이때 '있어 보인다'는 것은 노동을 하지 않는 사람이라는 전통적인 계급 차원보다 소비를 통해 이루어지는 미백의 신체기술적 역량 차원과 더 긴밀하게 연결된다. 뷰티 산업이 발달한 오늘날 한국 사회에서 미백 피부는 자신의 피부 뷰티에 어느 정도 비용과 노력을 투자할 수 있는가와 연결되기 때문이다.

비용과 노력이라는 차원에서 미백은 한국에서 뷰티를 논할 때 그 맥락적 특수성으로 동원되는 신자유주의의 차원에서도 설명 가능하다. 외모를 가꾼다는 것은 신자유주의적 통치성의 차원에서 자기 계발을 위한 소비로 의미화되곤 한다(Holiday & Elfving-Hwang, 2012; 태희원, 2012; Lee, 2018; Jang et al., 2019). 특히 이는 한국의 여성뿐만 아니라 남성의 뷰티를 설명하는 주요한 맥락이다. 이처럼 성별을 불문하고 자기에게 투자한 만큼 사회 및 시장으로부터 더 나은 성과를 얻을 수 있을 것이라는 신자유주의적 통치 담론이 미백 배치 내에서도 작동한다. 미백의 피부를 가진 사람은 앞에서 살펴본 바와 같은 미백에 대한 세분화된 지식과 정보를 갖기 위해 노력하고 자신에게 시간이든 돈이든 특정 비용을 투자함으로써 자신을 '있어 보이는' 위치로 만드는 사람이다.

그런데 이러한 자기 통치적인 합리성의 차원 외에, 개인은 소비를 동반하는 경험 자체에서 미백의 비합리적인 욕망 내지 만족감을 느끼기도 한다. 피부 클리닉이나 에스테틱 숍마다 제공하는 다양한 미백 관리 프로그램의 가격은 천차만별이며, 그 수요자의 경제력이나 효용감도 다양하기에 비용의 높고 낮음을 판정할 수는 없다. 그러나 소비자본주의는 '비용을 지불한다'는 행위 자체와 연결된 자기효능감 및 신뢰감을 만들어 낸다.

제가 잘 모르고 그러다가 어느 날 '아 그래 나도 이제 나이를 먹었으니까 좋은 걸 써 보자' 이러고 설화수를 쓰기 시작했어요. …… 사실 설화수가 좀 비싼 라인이잖아요. 그러니까 '비싸니까 좋겠지, 그래, 이왕이면 좀 좋은 거 바르면 노화가 그래도 1프로라도 늦어지지 않을까'라는 마음으로…… (윤정, 46세, 주부)

비싼 게 좋아요. 비싼 건 이유가 있거든요. (수영, 29세, 회사원)

합리적인 자기 통치 전략으로서만이 아니라, 자신의 피부를 위해 적지 않은 비용을 지불하려는 태도와 그 소비 과정 자체에서 자신의 신체를 고급화한다는 감각이 있기에 미백은 욕망되고 실천된다. 대부분의 미백 미용 시술은 1회성이 아니라 5회, 10회와 같은 식으로 패키지화되어 있어, 고객들은 한 번에 고액을 지불하고 '일련의 과정'으로서의 미백을 구매하게 된다. 내가 방문했던 피부과의원의 경우 미백 관리가 포함된 여러 패키지가 있었다. 거기서 가장 저렴한 것은 각질, 기미 제거와 미백, 비타민 투여 등을 통해 "지우개로 지운 듯한" 피부를 만들어 준다는 프로그램으로 10회에 35만 원이었고 IPL(Intense Pulsed Light)[78]과 토닝,[79] 미백 관리로 "피부 완성"을 목표로 하는 패키지는 8회에 85만 원이었다. "물광힐러," "미백힐러" 등 고비용의 주사를 동반하는 시술만이 1회(39만 원)를 기준으로 책정되었다. 물론 한 패키

78 피부에 광선을 조사하여 피부 색소 질환을 치료 및 개선해 주는 방법을 뜻한다.

79 레이저 등을 이용해서 피부 톤을 정돈하는 것을 뜻한다.

지를 끝냈다고 그 효과가 즉각적이거나 영구적인 것이 아니기 때문에 소비의 한도는 정해져 있지 않다. 결국 미백은 '더 많이 지불할수록 더 많이 얻을 수 있다'는 소비자본주의의 기제를 통해서 고급화의 신체기술로 작동한다.

한편 고급화의 신체기술은 비용을 지불하는 것 외의 차원을 통해서도 이루어진다. 피부과의원은 다른 진료 과목의 병원에 비해 사용하는 장비나 약품명 등을 병원 내 공간이나 웹사이트에 전시하는 경우가 많다. "더마블레이트," "COSJET TR," "CO2 레이저," "리쥬란," "아그네스 레저," "클라리티" "젠틀맥스 프로 레이저," "PiQo4," "제네시스" 등 비전문가에게는 이름만으로는 용도를 전혀 짐작할 수 없는 언어들을 피부과의 온오프라인 공간에서 발견할 수 있다. 전시된 장비명은 1년에도 몇 번씩 업데이트된다. 이런 낯선 외국어로 된 각종 명칭들은 보는 이로 하여금 시술 및 관리를 받으면서 신체가 얻을 잠재적인 효용을 느끼게 만든다. 비싼 최신식의 장비일 것이라는 짐작, 용어의 비일상성, 그 비일상적인 것이 지극히 일상적인 나의 신체와 접속할 것이라는 낯섦, 두려움, 설렘, 이런 것들이 피부과에서 미백 관리를 받는 경험을 '있어 보이는' 것으로 만든다.

실제 시술 및 관리에서도 하나의 단계만 거치지 않으며, 여러 단계에 걸쳐서 여러 장비와 제품이 얼굴에 연결되는 것을 경험할 수 있다. 내 경험을 예로 들자면, 첫 번째 방에서 세안 도구를 이용하고, '시술'이 이루어지는 두 번째 방에서는 눈가리개를 쓴 후 두 가지 장비를 경험한다. 눈을 가리고 있기 때문에 어떻게 생긴 장비가 어떤 식으로 피부와 접촉하는지 확인할 수 없지만 소리나 열을 통해 서로 다른 두 개의 레이저 장비가 사용되는 것을 알 수 있다. 이후 피부의 자극과 열감을 완화하기 위해 냉찜질 효과의 도구가 사용된다. 세 번째 방에서는 '관리'가 이루어지는데, 압출기, 거즈, 주삿바늘, 토너, 화장솜, 스크러버, 고무 마스크, 정확한 종류를 알 수 없는 몇 가지 젤 형의 화장품이 얼굴을 거쳐 간다. 그중 한 단계에서는 손에 작은 스틱을 쥐고 있으면 그것을 잡고 있는 동안 또 다른 스틱이 무언가가 발린 얼굴 표면을 천천히 훑는 작업이 이루어진다.[80] 그야말로 장비와 신체가 하나의 유기체로 체험되는 경험이다. 1~2시간에 걸친 일련의 과정 후에 마주하는 내 피부는 자연적이고 유기적인 방식으로 통합되어 있는 신체의 일부가 아니다. 딱딱하거나 고통을 동반한 촉감의 장비들이 지나갔고 낯선 물질이 스며들어 있는 비일상적 신체로 변용된 상태다. 이와 같이, 피부과 시술을 통한 미백이 고급화의 신체기술로 여겨지는 것은 피부와 낯선 요소 간의 다단계에 걸친 접속을 하는 비일상적 경험이기 때문이다.

물론 미백의 방식은 이와 같이 고비용을 요하는 시술뿐만 아니라 오이 마사지를 하거나 태양을 피하는 것과 같이 일상적인 실천을 통해서도 이루어진다. 그러나 피부과 시술과 같은 에스테틱 산업을 통해 미백을 구매할 수 있다는 사실이 사람들의 인식 속에 깊숙이 자리매김한 현실에서,[81] 미백은 실제 어느 정도의 비용과 노력이 투자되었는가와 관련 없이 그러한 소비 영역에 관여할 수 있는 역량을 가시화하는 방식이다. 즉 '있어 보이게' 만드는 신체기술이다.

80 몸의 전류를 이용해 피부에 비타민 C를 침투시키는 과정이다.

81 면접 참가자 중 피부과나 피부 관리 숍을 언급하지 않은 사람은 없었다.

이러한 고급화는 뷰티 산업 자체의 소비자본주의화 및 고급화와 맞물려 있는 부분이 있다. '뷰티'라는 외래어는 가장 많이 사용되는 번역어인 '미용'과는 사실 다른 영토를 형성하고 있다. 한국 미용의 역사는 곧 외모 치장 일반의 역사이지만 한국 뷰티의 역사는 1960년대나 들어서야 시작한다. 1960년 "월간지 〈스타일〉사에서는 여성들의 복장 문화 향상을 시도하여 … 〈뷰티 쑈〉를 열리라 한다"(《동아일보》, 1960. 1. 7)고 서술된 기사는 '뷰티'라는 것이 소비주의적이고 미디어 매개적이면서도 '있어 보임'의 맥락에서 도입된 단어임을 짐작케 한다. 이후 뷰티는 1980년대 후반에 들어서 '뷰티 센터,' '뷰티 아카데미,' '뷰티 가이드' 등의 용어를 통해 그 사용이 보편화되었다. 특히 세분화된 메이크업과 에스테틱 서비스를 제공할 수 있는 전문 기능인 양성을 목표로 하는 '뷰티 아카데미'의 등장은 뷰티 개념이 '홈 케어' 위주의 재래식 미용이나 머리 미용 개념과 다른 차원을 개척했다는 것을 보여 준다(태평양50년사편찬위원회, 1995). 그리고 1990년대 중반부터 '뷰티 산업'이라는 용어로 일군의 영역을 비공식적으로 지칭하다가 한국보건산업진흥원(2007)에서 정의를 공식화하고 "뷰티(미용)산업 발전전략"을 수립하면서 뷰티는 비교적 폭넓은 개념으로서 정립되었다.

유사한 맥락에서, 미백 화장품 광고에서 미백이라는 단어 대신 '화이트닝'이라는 외래어가 본격적으로 사용되기 시작한 것은 1980년대 중후반으로 보인다. 일례로, 1980년대의 한 미백 기능성 제품은 '라피네 세라미 화이트닝'이라는 다소 긴 외국어 제품명을 달고 있으면서 광고 문구에서 제품명을 여러 번 반복한다. 그리고 "리포좀의 생명력/비타민 C 유도체의 화이트닝"과 같은 용어 및 표현을 별도의 설명 없이 사용한다. 이러한 경향성은 점차 강화되어 오늘날 다음과 같은 작명 방식에 이른다. "랑콤 블랑 엑스퍼트 GN-화이트 에이지 파이트 TM 스팟&라인 이레이저," "에스티 로더 사이버 화이트 EX 어드밴스드 퍼포먼스 브라이트닝 에센스," "시세이도 화이트 루센트 인텐시브 스팟 타겟팅 세럼" ……

이처럼 미백 배치는 미백의 욕망과 자본을 재배치하여 소비주의적으로 코드화된 '뷰티'로서의 미백을 형성한다. 재래식 미용과 차별화하는 뷰티 산업이 발전한 환경 속에서, 많은 사람들에게 미백은 비용이 들고 여러 기술이 개입하는 외모 가꾸기의 방식이면서, 무엇보다 그러한 사실을 가시적으로 전시할 수 있는 방식이다. 이로써 미백은 개인을 있어 보이는 위치에 기입해 넣는 고급화의 신체기술로서 욕망되고 실천된다.

3. 미백 인터페이스

지금까지 살펴본 신체기술적 배치는 실제 인간의 피부와 미백의 피부 또는 미백 이미지 사이에 얼마나 많은 사물의 연결망이 작동하는지를 보여 준다. 이 미백 사물의 연결망은 곧 신체와 신체, 더 정확히는 신체와 타인의 시선 사이에 위치한 인터페이스라고 할 수 있다. 인터페이스가 어떤 개체와 개체 사이에서 상호 간의 소통을 위해 만들어진 물리적 매개체나 프로토콜이라고 할 때, 얼굴은 개인과 개인, 때로는 개인과 다중 사이의 소통을 매개하는 사이의 공간inter-face이다. 그 공간에서 구현되는 미백 또한 상황이나 조건에 따라 특정하게 코드화되어 의미를 매개하는 인터페이스다. 그리고 그 매개 과정에 개입하는 여러 사물의 연결망 또한 인터페이스를 구성한다.

그런데 “최고의 인터페이스는 인터페이스가 없는 것이다The Best Interface is No Interface”(Krishna, 2015)라는 어느 책 제목처럼, 인터페이스는 스스로의 존재감을 지움으로써 잘 작동하게 마련이다. 미백 인터페이스 또한 마찬가지다. 미백을 위해 동원되는 수많은 도구와 기술이 있음에도 불구하고 동시에 다른 한편으로 미백은 고도의 기술적 작업이나 인위적인 실천으로 여겨지지 않고 우리 일상 속에 안착해 있다. 실제 피부와 미백 이미지 사이에 있는 많은 기술적 단계가 블랙박스화되고, 더 나아가서는 신체와 기술 사이의 인터페이스가 마치 사라진 것처럼 여겨진다. 신체와 기술 사이의 경계가 사라진 신체기술로서의 미백은 “투명한 문턱transparent threshold”(Galloway, 2012: 25), 즉 보이지 않는 인터페이스로 기능한다. 이러한 신체기술적 배치로서의 미백의 특성에 대해 이 책에서는 ‘미백 인터페이스’라고 부르기로 한다.

우선 앞에서 살펴본 카메라 필터 애플리케이션은 가장 명백히 인터페이스의 기능을 한다. 한국인의 피부 미학이 카메라 필터 애플리케이션과 소셜 미디어 미학에 빚지고 있다는 점은 거듭 확인해 왔다. 인터뷰 참가자 중 가장 나이가 많은 한 명을 제외하고는 모두 휴대폰의 일반 카메라가 아니라 필터 애플리케이션을 기본 카메라로 사용한다고 말했다. 인터뷰 내용이 증명해 주지 않더라도, 스노우, 소다, B612, 캔디카메라 등이 애플리케이션 마켓에서 다운로드 수가 얼마나 높은지가 그 보편적 인기를 증명한다. 스타들이 어떤 옷과 화장품을 사용하는지를 다루던 패션 잡지에서 스타가 어떤 애플리케이션을 사용하는가에 대한 기사를 낼 정도로(황혜영, 2017. 11. 8) 카메라 애플리케이션은 일상적 뷰티 도구로 활용되고 있다.

소셜 미디어에 공유하는 사진, 메신저상의 프로필 사진 등 온라인 공간에서 사회적으로 자신의 모습을 드러내야 할 때 카메라 필터라는 인터페이스는 거의 필수 통과 지점이 되었다. 반드시 카메라 필터 애플리케이션을 이용해 찍은 사진이 아니더라도 사진을 게시하는 기능을 가진 소셜 미디어는 자체적으로 필터 기능을 제공한다. 더 나아가 정도의 차이는 있지만, V앱이나 인스타그램 라이브 방송, 카카오톡에서 제공하는 페이스톡, 화상회의 프로그램 줌Zoom 등 실시간 영상 통신에서도 필터를 사용하여 피부에 대한 보정이 가능하다. 이와 같이 기술적 차원에서 형성된 미백 인터페이스는 여러 커뮤니케이션 영역에서 보편화되었다. 적어도 표현 미디어 속에서 필터를 거치지 않은 피부가 전시되는 일은 흔치 않은 일이 된 것으로 보인다. 점차 오프라인보다 온라인에서의 대면 상황이 많아져 가는 사회적 조건의 변화 속에서 카메라 필터라는 미백 인터페이스의 사용은 더 자연스러워질 것이다.

디지털 사진의 보편화 과정 초기에는 사진에 보정 효과를 주기 위해 카메라의 설정값을 조정해야 한다든지, 포토샵에서 특정한 기능을 특정 값만큼 사용해야 한다든지와 같은 지식이 필요했다. '뽀샤시 효과를 내려면 포토샵에서 투명도 값을 70%를 주어야 한다'와 같이 무엇을 특정한 값만큼 조정하는 작업을 사람들이 직접 고민하고 수행해야 했다. 그러나 카메라 애플리케이션은 이미 설정된 다양한 필터 값을 제공함으로써 미백 보정을 그저 손가락 하나로 터치하는 작업으로 단축시킨다.[82] 미백 이미지에 도달하기까지의 기술적 단계들을 이용자

82 많은 애플리케이션이 개인이 직접 섬세하게 조정 및 설정할 수 있는 기능을 제공하긴 하지만 애플리케이션의 기본적인 인

에게 비가시화하는 것이다.

카메라 애플리케이션이 구성하는 미백 인터페이스가 물리적 기기를 통하는 과정을 동반할 수밖에 없다면, 피부에 바르는 화장품은 사용자의 의식 속에서 인터페이스로서의 속성이 더욱 간과되어 있다. 미백 인터페이스의 투명성을 그야말로 일상적 차원에서 잘 표현하는 단어가 '착붙'이다. '착붙'이란 피부에 착 붙은 것 같다는 표현으로 주로 자신의 피부에 잘 맞는 화장품, 특히 베이스 메이크업 제품이 지닌 밀착력과 지속력 등의 성격을 두루 표현할 때 사용된다. "착붙파데," "깨끗하고 촉촉한 착붙 피부 완성," "톤그로 1도 없는 착붙 비결"[83] 등 '착붙'은 미디어와 제품 광고에서 사용되면서 뷰티의 규범성 및 이상을 표현하는 신조어로 사용되고 있다. '착붙'이 이루어진 결과물은 자연 상태는 아니지만 자연스러운 것이다. 화장의 효과가 나기는 하지만, 시각적으로나 촉각적으로는 화장품이 인위적으로 피부에 얹어져 있다는 느낌이 드는 것이 아니라 피부와 화장품이 하나가 되어 마치 새로운 형태의 피부를 생성한 것과 같은 효과다.

이때 피부에 붙은 것은 단순히 화장품의 성분만이 아니다. 피부에 화장품이 붙는 방식은 얼굴에 카메라 필터를 설정하는 방식과 동일시된다.

터페이스는 주어진 필터 내에서 고르도록 유도한다.

83 '톤그로'란 톤과 어그로가 합쳐진 표현으로 피부 톤과 맞지 않는 화장품 사용으로 화장품이 떠 있는 듯한 어색한 모습을 칭한다.

'필터가 해 주는 걸 실제로 얼굴에 하겠다' 이런 느낌인 거죠. (뷰티 유튜버)

예를 들어, 화장품 브랜드 '여우화장대'에서 나온 '스노우 필터 쿠션'은 "피부에 바르는 필터"라는 광고 문구를 달고 있다. 이때의 스노우는 흼을 연상시키는 '눈'과 스노우 카메라를 중의적으로 지칭하는 효과를 지니며, 이로써 이 제품은 카메라 필터가 하는 역할을 쿠션이 대체해 주겠다는 약속을 하고 있다. 셀카나 방송 영상 같은 디지털 미백 이미지는 실제 물리적인 인터페이스를 거쳐서 소통이 이루어지지만, 대면 소통의 상황에서는 화장, 더 정확히는 마치 필터를 씌운 듯한 화장이 실제 자연 피부와 타인의 시선 사이에서 인터페이스 역할을 해야 한다.

미백 인터페이스가 매개하는 의미는 앞에서 살펴본 바와 같이 아름다움, 건강함, 자기 관리의 역량, 전문성 등 미백이 체화한 다양한 의미로, 어떤 상황 및 대상과 접속하느냐에 따라 달라질 수 있다. 중요한 것은 미백 인터페이스가 공적 영역과 사적 영역에서 작동하는 방식이다. 인터뷰 참가자들 중에는 미백에 대해 관심은 있지만 자신이 특별히 무언가를 실천하고 있지는 않다고 생각하는 이들이 다수 있었다. 백옥주사나 레이저토닝과 같이 비용이 드는 시술을 해 보았거나 화장품을 구입할 때 의식적으로 미백 기능성을 찾는 이가 아니고서는 미백과 자신 사이에 강한 연결 고리를 만들지 않았다. 대부분의 사람들이 사용하는 선크림이나 BB크림은 '아무것도 안 바른 상태'나 마찬가지로 인식되었다.

아무것도 안 하고, 선크림이나 BB크림 정도? (혜지, 29세, 회사원)

한국인, 특히 여성에게 정말로 아무것도 바르지 않은 피부[84]는 철저히 사적 영역에서만 가능한 것이다. 예를 들어 집에 혼자 있거나 가족 및 아주 친밀한 관계의 사람들과 함께 있을 때만 허용된다. 집 근처로 짧은 외출을 하더라도 얼굴에는 적어도 선크림이나 BB크림 같은 인터페이스가 존재해야 한다. 정말로 아무것도 바르지 않은 피부가 오히려 사회적 인간으로서는 예외적인 상태이고, 따라서 창피나 수치의 감정을 일으키기도 한다. 적어도 선크림이나 BB크림을 바른 피부가 사회 활동을 위한 얼굴의 기본값이다. 피부의 잡티를 가릴 수 있는 최소한의 화장은 사적 영역 바깥과 안정적으로 접속할 수 있게 해 주는 신체의 보철prosthesis이자 피부 인터페이스로 기능한다. 화장을 통한 미백은 자신이 공적 공간에 그저 존재할 수 있는 역량부터 높은 자기효능감으로 교호 활동을 할 수 있는 역량까지 신체적인 역량을 증가시키는 신체기술이다.

> 가다가 유치원 엄마 누구 만나잖아요. 그럼 너무 창피해요. 마스크 하고 있는데도 여기 이렇게 잡티가 다 보이니까. (다희, 40세, 회사원)

> 저는 아무것도 안 꾸미고 슈퍼 가거나 이러면 좀 아는 사람 만날까 봐 부끄럽고. (미영, 41세, 회사원)

84 이 피부 또한 메이크업 제품을 사용하지 않았을 뿐 기초 스킨케어는 주기적으로 이루어진 피부일 것이므로 미백과 완전히 분리된 피부라고는 할 수 없다.

> 일단 피부가 맑고 투명하고 하얘지면 모든 사람의 시선이 집중되고, 시선이 집중되다 보면 내가 원하는 걸 얻을 수 있다는 자신감? (희수, 44세, 주부)

이러한 관점에서 볼 때, 스킨케어나 식이요법 등을 통해 본래 피부 자체의 미백을 구현하려는 일상적 실천이 이루어지고 고비용의 시술이 인기를 얻는 것은 신체가 지닌 잠재적 행위 능력 및 변용의 역량을 높이기 위한 욕망에 의한 것이라고 해석할 수 있다. 미백의 '생얼(민낯)'을 가졌다는 것은 화장품이나 필터 등 부가적인 인터페이스와의 접속 없이 항시적인 미백 인터페이스를 몸에 장착하고 있다는 의미이기 때문이다. 자신에게 주어진 최소한의 신체 인터페이스만으로 행위 능력을 발휘할 수 있다는 것은 자산이자 권력이다. 미백은 이러한 권력을 획득하려는 욕망에 기인한 실천 및 수행이다.

5장

동아시아 횡단적 미백 배치

미백이란 한국에서 자생적으로 생겨난 고유의 문화도, 한국에서만 유통되는 특별한 문화도 아니다. 미백은 동아시아 역내에서 국가적 경계를 넘으며 생성되고 유통되어 왔다. 앞서 한국의 미백 제품 광고의 대표적인 레토릭인 '흑백 변신 이미지'가 일본의 광고 전략에서부터 유입되어 온 것임을 보았고, 따라서 이 또한 동아시아 횡단적인 이미지라고 볼 수 있다. 이 장에서는 이처럼 아시아, 특히 대중문화의 교류를 통해 유사한 감수성을 형성해 온 동아시아에서 미학적이고 기술적인 횡단적 배치로서 형성되어 온 미백의 측면을 살펴본다.

동아시아 내에서도 서로 다른 메이크업의 경향성이 있고 미백의 구체적인 형태도 다르지만, 미백에 대한 욕망이 횡단할 수 있는 것은 대중문화의 교류를 통해 형성된 동아시아 횡단적 뷰티 배치를 통해서다. 이 배치는 시대에 따라 서로 다른 국가적 코드화와 탈코드화, 영토화와 탈영토화를 반복해 왔다. 한때는 중화권 스타의 아름다움이, 또 다른 시기에는 일본 트렌디 드라마 스타의 아름다움이 강력한 영향력을 발휘하던 동아시아 횡단적 뷰티 배치는 이제 K뷰티의 배치물로서의 성격을 드러내고 있다. 이러한 동아시아 횡단적 뷰티 흐름은 아시아 간 상호 참조적 문화사의 단면을 드러낸다. 이로부터 우리는 서구 중심적인 인종 논의가 내포한 직선적 권력 위계에서 이탈하는 사선적 권력을 발견할 수 있을까?

1. 동아시아의 미백 미학

빛의 망가 미학

드라마 〈어쩌다 발견한 하루〉(MBC, 2019)는 어느 날 자신이 만화책 속 세계에 살고 있다는 사실을 자각한 단오(김혜윤)가 겪는 모험과 로맨스를 다룬다. 여느 한국의 로맨스 드라마와 마찬가지로 이 드라마에서도 미백의 미학이 작동한다. 앞에서 스타를 만들기 위해 어떤 장비와 도구를 통해 어떤 빛과 색이 구현되는지를 보았으며, 그것은 곧 주인공을 만드는 빛과 색이었다. 주연 배우인 김혜윤은 드라마 속에서 잡티가 없는 밝고 빛나는 피부를 보여 준다.

그런데 이 드라마에서 미백 미학이 작동하는 추가적인 층위가 있다. 이 층위는 드라마 속에서 인물들이 모두 만화책 속 세상에 살고 있다는 설정 때문에 생겨난 것이다. 드라마가 설정한 세계관에 따르면 '자아가 생긴' 단오는 자신이 그동안 자연스럽게 받아들였던 세상이 하나의 '스테이지'임을 인식하고 그 스테이지에서 벌어지는 만화적 장치를 간파한다. 그 대표적인 만화적 장치가 바로 주인공을 비추는 빛이다. 만화책 속에서 단역을 맡은 단오와 달리 여주인공 역할인 주다(이나은)에게는 늘 특별한 빛이 따라다닌다. 밝은 스포트라이트가 주다의 얼굴에만 내리쬐거나 혹은 주다의 몸 자체가 발광하는 것처럼 묘사된다. 더불어 주다의 주변에는 마름모꼴의 빛을 형상화한 그림이 반짝이기도 한다. 이러한 시각 효과는 배우 김혜윤이 조명이나 후보정 작업을 통해 미백의 피부를 구현하는 방식과는 다른 양식의 미백 미학이다.

주다의 미백 이미지를 통해 미백 배치가 접속하는 것은 망가 미학이다. '망가'란 일본의 만화를 일본어로 일컫는 말이다. 일본 만화 및 애니메이션이 만들어 낸 특유의 그림체를 통해 망가 미학을 설명할 수 있다. 대표적으로 인물의 눈과 눈동자가 크고 몸은 매우 슬림하며 팔다리가 긴 형태로 그리는 방식이다. '소녀 만화(쇼조 망가),' 또는 '순정 만화'로 불리는 장르에서는 인물의 이러한 특징이 특별히 더 부각된다. 특히 이러한 장르에서는 빛을 표현하는 시각적 양식이 있다. 빛을 명시적으로 가시화하는 것이다. 등장인물의 눈에는 마치 별이 박힌 듯 묘사된다. 그리고 캐릭터의 아름다움은 그의 주변을 둘러싼 마름모꼴 모양의 빛을 통해서 표현된다. 애니메이션화되었을 때는 채도가 낮아지면서 인물이 은은한 빛 속에 있는 듯한 방식으로 나타나기도 한다. 이처럼 망가 미학은 빛의 존재를 드러내거나 빛을 배치하는 방식을 통해 인물이 지닌 속성을 시각적으로 과장되게 표현한다. 미백이 지닌 '광'의 속성을 명시적인 그림체로 표현하기 위해 빛을 사용하는 것이다.

동북아시아 국가에서 생산되는 만화는 대체로 일본 망가의 영향을 받아 그 특징을 공유한다는 점에서 망가 미학은 동북아시아 횡단적인, 또는 무국적인 미학이라고 할 수 있다. 특히 한국의 경우 2000년

애니메이션 쿼터제[85]가 제정되기 전까지는 90% 이상을 일본 만화 영화 수입과 방영에 의존했다(곽대원, 1998). 따라서 일본 만화 및 애니메이션이 지닌 망가 미학은 약 50여 년 동안 한국 대중문화 안에서 유통되어 왔던 익숙한 시각적 레토릭이다. 망가 미학이 의도적이고 노골적으로 드라마의 사실성 및 핍진성을 포기하고 있음에도 한국 미백 배치 내에 접속할 수 있는 것은 한국의 드라마 수용자들이 대개 망가 미학에 대한 문해력literacy을 갖고 있기 때문일 것이다. 가령 〈어쩌다 발견한 하루〉에서 주다가 등장할 때 꽃과 빛 모양의 컴퓨터 그래픽이 화면 가득 떠오르더라도 우리는 이것이 현실 세계에 대한 지표성을 상실했다며 낯설게 여기지 않는다. 《베르사유의 장미》와 같은 소녀 만화를 통해 오랜 기간에 걸쳐 한국 대중문화에 유입된 이미지 표현 문법이 우리에게 익숙하기 때문이다.

한편 망가 미학이 실제 인간 배우에게 구현되는 데는 미디어 문화의 횡단적 성격이 주요한 환경으로 작용한다. 바로 크로스미디어 스토리텔링 산업의 발전이다. 어떤 콘텐츠가 여러 미디어 플랫폼에 유통되며 미디어 장르적인 전환이 일어나는 것을 크로스미디어라고 한다. 2010년대 이후 웹툰 산업이 크게 성장하면서 웹툰이 영화나 드라마로 재매개되는 크로스미디어 현상은 매우 흔한 일이 되었다. 〈어쩌다 발견한 하루〉는 웹툰으로 연재된 〈어쩌다 발견한 7월〉(2018)을 원작으로 한다. 이외에도 〈내 아이디는 강남미인〉(JTBC, 2018), 〈김비서가 왜 그럴까?〉(tvN, 2018), 〈좋아하면 울리는〉(Netflex, 2019), 〈알고 있지만〉(JTBC,

85 TV에서 국내 제작 애니메이션을 일정 비율 이상 의무적으로 방영해야 한다는 법안이다.

2021) 등은 드라마화되기 이전에 만화 형식으로 먼저 존재했던 사례다.

웹툰을 원작으로 하는 드라마에 출연하는 배우들은 웹툰 속 인물을 모델로 하여 캐스팅된다. 이른바 '만찢남(만화를 찢고 나온 남자),' '만찢녀(만화를 찢고 나온 여자)'로 불리는, 만화 속 인물의 현실화 형태라고 할 수 있다. 더욱이 인물의 아름다움이 서사와 서사가 지닌 정서에서 주요한 역할을 하는 로맨스 장르의 경우에, 만화 속에서는 2차원적으로 추상화되어 잠재태로서 존재하던 인물의 아름다움이 드라마를 통해 현실화되는 과정은 중요하다. 단순히 원작의 팬을 만족시킬 만큼 '싱크로율'을 증명해 보여야 하기 때문이 아니라, 만화 및 망가 미학이 지닌 감수성의 층위를 드라마가 지닌 감수성의 층위로 번역해 내야 하는 과제가 있기 때문이다.

망가 미학, 특히 로맨스물의 망가 미학이 동반하는 특수한 문화적 감성이 존재한다. 흔히 '오글거림'으로 표현되기도 하는 이 속성은 만화 서사 속 과도한 우연의 장치와 인물의 대사 및 움직임 등에 의해 발생하며, 실사화 과정에서 번역의 어려움이 있는 부분이다. '만찢남·녀' 배우의 신체는 망가 미학을 통해 구현됨으로써 그 감성을 매개하는 징검다리 및 인터페이스 역할을 한다. 이는 로맨스 드라마의 주연 배우가 지닌 신체 역량과 겹쳐지기도 한다. 반짝이는 큰 눈, 팔등신을 넘어서는 신체 비율과 더불어 흠집 없는 매끈한 미백의 피부는 만화라는 배치물과 드라마라는 배치물을 무리 없이 연결 접속시키는 요소로 기능한다. 배우가 지닌 망가 미학적 신체 요소는 드라마 수용자들이 현실과 괴리된 만화적 감성을 수용할 수 있도록 하는 역량을 지닌다.

이와 같은 크로스미디어적인 현상은 동아시아 횡단적인 현상과 교차하며 그 횡단성을 강화한다. 한국의 만화 자체가 망가의 그림체 영

향 속에 있다는 차원에서도 물론 그러하지만, 더 나아가 망가가 한국의 드라마가 되기도 하기 때문이다. 대표적으로 〈꽃보다 남자花より男子〉는 일본 순정 만화에서 시작해 영화로 실사화된 후, 대만에서 드라마로 만들어졌고, 다시 일본에서 드라마로 제작된 후, 한국과 중국에서도 드라마화되기까지, 장르와 국가를 횡단하며 만들어져 왔다. 그리고 대만판 드라마가 한국에서 방영되며 팬덤을 형성하고, 한국의 드라마가 다른 아시아 국가들에 수출되어 인기를 얻는 등 아시아 역내의 횡단적 연결을 만들어 냈다. 특정 콘텐츠가 독점적으로 생산되어 수신-발신의 선분 안에 들어가는 것이 아니라, 다방향으로 연결되고 순환하는 교류 현상을 만들며 아시아 간 상호 참조적인 문화물의 지형을 형성한 것이다.

소셜 미디어 미학으로서의 미백

앞에서 디지털 사진 및 카메라 필터 애플리케이션의 발전과 그 발전이 방송 영상의 미학에도 영향을 미친 것을 보았듯, 미백은 소셜 미디어 미학과 상호의존적인 관계를 갖는다. 동아시아가 대중문화의 유통을 통해 공유해 온 유사한 문화적 감수성은 소셜 미디어 속 콘텐츠를 통해서도 나타난다. 이는 앞서 설명한 망가 미학과 무관하지 않으며, 망가 미학이 소셜 미디어의 이미지 필터 속에서 구현 및 변용된 형태라고 볼 수 있다. 동아시아 소셜 미디어에서 유통되는 망가 미학적인 코드 중 미백이 두드러지게 나타나는 두 가지 시각적 특성을 살펴보고자 한다.

첫 번째는 귀여움이다. 귀여움이라는 미학 또는 정동은 테디베어부터 헬로키티까지 영토와 문화의 경계를 넘나들며 발견되는 것이지만, 동북아시아의 귀여움은 특유의 의미를 지닌다고 평가된다(Abidin,

2016; Dale, 2016). 동북아시아의 귀여움과 관련하여 '귀여움 연구Cute Studies'라는 연구 분야까지 제안한 조슈아 폴 데일Joshua Paul Dale(2016)은 귀여움이 수동적인 유아주의가 아니라 행위 능력 및 역량으로 해석되어야 한다고 말한다. 귀여움은 귀여움의 주체와 객체 간의 권력 차를 불식시키고 경계를 허무는 행위 능력을 지닌다는 것이다. 귀여움의 역량과 관련하여 일찍이 일본의 '가와이이론かわいい論'이 제시되어 왔다(김경희, 2014). 귀엽다는 의미를 가진 '가와이이'는 대중문화 속 하나의 코드로 존재하며, 일본을 넘어 세계 소비 시장에서 역량을 발휘하고 있다. 일본은 '쿨 재팬Cool Japan'이라는 국가 브랜딩의 일환으로 가와이이 문화를 상품화하여 그 역량을 전략적으로 활용하기도 했다. 가와이이 미학이 지닌 주요한 미학적·정동적 속성은 일본의 망가에서 일본의 아이돌을 거쳐 한국의 아이돌 문화까지(Puzar, 2011; Abidin, 2016) 동북아시아 대중문화 속에서 변주되어 왔다.

소셜 미디어와 소셜 카메라 애플리케이션은 일본의 스티커 사진(프리쿠라プリクラ)과 뽀샤시 미학을 차용한 귀여움의 이미지를 생산한다. 한국의 카메라 애플리케이션인 스노우는 눈과 동공을 키우고 턱을 좁혀 실제보다 어려 보이는 얼굴 보정과 더불어 얼굴과 그 주변에 덧입힐 수 있는 귀여운 그림이 그려진 필터를 제공한다. 토끼나 고양이 등 작고 귀여운 동물의 신체 속성을 얼굴에 덧입히는 것이 가장 전형적인 방식이다. 이때 미백은 필수적으로 동반되는 효과다. 귀여움에는 어리고 연약한 시각적 코드가 필요하고, 흠결이나 주름이 없는 하얀 피부는 더러움이나 위험에 노출되지 않은 아기 피부의 순수함을 연상시키기 때문이다. 이로서 귀여움의 미학 배치와 접속한 미백은 일반적인 셀카에서 미백 보정 효과를 사용할 때와는 또 다른 코드에 연결된다. 미

백은 더 젊거나 어린 피부를 의미한다. 인터뷰 참가자들이 미백의 피부를 정의 내리거나 갖고 싶은 미백의 형태에 대해 표현할 때, "애기 신생아 피부"(혜지, 29세, 회사원), "원래 자신이 갖고 있던 스킨톤"(뷰티 유튜버), "더 귀여운 느낌"(쑤안, 20세, 대학생) 등을 언급한 것은 이러한 측면을 드러낸다.

반대로 어두운색의 피부는 어리고 연약한 것과는 거리를 두는 이미지 및 신체기술로 위치 지어진다. 인터뷰에서 만난 여성들에게 어두운 피부 또는 태닝한 피부에 대한 인상을 질문했을 때 십중팔구는 연예인 중 이효리, 제시, 효린을 언급하며 섹시하고 건강한 이미지를 가장 먼저 떠올렸다. 남성 또한 운동과 연결 지으며, 남성다운 몸, 근육질의 몸에 대해 이야기했다. 어두운 피부는 성숙한 무언가로 코드화되어 있기 때문에 그와의 대립항으로서의 미백은 상대적으로 어리고 연약하고 귀여운 것으로 코드화된다.

수진(23세, 대학생) 건강미? 그런 건 있는 것 같아요.

주아(26세, 대학생) 뭔가 튼튼해 보이고. 이효리?

저는 운동을 좀 하려고 하는데 뭔가 제 피부 색깔에서 근육질 남성의 몸이 더해진 게 잘 매치가 안 되는 거예요. 몸이 근육질인데 새하얀 피부는 본 적이 없는 것 같아서, '아 몸이 좋아지면 나중에 피부가 하얀 것보다는 조금 구릿빛인 게 보기 좋겠다' 그런 생각이 들더라구요. (현민, 23세, 대학생)

중국의 카메라 애플리케이션 '메이투Meitu'는 미백이 귀여움, 어림, 연약함의 이미지와 연결되어 어떠한 정동적 효과를 가져오는지를 보여 주는 예다. 소셜 미디어에서 '#MeituPoliticians'라는 해시태그를 단 사진들이 화제가 된 바 있다. 미국의 전 대통령 오바마와 트럼프를 비롯해 미국과 영국의 의원들, 푸틴, 김정일 등 각국 정치인의 얼굴에 메이투 필터를 적용한 사진들이다. 사진 속 정치인의 얼굴에는 가와이이, 망가, 뽀샤시, 미백 그 어떤 것으로든 불러도 좋을 미학적 효과가 덧씌워져 있다. 메이투가 구현한 귀여움의 미학은 이 사진 속 인물을 권력과 권위의 위치로부터 탈구시키는 방식으로 인물의 신체를 변용한다. 정치인들의 어리고 연약하며 순진한 존재감을 이끌어 냄으로써, 한편으로는 정치인의 권력을 무화하여 조롱하는 효과가 생기기도 하고 다른 한편으로는 정치인과의 거리를 줄여 친밀성을 느끼게 만드는 효과가 생기기도 한다. 어느 쪽으로든 본래 정치인의 공적 얼굴이 지닌 행위 능력은 감소한다.

두 번째로 살펴볼 것은 틱톡과 같은 온라인 숏폼short-form 비디오 플랫폼에서 유행하는 콘텐츠 장르인, '아시아인 메이크업 변신viral Asian makeup transformation'이다. 이는 일차적으로는 놀라운 메이크업 능력을 선보이는 것을 목적으로 하는 콘텐츠이지만, 부가적으로 인종색 및 인종적 시각성에 대해 유희적이면서도 전복적인 양상을 드러낸다. 영상은 대체로 화장을 하기 전인 아시아인 여성의 얼굴이 나온 후, 이 여성이 화장을 하는 과정에서 점차 다른 외모로 변하는 모습을 빠른 속도로 보여 주거나, 반대로 화려한 화장을 한 여성이 화장을 조금씩 지우면서 다른 외모로 변하는 모습을 보여 준다. 그 과정에서 필수적으로 등장하는 것이 피부색의 극적인 변화다. 화장을 한 얼굴은 기본적으로 매우 하얗고 매끈해 보인다. 이 피부를 연출하기 위해 영상 속 여성은 얼굴과 목, 팔 등에 매우 밝은 파운데이션이나 스프레이형 화장품을 이용하기도 하고, 반대로 하얀 피부 화장을 지워 훨씬 어두운 맨 피부를 공개하기도 한다. 일부 영상은 화장 전으로 설정된 얼굴에 일부러 얼룩을 묻히거나 더 어둡게 만든 상태에서 시작해서 그 극적 효과를 높이기도 한다.

그런데 영상 속에 나오는 어두운 얼굴과 하얀 얼굴 두 가지의 모습 중 우리는 어느 한쪽을 택해 그것이 그녀의 '본 모습'이라고 말할 수 있을까? 특히 이 콘텐츠에서는 화장 전의 모습에서 일부러 얼굴이나 치아에 거뭇한 얼룩을 묻히거나 입에 무언가를 물어서 튀어나온 입을 연출하는 것이 대개 하나의 공식처럼 되어 있기 때문에, 진짜 원본이라고 할 얼굴은 등장하지 않는다. 더욱이 미백 화장이 신체 일부처럼 밀착된 인터페이스이며 사회적 관계를 위한 공적 자아로 기능하는 이상, 미백 화장을 한 얼굴이 그 사람의 진짜 모습이 아니라고도 말할 수도 없다.

아시아 메이크업 변신 콘텐츠에 대해 여러 인종과 성별의 유튜버들이 각자의 방식대로 경악과 당혹감을 표하는 리액션 비디오를 공개했다.[86] 그중 2800만이 넘는 조회수를 기록한 '리액션 타임Reaction Time'의 리액션 비디오에서(Reaction Time, 2018. 10. 22) 두 백인 남성 유튜버는 영상 속 여성들을 '사기꾼catfish'에 비유하며 "너다워져라Be yourself"라고 조언한다. 그러나 이 조언은 어디에도 가닿지 못한다. 미백 화장 전

86 리액션 비디오는 유튜브에서 생산되는 콘텐츠 장르로, 아시아인 메이크업 변신 이미지에만 한정된 파생 콘텐츠는 아니다. 주로 영상의 한쪽 측면에 특정 영상을 재생하면서 이에 대한 실시간 반응을 촬영한 영상을 함께 보여 주는 영상을 지칭한다.

인 검은 얼굴은 과장되어 있다면, 화장 후의 하얀 얼굴은 인공적이라는 점에서 모두 특정한 시각성을 수행하고 있을 뿐이기 때문이다. 각 이미지 속 여성들이 아시아의 어느 국가 소속인지 특정할 수 없는 것은 물론이고, 아시아인에게 기대되는 시각적 진정성을 모호하게 만든다는 점에서 무국적의 특성을 지닌다. 아시아인 메이크업 변신 이미지들은 그 자체로 원본의 존재를 흐리는 시뮬라크라다.

초우(2010b, 2011)는 포스트식민적 가시체들postcolonial visibilities을 오늘날의 미디어 조건과의 관계 속에서 언급하며, 소셜 미디어 기술을 통해 하위 주체가 자기 스스로를 이미지화하고 전시하는 방식에 주목해야 한다고 말한 바 있다. 아시아 메이크업 변신 영상 속 여성들은 초우가 말하는 재현적 차원에서 가시성을 획득하는 것을 넘어서 육체적 정동성의 차원에서 정체성을 변화시킨다. 영상 속 여성들은 피부색을 바꾸거나 실리콘 피부를 뜯어내면서 미백이 지닌 인공성, 즉 신체와 비유기적 뷰티 제품과의 접속을 스스로 전시한다. 백인 남성 유튜버들은 영상이 가시적으로 매개하는 정보를 통해 이 여성들의 본모습을 판독하려고 하고 이에 실패하자 여성들을 사기꾼에 비유한다. 그러나 사실 이 여성들은 완성된 '화이트페이스'를 연기하며 눈속임을 하고 있지 않나. 이들은 백인의 흰 피부를 탈영토화해[87] 자신의 몸으로 새롭게 영토화해 넣는 그 과정을 스스로 드러낸다. 이로써 인지적으로 판독 불가능한 이들의 불안정한 신체는 인종적인 동일성의 체계나 시각적 진정성이라는 담론을 교란하며 백인의 얼굴성을 해체한다. 이들

87 리액션 비디오의 백인 남성 유튜버는 흰 피부 화장을 마친 여성을 보고 "이제 나만큼이나 하얗다"고 말한다.

은 자신의 신체를 고정된 신체가 아니라 기술적인 변형과 결합의 과정을 통해 만들어진 포스트휴먼의 신체로서 전시한다. 그리하여 스스로를 변형의 과정에 열려 있는 유목적 주체로서 위치시킨다. 이것은 오늘날의 미디어 조건 속에서 하위 주체가 스스로를 기계화하고 스펙터클화함으로써 유동적 정체성을 획득하는 한 방식으로 보인다.

동아시아 횡단적 소셜 미디어 놀이로 시작된 메이크업 변신 콘텐츠는 비非아시아인에게로 확장되며 그 횡단성과 시뮬라크르적 성격을 강화한다. '린소르Linzor'라는 스웨덴인 백인 유튜버는 아시아인 변신 영상을 모방하는 도전을 한다. 코에 왁스를 붙여 높이고 CC크림을 발라서 피부색을 더 밝게 만들고 검은색 가발을 쓰는 과정 등을 거쳐 완성된 그녀의 모습은 아시아인의 변신 영상 속 완성 모습에 대한 코스프레처럼 보인다. 이후 린소르는 그 화장을 지우는 영상을 메이투로 찍는다.[88] 이 영상의 마지막은 변신 전 린소르의 모습이 아니라 치아에 누런 무언가를 붙여 지저분한 모습이다. 린소르의 영상은 변신 이미지의 시뮬라크르적 성격을 강화한다. 아시아인 변신 영상 속 아시아 여성은 원본 얼굴이 무엇인지 알 수 없고 인종적 시각성을 위반하며 혼종성 및 무국적성을 띤다. 그리고 백인 여성이 이 과정을 모방함으로써 그 혼종성은 더 강해진다. 비유사성에 의거해 나타나는 시뮬라크라는 인종과 국적의 경계를 지우는 방식으로 작동한다. 아시아인과 비아시아인 사이를 오가며 형성되는 변신 이미지의 시뮬라크라는 어떤 것도 원본이라고 할 수 없는 무국적의 배치를 형성한다. 그 안에서는 지역성

88 영상 속에서 린소르는 메이투를 이용하는 것까지도 아시아인 변신 영상에 대한 모방이라고 설명한다.

을 특정할 수 없는 인공적이고 수행적인 미백의 얼굴만이 부유한다.

2. K뷰티 배치

오늘날에는 전례 없는 인간, 자본, 기술 등의 이동으로 이질적 문화 간의 접촉을 통해 많은 것의 경계가 허물어지고 있다. 뷰티 영역도 수출입을 통한 교역이 이루어질 뿐만 아니라 문화 횡단적 양상과 혼종성을 드러낸다(Miller, 2006; Jha, 2016). 여기서는 미백에 대한 논의를 잠시 뷰티 산업 전반으로 확장해 보고자 한다. 미백은 K뷰티의 가장 대표적인 표상이며 미백 이미지 배치에서 살펴본 한국 스타의 이미지와도 밀접한 것이기 때문이다. 좁게는 동북아시아, 넓게는 아시아에 걸쳐 형성되어 있는 초국적 뷰티 흐름에서 최근 10~20년 사이에 K뷰티는 새로운 배치로서 나타나고 있다.

K뷰티의 동아시아 횡단적 힘

한국의 뷰티 산업은 서구 국가와 일본의 영향을 받으면서 발전했다. 특히 일본은 발전된 뷰티 기술을 갖고 있으면서도 일본인의 피부 질이 한국인과 비슷하다고 알려져 있어 한국 뷰티 산업 발전에 모델로 여겨졌다. 1986년 개원한 태평양 뷰티아카데미에서는 화장 세미나나 미용 세미나에서 선진 뷰티 기술을 소개하기 위해 주로 일본 전문가를 초청했다(태평양50년사편찬위원회, 1995). 미용 방식 외에도, "SBS가 개국할 당시 일본 MTV 영향을 많이 받았"으며 "조명 장비 중에 일본산이 차지하는 비중도 높"(조명 B 인터뷰에서 인용)다는 점 등 미디어에서 뷰티를 구현

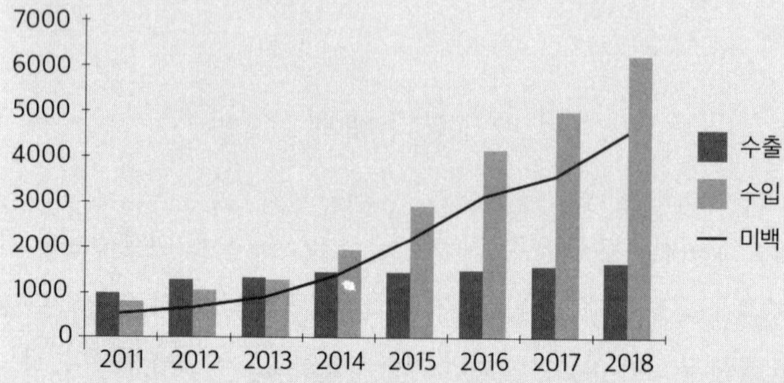

그림 12 연도별 화장품 수출입 (단위: 100만 달러)

출처: 한국보건산업진흥원(2016)과 관세청 수출입무역통계(HS-Code 6자리 기준)를 재구성함.

하는 방식에 있어서도 일본의 주요한 영향을 받았다.

일본의 영향은 비단 한국뿐만 아니라 동아시아 전역에서 고루 발견된다. J뷰티는 K뷰티보다 먼저 동아시아 횡단적 영향력을 발휘했다. 인터뷰에서 만난 태국과 베트남의 20대 학생들도 모두 J뷰티를 추억했다. 자신들의 10대 시절에는 J팝이 인기가 있었고, 일본 화장품이 유행했다는 것이다. 그러나 2010년 전후로 K팝이 동아시아 전역에서 가시화됨에 따라 J뷰티의 자리를 K뷰티가 대체한 것으로 보인다.

2000년대 이후 연평균 5% 이상의 성장을 지속해 온 한국 화장품 시장은 세계 뷰티 시장에서도 큰 성장세를 보인다. 그중 미백 제품은 핵심적인 수출품으로, 한국은 세계 미백 화장품 시장에서 출원 비

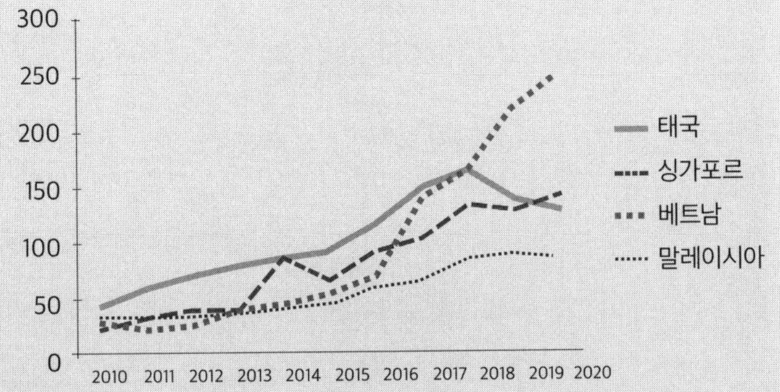

그림 13 동남아시아 국가 대상 한국 화장품 수출 현황 (단위: 100만 달러)

출처: 대한화장품산업연구원 국가별 수출 현황(2021).

중이 63.2%로 가장 높은 국가다(중소벤처기업부, 2016). 한국 화장품 수출은 2020년 기준 75억 달러를 넘어섰고, 그중 50% 이상이 기초화장품과 마스크팩 등 피부 개선을 위한 기능성 제품이다. 정부의 유관 부처에서는 'K뷰티 혁신 히트 제품'의 사례로 에어쿠션, BB크림, 마스크팩을 꼽으며 K뷰티 산업을 한류와 연계해서 성장시켜야 할 산업으로 보았다(보건복지부, 2019).

한국 화장품은 아시아 내 여러 국가로 수출되는데, 특히 동남아시아 국가를 대상으로 한 수출 규모가 커지고 있다. 지난 10년간 한국 화장품 수출 규모에서 태국, 싱가포르, 베트남, 말레이시아 같은 동남아시아 국가들이 10위권 안에 위치해 있다. 2010년대 들어 동남아시

그림 14 하노이 드러그스토어 내 한국 마스크팩. 베트남 하노이의 어떤 드러그스토어를 방문하더라도 마스크팩 진열대에 한국산 마스크팩으로 가득 채워진 모습을 볼 수 있다. (사진: 박소정)

아 국가가 화장품 부문에서 수출량이 급증한 것은 최근 뷰티 관련 뉴스 헤드라인으로 자주 사용되는 문구인 'K뷰티 영토 확장'을 명시적으로 보여 준다. 이 영토 확장이 동반한 효과나 함의는 3부를 통해 더 살펴보기로 하고, 여기서는 내가 동남아시아의 두 도시 하노이와 방콕을 방문하여 본 것을 옮기고자 한다.

하노이의 대표적 드러그스토어는 '가디언Guardian'이다. 방문했던 세 곳의 가디언은 모두 한쪽 벽면 가득 한국 마스크팩을 진열해 두었다. 방콕 역시 대형 쇼핑몰에 방문했을 당시 '더페이스샵'과 '잇츠스킨' 등의 한국 브랜드가 쇼핑몰의 중심에 위치한 것을 볼 수 있었다. 그리고 가게에 걸린 광고 스크린에서는 하얗게 빛나는 피부에 파란 렌즈를 끼고 선홍빛의 립스틱을 바른 한국 여성 모델이 제품을 소개했다. 망가 미학을 체현하고 있으면서도 K팝 아이돌의 스타일링을 연상케 하며 '한국적' 변용을 한 여성의 얼굴 아래에는 한국어 자막으로 설명이 제공되었다.

K뷰티의 성장은 화장품이라는 물리적 개체의 이동 차원에만 국한하지 않는다. K뷰티는 한국이라는 영토와 분리된 채로 성장하기도 한다. 필리핀, 태국 등 동남아시아 국가에는 '서울 화이트 코리아Seoul White Korea,' '서울 시크릿Seoul Secret'과 같은 이름의 미백 화장품 브랜드가 존재한다. 이 브랜드들은 한국과는 관련이 없는 각 동남아시아 국가 브랜드이지만, '서울'을 브랜드명에 사용하면서 한국에 공장이 있다거나 K뷰티의 핵심 기술을 도입했다고 광고한다. 관련해서 3부에서 좀 더 자세히 소개하기도 하고, 여기서 짚어 둘 점은 K뷰티가 미백의 아시아 횡단을 만들어 내고 있다는 점이다. 미백의 욕망은 '서울'이라는 기표에 날라붙어서 아시아 여러 곳에서 사용되고 있다.

이러한 K뷰티의 횡단성은 부분적으로 교육의 효과에 힘입은 것이기도 하다. 한국의 뷰티 산업 발전 과정에서 일본인 전문 인력이 초청되었다면, K뷰티는 인력의 이동 외에 유튜브 등 소셜 미디어상의 콘텐츠를 통해서도 전수된다. 유튜브에는 수많은 K뷰티 메이크업 튜토리얼이 유통되고 있다. 특히 비전문가 집단에게 소셜 미디어는 K뷰티의 중요한 채널이다. 인터뷰에서 만난 외국인 중 대부분이 유튜브로 한국의 뷰티 콘텐츠를 시청한 적 있거나 꾸준히 구독 및 시청하고 있다고

그림 15　방콕 대형 쇼핑몰 내 한국 브랜드 가게의 광고. 태국 방콕의 대형 쇼핑몰 내에는 다수의 한국 화장품 브랜드가 입점해 있다. 쇼핑몰 내 한쪽 벽면의 스크린에서 한국 여성 모델이 한국 제품 설명을 하는 영상이 재생되는 모습이다. (사진: 박소정)

말했다. 특히 2021년 4월 기준으로 580만 명이 넘는 구독자를 가진 한국의 뷰티 유튜버 포니Pony는 중국, 태국, 베트남의 인터뷰 참가자들이 공통적으로 언급한 인물로, 외국인들 사이에서 K뷰티에 대한 핵심적인 이미지를 형성하는 역할을 하는 것으로 보인다. 인스타그램에서는 'koreanbeauty,' 'koreanmakeup,' 'ulzzangmakeup,' 'asianbeauty' 등의 키워드로 한국식 화장법에 대한 튜토리얼 영상이나 한국식 화장을 한 여성들의 사진을 찾을 수 있다.

이러한 흐름 속에서 인력의 이동도 활발해지고 있다. 특히 2011년 영화 〈만추〉를 통해 한국 활동을 했던 중국 배우 탕웨이의 메이크업을 한국 메이크업 아티스트 정샘물이 담당하면서 K뷰티의 기술이 중국에 알려지기도 했다. 정샘물은 이른바 '투명 메이크업'을 개발했던 인물로, 짙은 중국식 화장 대신 자연스러운 미백 표현을 특징으로 하는 한국식 메이크업을 탕웨이에게 적용하여 화제가 되었다. 이에 한국 미디어 제작진의 중국 진출과 더불어서 중국 현장에서 일하는 한국인 메이크업 아티스트들도 증가하고 있다. 중국의 드라마나 광고 촬영 현장에서 일하는 메이크업 아티스트와 인터뷰에서 그 추세를 들을 수 있었다. 중국의 촬영 팀과 연예인이 한국인 메이크업 아티스트나 스타일리스트의 고용을 많이 희망하고 있으며 한국식 스타일에 대한 신뢰가 매우 크다는 것이다.

> 제가 항상 느끼는 건데 그냥 한국이면 무조건 신뢰하는 무언가가 있는 것 같아요. "한국 메이크업 선생님이셔" 옆에서 이렇게 말해 주면 다들 반응이 같아요. 한국 메이크업에 대한 믿음이 있어요. 실제로도 한국 사람이 무언가를 해 주면 잘한다고 생각해서 좋아해요. 뭔가 다를 거란 생각을 가지고 있고 거기에 대한 기대도 큰 편이에요. (메이크업 B)

중국을 비롯해 여러 아시아 국가에서 K뷰티가 가시화됨에 따라 형성된 제도적 지층이 K뷰티를 교육하는 기관들이다. 2019년 기준으로 민관·대학 과정을 통해 K뷰티 관련 메이크업 과정을 이수하는 유학생이 7000~8000명에 이르는 것으로 집계된다. 인터뷰에서 만난 메이크업 아티스트들과 뷰티 유튜버는 최근 2~3년 사이 한국의 뷰티 관련 전문 학원에서 전문 기술을 배우기 위해 중국과 동남아시아에서 온 학생, 또는 국내 대학의 한국어학당에 다니면서 개인적인 목적으로 화장법을 배우려는 외국인 학생을 많이 보았다고 말했다. 이처럼 K뷰티를 배우려는 외국인이 늘어남에 따라 정부는 'K뷰티 글로벌교육센터'의 설립 계획을 밝히기도 했다(보건복지부, 2019).

그런데 K뷰티가 성장하고는 있지만, 그 횡단적 힘이 무한한 것은 아니다. 가령 중국과 일본은 한국과 종종 외교적 갈등을 겪고 이것이 때로는 문화의 유통에도 지장을 주기도 한다. 정치경제적 장치들 외에도 해당 국가의 문화적 흐름이 K뷰티의 수용에 영향을 미치는 경우도 있다. 최근 중국의 젊은 층에서는 중국의 전통적인 뷰티를 옹호하는 '한푸漢服' 운동[89]이 일어나면서 K뷰티의 영향력이 하락한 것을 그 예로 볼 수 있다. 한푸 운동은 자신들의 정체성을 표현하기 위해 자국 브랜드를 사용하는 움직임을 불러일으키며 'C뷰티'를 부상시키고 있다. 이처럼 뷰티는 상품이기도 하지만 문화정체성을 형성하는 한 요소로서 문화 횡단의 흐름에서 파악해야 한다.

동아시아 문화 흐름 속에서 형성되는 미디어-뷰티 복합체

경기도에 위치한 'K뷰티 스쿨'은 '한류트레이닝센터Global K Center'라는 다른 이름을 갖고 있다. 이곳은 Mnet의 아이돌 양성 서바이벌 프

89 한푸는 중국 한족의 전통 복장을 의미한다. 최근 중국의 젊은 층 사이에서 전통을 되찾고 사랑하자는 의미에서 한푸 부흥 운동이 일어나면서 중국 소셜 미디어에서는 '#漢服' 해시태그의 클릭 수가 급증했다.

로그램이었던 〈프로듀스 101〉에서 연습생들의 합숙과 훈련이 이루어진 공간으로 K팝 팬들에게는 시각적으로 익숙한 곳이다. 센터 내의 각 공간은 'K-beauty 본관,' 'K-beauty 콘서트홀,' 'K-beauty 개인연습실,' 'K-beauty 식당' 같은 식의 이름이 붙여져 있다. 이곳에서 1주에서 3개월 정도의 과정을 통해 뷰티 전문가 양성 프로그램이 진행되는데, 교육생 특전으로 '아이돌과 함께하는 밤'이 마련되어 있기도 하다. 또한 K뷰티 글로벌 교육 센터는 국내 언론사와 대중음악 관련 협회, 연예제작자협회, 예술대학과의 네트워크를 형성하고 있다고 홍보한다. 이는 K뷰티가 좁은 의미의 화장품·미용 산업이 아니라 한국 문화 콘텐츠의 동아시아 횡단적 흐름 안에 놓여 있다는 것을 보여 준다.

이처럼 아시아 내 뷰티 산업의 흐름은 뷰티 산업의 단독적인 수출입 전략에 의존해서 이루어지는 것이 아니라, 문화적 흐름과의 밀접한 관련 속에서 형성된다. 뷰티 관련 제품의 상품성은 제품의 질적인 완성도나 가격 등 산업·경제적인 요소도 중요하지만, 시각적인 매력을 호소할 수 있는가의 여부와도 밀접하게 연결된다. 그리고 아시아는 그 시각적 매력을 문화 콘텐츠와 그 속에 등장하는 스타의 신체를 통해서 유통해 왔다.

1부의 그림 5에서 본 국내 뷰티 산업의 분류 도식을 오늘날의 폭넓은 의미에서의 K뷰티 산업으로 치환시켜 보면 그림 16과 같은 형태가 될 것이다. K뷰티가 즉각적으로 연상시키는 것은 3사분면에 위치한 '미모'의 영역이다. 그러나 애초의 이 도식이 뷰티 산업을 폭넓게 정의한 점을 고려해 K뷰티를 한류 문화 콘텐츠를 통해 매개된 한국의 다양한 아름다움의 측면으로 확장했을 때, K뷰티 산업의 영향이 닿는 곳은 한국식의 패션 스타일과 음식, 한글이 지닌 아름다움까지도 포

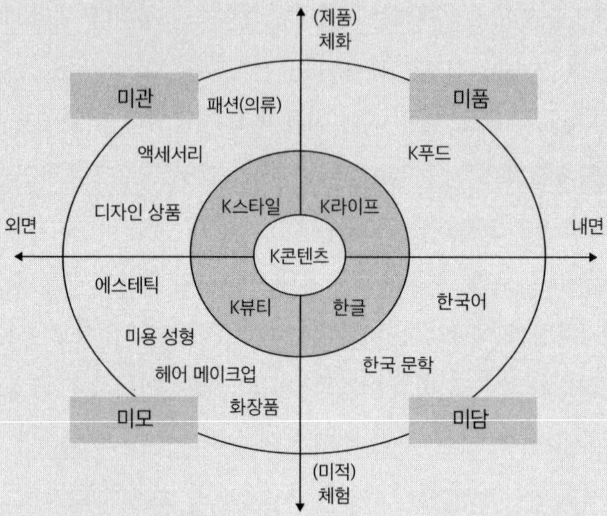

그림 16　K뷰티 산업 분류

출처: 삼성경제연구소(2002: 4)의 그림 재구성.

괄할 수 있다. 2002년 삼성경제연구소 보고서에서는 〈겨울연가〉가 국내에 드라마 속 목도리를 유행시키는 현상 정도에 주목하지만, 이후 일본에서 방영된 〈겨울연가〉는 다양한 OSMU(One Source Multi Use)로 전개되면서 그림이 다루는 넓은 의미의 K뷰티 산업에 고루 영향을 미쳤다(한국콘텐츠진흥원, 2010). 그리고 이 산업적 성공을 선례로 하여, 이후 〈대장금〉(MBC, 2003)의 인기가 중국 성형 산업에 영향을 미치고(Wen, 2013), 〈별에서 온 그대〉(SBS, 2013)를 통해 특정 브랜드 화장품이 아시아 지역에서 인기를 얻는 현상 등이 반복되며 K뷰티 산업은 그 역량을 형성해 왔다. K뷰티 산업은 미디어·문화 콘텐츠 산업과의 긴밀한 연계 속에서 미디어-뷰티 복합체media-beauty complex로서 발전해 왔다.

K뷰티 산업의 소비자들은 한국 드라마와 K팝, 그리고 K뷰티를 체화한 한국 스타의 신체를 비롯한 한국의 문화 콘텐츠를 매개로 하여 한국의 미적 감각과 제품을 접한다. 중국에서 일하는 메이크업 아티스트들은 최근 고객들로부터 한국 드라마 〈별에서 온 그대〉의 전지현, 〈김비서가 왜 그럴까〉의 박민영과 같은 메이크업을 해 달라는 요청을 많이 받는다고 말했다. 그 과정에서 K팝이 체화한 시각성 및 신체성이 곧 K뷰티와 혼용되는 양상이 발견되기도 한다.

> 일할 때 보면 다들 한국 뮤직비디오, 한국 연예인 사진을 들고 와서 "이렇게 해 주세요" 많이 그래요. (메이크업 B)

> 중국에 처음 갔을 때 그 당시 중국 메이크업 트렌드는 한국식이었어요. 그런데 이상하게 레드브라운 계열 색상을 정말 많이 사용하더라구요. 특히 아이 섀도우. 눈가를 빨갛게 하는 걸 좋아하는 것 같았어요. 하루는 제가 어딜 가나 다들 눈을 빨갛게 화장하길래 잘나가는 중국 메이크업 실장님께 "왜 중국 사람들은 다들 빨갛게 화장을 하나요? 중국 사람들이 빨간색을 좋아해서 그러는 건가요?" 물었더니 하시는 답변이 정말 특이하더라구요. "이거 다 너네 꺼야. 한국에서 다 이렇게 화장하니깐 우리도 이렇게 하는 거야. 우린 원래 자연스럽게 브라운 계열 색이나 다른 색으로 메이크업 하는 거 좋아해." 정말 당황스러웠어요. 실장님이 말하는 그 레드메이크업은 한국 아이돌이 시상식이나 콘서트에서 섹시 컨셉 혹은 뭐 뱀파이어 컨

섭 등으로 평소에 하는 메이크업이 아니라 때와 장소에 맞춰 하는 메이크업인데…… (메이크업 B)

이러한 양상은 K뷰티와 관련된 화장품 브랜드를 홍보할 때 한국의 대중문화 콘텐츠를 이용하는 데서 더 분명하게 드러난다. K뷰티를 차용한 필리핀 화장품 브랜드 '서울 화이트 코리아'[90]가 인스타그램 스토리에 게시한 한 광고는 브랜드나 제품명 대신 한글로 '케이 드라마'라는 제목이 붙어 있다. 제목 아래에는 25편의 한국 드라마 제목을 나열한 빙고판이 나오는데 나열된 드라마에는 〈상속자들〉(SBS, 2013), 〈태양의 후예〉(KBS, 2016)와 같이 아시아 지역에서 큰 인기를 끌고 수출되었던 대표적인 한류 드라마부터 〈사랑의 불시착〉(tvN, 2020), 〈이태원 클라쓰〉(JTBC, 2020)와 같이 광고 게시 당시 방영 중이던 작품까지 포함된다. 이러한 광고는 제품에 대한 직접적인 정보 제공 없이 한국의 'K콘텐츠,' 즉 '미담'에 대해 이미 수용자들이 형성하고 있는 관념이나 호감을 제품에 부착시키는 방식을 이용한다.

국내 화장품 브랜드인 '라네즈Laneige'[91]의 싱가포르 지사가 공개한 단편 영화 형식의 광고 "My BB LOVE"(LANEIGE Singapore, 2017. 8. 24)는 한국의 화장품과 한국 드라마, 한국의 이성애적 로맨스 코드 등이 얽

90 이 제품은 필리핀 화장품 업체에서 K뷰티의 기술을 필리핀인의 피부에 더 잘 맞는 형태로 도입하여 만든 브랜드인데, 이와 관련한 더 구체적인 내용은 3부에서 살펴본다.

91 'La neige'는 프랑스어로 '눈'을 뜻한다. 흼을 은유하는 명사를 브랜드명으로 삼았다는 점에서 다시 한국 뷰티 산업에서 미백의 중요성을 상기하게 된다.

힌 형태의 배치물이다. 광고 속에서 싱가포르로 교환 학기를 보내러 간 한국인 남성 대학생인 주인공은 그 학교의 여학생에게 첫눈에 반한다. 여학생의 마음을 사로잡기 위해 고민하던 남성은 그녀의 기숙사 방으로 찾아가는데, 그곳에서 한국 드라마를 보며 라네즈가 출시한 BB쿠션을 사용하는 그녀의 모습을 보게 된다. 그녀의 룸메이트는 "재는 풀 메이크업을 하지 않고 드라마를 보면 '오빠'에 대한 예의가 아니라고 생각해"라고 말한다. BB쿠션을 사용하며 드라마를 보던 여성은 드라마 속 배우를 향해 "오빠oppa"라고 넋이 나간 듯 속삭인다. 이후 남주인공은 여성의 마음을 사로잡기 위해 인기 한류 드라마들 속 로맨틱한 장면들을 따라 한다. 마찬가지로 제품에 대한 직접적인 언급이 없는 이 일종의 감성 광고는 K뷰티에 한국 드라마의 로맨스 코드 및 한국 스타와 팬 간의 특유의 준사회적parasocial 관계를 동원한다. 드라마 속 '오빠'가 아시아 여성의 욕망을 만들어 내고 이것이 K뷰티의 수행으로 이어지게 만드는 것이다.

이처럼 K뷰티, 또는 미백의 동아시아 횡단적 힘은 문화적 흐름 속에서 나타난다. 따라서 K뷰티의 'K'는 단순히 그 원산지로서의 한국을 표기하는 것이 아니라 한국 문화 산업이 생산한 K드라마나 K팝의 'K'가 의미하는 바를 항상 공유한다. K뷰티에 대한 많은 학술적·사회적 관심이 그 성장 수치에 집중되어 있는 가운데 K뷰티에 대한 사회문화적 차원의 논의가 요구되는 이유다.

3부

탈영토화하는 미백,
재영토화하는 미백

6장

미백인-되기

인간·비인간 요소가 뒤얽힌 미백 배치 속에서 정동된 개인의 신체는 미백 욕망을 갖게 되고, 그것은 실천 및 수행으로 이어진다. 그리고 욕망과 수행은 '되기'의 과정으로 나아간다. 욕망에 기인한 되기는 각각의 신체적 경험을 바탕으로 각각의 되기를 생산한다. 어떤 욕망은 익숙하고 습관화된 형태로서 몰적molar 운동을 하고, 어떤 욕망은 기존의 지층에서 벗어나 탈주하는 운동을 한다. 즉 신체와 신체, 또는 신체와 다른 어떤 요소가 만나면서 어떤 정동을 경험하고 어느 정도의 변용 역량을 발휘하는가에 따라 서로 다른 되기가 나타난다. 더욱이 A가 B가 된다는 것은 A가 B를 모방하여 B처럼 된다는 것이 아니라, A와 B가 만나서 A′와 B′의 결합 형태로서의 새로운 무언가가 된다는 것을 의미한다. 지금부터 살펴볼 '미백인-되기'는 미백 배치에 참여하는 여러 신체가 미백과 접속함으로써 나타나는 생성적인 되기 상태를 의미한다. 그 과정에서 권력 규범이 형성한 홈 파인 공간 속에 놓여 있던 신체들은 탈주선을 타고 새로운 의미의 지층으로

향한다.

이 장은 '미백 배치는 무엇을 하는가?'에 대한 답으로서 미백 배치에서 일어나는 두 가지 탈주적 주체화 과정인 '여성-되기'와 '아시아인-되기'를 살펴본다. 각각의 되기는 다수성의 척도로부터 탈주하는 과정이라고 할 수 있다. 그 다수성이란 때로는 헤게모니적인 남성성이기도 하고 때로는 백인이기도 하고, 때로는 둘 다이기도 하다. 젠더와 인종을 둘러싼 권력들이 만들어 낸 기존의 위계에 미백의 욕망과 실천은 어떤 균열을 내고 있을까?

1. 여성-되기

현재까지의 논의에 이르는 동안 다룬 대부분의 사례는 여성의 미백이다. 이는 뷰티라는 것이 여성이 전유하는 젠더화된 영역으로 여겨져 왔다는 것을 고려하면 별로 놀라운 점이 아니다. 더 중요하게 들여다보아야 할 것은 미백 배치와 배치 내 여성의 신체에 관여하는 욕망이 어떤 형태인가의 문제다. 이것은 여성의 욕망인가? 여성의 욕망이라면 어떤 욕망이며, 그 욕망은 또 무엇을 생산하는가?

들뢰즈와 가타리(1980/2001)가 "모든 되기는 여성-되기를 통해 시작하며 여성-되기를 지나간다"(p.526)고 한 것에서 알 수 있듯, 여성-되기는 그 자체로 다수성에서 탈주하는 소수자-되기의 본질이다. 여성-되기란 규정된 의미의 여성성을 획득한다는 의미가 아니다. 물론 미백 배치에는 규정된 여성성의 영토를 분절하는 남성 욕망이 작동하고 여성의 신체는 이 남성 욕망 안에 포섭되기도 한다. 그러나 동시에 여성은 각자의 연결 접속을 통해 그 영토 바깥으로 탈주하는 잠재력을 드러내기도 하며 이것이 곧 여성-되기다.

남성의 욕망에 포섭된 여성의 욕망

인종을 불문하고 흰 피부는 여성에게 더 강력한 담론적 효과를 만들어 내며 여성의 신체를 규율하는 요소로 작동한다(Dyer, 1997/2020; Rondilla & Spickard, 2007; Jha, 2016). 한국 사회에서 또한 하얀 피부는 여성의 미를 판단하는 기준으로 구성되어 왔다. '백옥 같은 얼굴'이 한국에서 미녀를 묘사하는 대표적인 관용어구로 오랜 기간 사용되어 왔을 뿐만 아니라, 여성의 아름다움은 하얀 피부를 전제하는 경우가 많다. 이는 피부 미용 및 화장 자체가 오랜 기간 여성의 영역에 국한되어 있었기 때문이기도 하지만, 흰색이 순수를 상징하는 보편적 색상 기호로 많이 사용되기 때문이기도 할 것이다. 따라서 미백 제품 광고 역사에 있어서도 그 초기에는 미백 제품의 성격이나 이미지에 대한 제시가 순수한 여성성을 경유함으로써 이루어졌다.

'리리 홀몬크림'의 광고는 일곱 컷의 만화 형태로 여러 시리즈가 제작되었다. 그중 한 에피소드 속에는 '숙자'라는 여성과 '영호'라는 남성이 등장한다. 숙자는 영호와의 데이트를 하러 가지만 막상 영호를 만나자마자 영호를 두고 어디론가 간다. 영호는 그런 숙자를 보며 숙자가 다른 남자를 만날 것이라고 의심한다. 그러나 사실 숙자는 자신과 영호의 누나를 위해 미백 크림을 사러 간 것이었고, 그 사실을 알게 된 영호가 숙자의 아름다움을 칭찬하며 만화는 마무리된다. 이 광고는 정절을 의심받던 여성이 미백 크림을 기점으로 현모양처상으로 변모하는 서사를 담고 있다. 이때 미백 크림의 소비 주체는 숙자임에도 불구하고 이 만화

그림 17 1959년 11월 8일 〈동아일보〉 3면에 실린 1950년대 미백 제품 '리리 홀몬크림' 만화 광고. 남성에게 의심 받던 여성이 미백 크림을 사는 것이 확인되자 아름다운 여성으로 명명되는 것을 보여 준다. 이와 같은 8컷 만화 형태로 연재되던 '리리홀몬크림' 광고의 다른 에피소드들에서도 마찬가지로 남편에게 무시 받던 여성이 미백 크림을 사용한 후 남편의 애정을 얻거나, 미백 크림을 사용한 여성이 주변 남성들의 눈길을 끄는 서사가 발견된다.

의 시점은 영호의 시점이며, 숙자의 미백 욕망은 다수성 척도로서 남성 영호의 시선에서 정의된다. 영호가 욕망하고 기대하는 여성성 안에서 설명되지 못하는 숙자의 신체는 "나를 경멸하는" 것이라고 코드화되고 영호의 욕망과 접속했을 때에야 "아름다움"으로 찬양된다.

여기서 미백의 욕망, 여성의 욕망, 남성의 욕망의 순으로 커지는 포함 관계를 발견할 수 있다. 미백 욕망은 여성 욕망의 부분 집합이고 여성 욕망은 남성 욕망의 부분 집합이다. 이런 집합 설정 속에서 여성-되기는 일어나지 못한다. 여성의 미백은 남성의 욕망 안에서만 의미를 지니기 때문이다. 영호의 시선 속에서 숙자의 미백 욕망은 능동적 힘을 잃고, 숙자는 가부장제가 규정한 여성성을 체화한 몰적 여성으로 위치 지어진다. 더욱이 숙자가 영호 누나의 미백 크림까지 사려 했다는 사실이 제시되면서, 숙자와 영호의 누나는 여성성에 대한 동일성과 보편성으로 수렴된다.

남성 욕망만이 능동화된 상태에서 여성의 미백 욕망이 포섭된 양상은 비단 1950년대에나 통용되던 케케묵은 것이 아니다. 2017년 논란을 일으켰던 국내 어느 화장품 광고는 여전히 이러한 젠더화된 욕망의 배치를 보여 준다. '포인트 화이트닝 크림'이라고 이름이 붙여진 이 제품은 여성의 유두와 사타구니의 피부색을 밝게 만드는 화이트닝 크림이다. 광고는 복숭아 사진과 함께 "여자들이 꿈꾸는 선분홍 유두"라는 문구를 담고 있다. 그 아래로는 여러 남성이 여성의 유두와 사타구니 색에 대해 자기 생각을 적어 놓은 듯한 메모들이 나열된다. 남성들은 여성의 검은 유두가 지저분하고 처녀 같지 않으며, 따라서 자신들의 시각적 만족이나 성적 판타지를 만족시키지 못한다고 경고한다. 이 광고는 점차 신체의 내밀한 부위로까지 세분화되어 가는 신체기술로서의 미백이 남성의 욕망에 부합하기 위해서였음을 보여 준다. 광고 속 남성들은 (일부 모자이크 및 가명 처리된) 사진과 이름, 나이, 필체로 각각의 독립된 욕망-기계로 등장하지만 여성의 존재는 개체성을 획득하지 못한 채 복숭아라는 분절된 이미지로 표상됨으로써 몰적 여성의 상태로 남아 있다.

또 다른 사례로 2016년 카메라 애플리케이션 광고 영상을 들 수 있다. 광고는 남학생이 친구에게 한 여학생을 보여 주겠다고 "피부가 장난이 아니야"라고 말하며 함께 교실로 가는 장면으로 시작한다. 그 교실에는 셀카를 찍고 있던 여학생이 있는데, 남학생들의 기대와는 다른 외모를 갖고 있다. 남학생들은 욕을 하고 여학생의 뺨을 때려 쓰러뜨린다. 쓰러졌던 여학생이 일어나서 다시 애플리케이션을 이용해 사진을 찍기 시작하자 여학생은 남학생들이 기대했을 예쁜 외모로 변신한다. 그리고 "X 같은 피부도 예쁘게"라는 카피가 뜬다.

이 광고의 본 영상이 종료된 후 뜨는 이미지는 '포인트 화이트닝 크림'과는 다른 방식으로 여성의 욕망을 남성 욕망 내로 영토화한다. 여성이 은유적 이미지로 대체되었던 위의 광고와 달리 이 이미지 속에는 카메라 애플리케이션을 켰을 때처럼 화면에 여성의 얼굴이 나오고 그 아래에는 선택 가능한 다른 필터값이 적용되었을 때의 예상 얼굴 이미지들이 배치되어 있다. 카메라의 방향에 따라 휴대폰의 스크린을 바라보는 시선의 물리적 주체는 남성일 수도, 여성일 수도 있지만 어느 쪽이든 대타자로서의 남성 욕망이 작동하게끔 배치한다. 이것은 신체기술적 미백 배치에서 언급했던, 필터값에 따라 자신의 얼굴을 바꿀 수 있는 "자아의 이동 가능한 극장"(Braidotti, 1994: 50)으로서의 미백 피부라는 능동적 의미에 도달하지 못한다. 광고 속 여성에게는 자아도 없으며 이동할 공간이 마련되어 있지 않다. 남성의 시선 속에서 필터 보정이 없는 여성의 피부는 "X 같은" 존재, 즉 혐오의 대상으로 여겨진다. 남성 중심적인 재현 체계는 깔끔하게 정돈되지 않은 비非미백의 여성 얼굴을 (이상적) 여성성의 영토 경계를 흐림과 동시에 남성의 욕망을 배반하는 것으로 규정하고 재현한다. 그리고 이 광고는 그 여성성 영토를 이탈한 여성을 말 그대로 때려눕히고 필터가 덧씌워진 이상적 여성의 모습을 소환함으로써 질서를 되찾는다.

이러한 광고 속에서 재현되는 여성은 몰적 여성이다. 여성과 남성을 이원적으로 대립시키고 남성이 규정한 여성성을 모방하는 정체성이다. 몰적 여성은 홈 파인 공간에 위치한다. 또는, 여성의 신체 자체가 홈 파인 공간이다. 미백이라는 단일한 시각성만이 허용되고 그렇게 허용된 미백에는 단일한 의미만 기입된다.

> 섹시하다는 말이 좀 다르게 말하면 너무 자유분방하고, 그런 '고상하지 않다'라는 나쁜 선입견이 좀 있는 것 같기도 하고. 굳이 제가 선택권이 있다면 이효리처럼 생기보다는 이영애처럼 생기고 싶은 그런…… (미영, 41세, 회사원)

그렇다면 미백 배치에서 여성-되기란 불가능한 것일까? 제국의 언어, 남성의 욕망이 파놓은 홈 속에서 한국 여성의 미백은 특정한 의미에 자신의 신체를 끼워 맞춰 넣는 실천에 지나지 않는 것일까?

여성-되기의 가능성

들뢰즈와 가타리(1980/2001)는 몰적 여성 역시 여성-되기를 해야 한다고 했다. 이런 주장은 최근 국내에서 페미니즘 운동의 주제로 논쟁이 되는 것 중 하나인 '탈코르셋 운동'을 상기시킨다. 탈코르셋 운동은 여성의 뷰티가 가부장적 시선이 만든 획일적 외모 규범 안에서 이루어지는 자기 규율적 행동이라는 점을 폭로하며 이로부터 벗어날 것을 주창한다. 이는 어떤 척도나 수목적 위계를 벗어나 리좀적인 형태의 여성-되기에 대한 주장을 내포한다.

그런데 문제가 되는 지점은 탈코르셋 운동을 주장하는 일부에서 여성의 뷰티 자체를 비판하며 뷰티 실천을 하는 여성을 '흉자'[92] 같은 표현으로 지칭하기도 한다는 점이다. 이와 관련해 여러 입장이 충돌하는 가운데, 들뢰즈주의적 시각을 통해 볼 때 이러한 방식의 탈코르셋 운동은 여전히 여성-되기를 가로막는 방식이다. 우선 이러한 시각은 여성의 욕망과 신체 변용 능력을 제한적으로 정의 내리며 복수의 신체, 복수의 여성성이 생성될 가능성을 차단한다. 여성에게 꾸미지 않을 욕망만을 인정하고 꾸미는 욕망은 여성의 것이 아니라고 차단하는 것이다. 이는 단일 척도로부터 여성을 해방하겠다는 명목 자체를 또 다른 척도로 만들어 여성이 다른 요소와 접속하는 데 제한을 두는 효과를 갖는다. 또한 강압적인 탈코르셋 운동은 개인의 행위 능력과 의식적 주체로서의 개인 개념에 기반하여 신체적 해방을 기대한다는 한계를 지닌다. 들뢰즈와 가타리(1980/2001)는 여성-되기란 "유기체와 주

92 '흉내 자지'의 줄임말로, 남성의 사고방식에 동조한다는 의미에서의 '명예 남성'과 같은 의미로 사용된다. 여기서 '흉내'라는 단어에는 남성 중심적 시각에 대한 복제물이라는 부정적 함의를 찾을 수 있다.

체성으로부터도 힘을 끌어내지 않는다는 것"(p.525)이라고 말했다. 여성-되기는 '여성'이라는 이름으로 합일된 단일한 위치에서 외치는 구호로부터 이루어지는 것이 아니다. 여성-되기는 각자의 위치에서 각자의 욕망을 통해 실현된다.

여성-되기에 대해 본격적으로 논하기 전에 짚어 두어야 할 점은, 미백이 그 자체로 여성-되기를 생산한다는 믿음으로 나아가서는 안 된다는 점이다. 다수성에 위치한 남성의 욕망과 시선으로부터 탈주해 기관 없는 신체를 향해 가는 여성-되기를 주장하기에는 젠더적 권력을 분절하고 (재)영토화하는 많은 사회적 요소들이 있다. 미백 또한 그러한 젠더 권력으로부터 자유롭지는 못하다. 기존의 젠더 권력을 재생산하는 사회적·경제적·문화적인 배치물들이 겹겹이 작동하는 가운데, 미백이 여성-되기를 실현하는 혁명적 사건 같은 것으로 기능한다는 주장은 무리다. 그럼에도 우리가 타진해 볼 수 있는 것은 미백을 몰적 질서가 아닌 유목론적인 욕망으로 바꾸어 읽을 때 가능한 여성-되기의 역량이다. 미백이 다양한 의미와 정동을 생성한다는 점에 주목할 때 여성-되기의 잠재력이 드러난다.

우선 여성을 획일화된 방식, 단일한 신체로 상정하지 않는 사유로부터 출발해야 한다. 여성성이 미백의 배치에서 서로 다른 식으로 코드화되는 단순한 일례로서 1990년대의 한 미백 제품 광고를 보자. 이 브랜드는 당시 배우 이영애를 내세워 같은 기간 동안 서로 다른 버전의 광고를 통해 미백에 대한 다른 집단적 배치를 시도한다. 첫 번째 버전에서 이영애는 펌을 한 중단발의 머리 모양에 원피스를 입고 자전거를 타고 있다. 두 번째 버전에서의 이영애는 중절모에 여름 슈트, 넥타이, 단화로 치장을 했다. 이 광고는 각각 여성성과 남성성에 관련된 관습적 기호들을 미백에 접속시킴으로써 서로 다른 방식으로 코드화한다. 이는 미백의 의미를 전통적 여성성과 그로부터 이탈하는 여성성, 또는 피부가 지켜져야 하는 신체와 피부를 지키는 신체로[93] 단순하게 분기시키는 방식이지만, 이영애의 미백은 리리 홀몬크림 광고 속 숙자의 욕망과는 차이를 지닌다는 것을 감지할 수 있다.

더 나아가 여성-되기의 분자적 정치학이란 다양한 신체 위치에서 존재하는 욕망에 대한 지도 제작을 하는 방법이다. 미백을 사회 구성적 권력에 종속된 자기규율이 아닌 신체에 기반한 욕망임과 동시에 여성의 신체에만 국한되지 않는 욕망으로 파악하는 것은 지도 제작의 중요한 전제다.

> 여성으로서 신체적 조건 때문에 속옷을 갖춰 입어야 되는 것도 여성성의 하나라고 생각하고, 꾸미는 건 자연스럽게 여성으로서 가질 수 있는, 미를 추구하는 욕망에 대해서 '이렇게 하면 너는 여자로서 무시 받아, 여자로서 남자보다 우월하지 못한 거야' 이렇게 짓누르고, 그 때문에 도리어 여성성이 우월하게 보일 수도 있는데 …… 단순히 그런 거[코르셋] 벗어젖힌다고 없어지는 게 아니고 …… 만약 그런 게 무시될 거였으면 남자들도 꾸미는 거에 대한 욕망이 안 생겼겠죠. 남자들도 사실은 요즘 보면 엄청 자기 관리하려고 하는 그런 로망도 있을 거라고 봤거든요. 그러니까 가장 기본적으로 나온 본성에 대해서 그냥 어거지로 짓누른다고 될 문제는 아니라고 봐

93 두 버전 모두에서 "하얗게 지킨다"라는 문구가 사용되고 있는데, 각 버전에서 피부를 지키는 주체와 대상은 다르게 독해된다.

요. (은혜, 39세, 회사원)

리리 홀몬크림부터 스노우 광고까지 앞서 보았던 언표 체제는 미백의 욕망을 결핍에 기인한 여성의 욕망 구도로 재현했다. 그리고 탈코르셋 운동 내의 일부 입장은 생물학적 본질주의에 의거한 수목적 성차를 고수한다. 그러나 들뢰즈주의적 욕망론에서 욕망은 삼각형의 구조적 욕망[94]과 같은 결핍의 구도가 아닌 유목적인 구도를 갖는다. 유목적인 구도 속에서 욕망은 남성의 욕망이나 여성의 욕망을 특정한 몰적 질서로 분절하기보다는 각각의 신체를 횡단한다. 인용한 은혜의 말은 뷰티의 욕망이 여성이 느끼는 결핍감에서 비롯된 것이 아니라 규정되지 않은 욕망이며 그 욕망이 남성 신체로 전염되기도 한다는 인식을 보여 준다. 욕망의 흐름은 늘 새롭게 연결 접속하면서 무언가를 생산한다. 뷰티에 대한, 미백에 대한 욕망 또한 범주를 넘나들며 연결 접속할 수 있다. 이로써 협소한 의미의 성차 대신 n개의 되기가 상정하는 차이론이 가능하다.

여성의 미백 욕망은 자신이 위치한 조건에서 서로 다른 접속을 통해 서로 다른 의미를 생성한다. 앞서 신장을 가꾸는 신체기술이자 소비 욕망에 의해 추동되는 신체기술의 측면으로 미백을 살펴보았다. 이처럼 미백은 젠더화된 의미화 영역 바깥에서도 의미를 생성하고 있다. 다음 인용한 여성들의 말에서 보듯, 미백은 자신이 지닌 신체적 특성

94 들뢰즈와 가타리(1972/2014)는 프로이트가 욕망을 강조한 점에서 의의를 지니지만 그 욕망은 사회의 위계를 그대로 반영하는 삼각형의 구조적인 욕망에 머무르고 있음을 비판했다.

과 내적 성향에 맞추어 외모를 가꾸는 신체기술이기도 하고, 공적 영역에서 전문성이나 자신감을 얻는 신체기술이기도 하며, 자기 관리를 통해 스스로를 보살핀다는 느낌을 내기 위한 신체기술이기도 하다.

> [서양인들은] 이목구비가 뚜렷해서 그런 거(태닝한 게 어울리는 거) 아닐까? 머리색도 밝잖아. 까만 머리에 까맣게 태우는 게 이상하지 않나. (혜지, 29세, 회사원)

> 근데 뭐랄까. 동양인이 태닝하면 화려하게 꾸며야 될 것 같은 강박도 같이 따라오는 것 같아. …… 내가 그렇게 화려하게 꾸밀 자신이 없으면 태닝하는 게 부담스러울 것 같애. (수영, 29세, 회사원)

> 예진(24세, 대학생)　근데 저는 과가 경영학과인데 저희도 발표하는 날이나 이럴 때는 좀 옷도 신경 쓰고 화장도 좀 하는 것 같아요. …… 그리고 제가 느끼기에도 발표를 보는 사람 입장에서도 솔직히 좀 갖춘 모습일 때 그 발표에 더 이렇게……
>
> 수진(23세, 대학생)　신뢰감.
>
> 주아(26세, 대학생)　뭔가 전문성 있어 보이고.
>
> 예진　더 전문성 있어 보이는 게 있는 것 같아요.

> 일단 피부가 맑고 투명하고 하얘지면 시선이 집중이 되고, 시선이 집중되다 보면 내가 원하는 걸 얻을 수 있다는 자신감? (희수, 44세, 주부)

이 여성들은 미백에 대해 이야기하는 동안 집 앞을 외출할 때도 타인의 시선을 무시하지 못하는 자신의 모습에 대한 모순적 감정, 회사나 공적 공간에서 화장을 통해 '예의'를 갖추도록 요구받는 것에 대한 억압의 감정, 피부가 하얀 여성이 연애 시장에서 우위를 지니는 것에 대한 불만 등을 공유했던 이들이기도 하다. 뷰티 자체의 문제가 그렇듯, 미백 또한 가부장제와 시장의 요구 속에서 자기 감시적으로 이루어지는 속성이 있다. 따라서 여성이 미백의 피부와 결합함으로써 얻는 신체 변용 역량 및 행위 능력이란 주어진 상황에 순응해 이루어지는 수동적인 것이라고도 할 수 있다.

그러나 '동시에' 여성들은 자신의 선택과 행동을 제약하는 불편한 감정이 미백을 추동케 하는 유일한 것은 아님을 강조한다. 여러 여성이 언급한 "자기만족"이란 단어는 모호하지만 분명하게 존재하는 감정이다. 자기만족이란 겉으로 증명이 되는 것도 아닐뿐더러 여성을 '흉자'로 호명하는 시선 속에서는 허위의식에 불과하다고 여겨지기도 한다. 그러나 선크림을 바르는 것에서부터 고가의 레이저 시술을 받는 것까지 자신의 신체를 위해 무언가를 한다는 느낌, 미백을 주제로 온오프라인에서 오가는 대화에서의 생동감,[95] 피부에 닿는 화장품의 촉감, 거울 속에서 자신이 가꾼 피부를 볼 때 느끼는 시각적 만족감, 희고 투명하고 매끄러운 것이 주는 좋은 느낌 등 미백 배치를 통과하는 여성의 신체에는 신체의 행위 능력을 향상한다고 이해되는 기쁨의 정동이 함께 작동한

95 그룹 인터뷰에 참가했던 여성들은 대부분 서로 초면이었지만 활발하게 대화에 참여했다. 인터뷰가 끝난 후에는 이 과정이 매우 재미있었고 다른 사람들을 통해서 화장품이나 피부관리법 등에 대한 새로운 정보를 알게 된 점이 좋았다는 소감을 전해주기도 했다.

다. 그리고 이런 정동들이 "자기만족"이라는 용어로 압축된다.

미백을 통한 여성-되기란 이러한 욕망과 정동으로부터 나타난다. 이는 다소 낙관적인 결론이지만 부분적 진실이자 잠재력이기도 하다. 여성의 미백은 "많은 입구"(Deleuze & Guattari, 1980/2001: 30)를 지닌 욕망의 배치를 형성한다. 여성의 신체는 단일한 의미화의 방향으로 이끌어 가는 '홈 파인 공간/정주 공간'이 아니라 차이화의 운동이 일어나는 '매끈한 공간/유목적 공간'으로서 나타날 가능성을 보여 준다. 여성은 남성의 욕망 또는 사회적 담론이 파놓은 홈을 따라 자신의 신체를 변형하는 것이 아니라, 유목적 주체로서 미백 배치를 횡단할 수 있다.

아시아 여성-되기

이제 미백을 한국의 여성 집단 바깥으로 확장해 보자. 아시아 여성의 뷰티에 대한 기존 논의들은 여성의 뷰티를 서구 미인을 모델로 삼아 모방하는 것이거나, 서구 미인을 기준점으로 삼아 그에 도전하기 위한 것으로서 위치시킨다. 그러나 우리는 이 구도를 전환할 필요가 있다. 뷰티를 서구-아시아의 구도가 아니라 '아시아 여성들 사이'로 가져오는 것이다. 여기서는 미백이 한국 영토 밖의 아시아 여성과 동아시아 횡단적 뷰티 배치를 형성하며 나타나는 여성-되기를 살펴보고자 한다.

온라인상에서 K뷰티와 관련하여 가장 가시적으로 유통되는 것이 있다면 '10단계 스킨케어 루틴10-step skin care routine'일 것이다. 화장을 지울 때 이중 세안을 하는 것으로 시작해 여러 제품군을 거쳐 피부 관리를 하도록 요하는 이 요법은 K뷰티가 전형화한 빛나고 촉촉한 피부란 시간과 돈, 노력을 투자하여 얻을 수 있는 것임을 암시한다.

① 메이크업 리무버/오일 클렌저 → ② 워터 클렌저 → ③ 각질 제거 → ④ 토너 → ⑤ 에센스 → ⑥ 세럼/앰플 → ⑦ 마스크팩 → ⑧ 아이크림 → ⑨ 스킨/로션 → ⑩ 선크림

다른 아시아 국가 여성에게 한국식의 미백의 욕망이 추동될 수 있는 것은 바로 미백이 '욕망해 볼 만한 것'이기 때문이다. 태국과 베트남에서의 인터뷰에서 만난 이들은 현재 동남아시아 국가에서는 부모 중 한 명이 유럽 및 북미 출신인 혼혈 연예인들이 많은 인기를 얻고 있다고 말했다. 또한 자신들도 주변에서 혼혈인 친구를 보는 것이 이제 낯선 일이 아니며, 텔레비전에서는 일상에서보다 더 높은 비율로 혼혈인을 보게 된다고 말했다. 한 태국인 여성은 최근 태국에서 가장 아름답다고 생각하는 여성 스타로 노르웨이계 태국인 모델 겸 배우인 우랏야 세뽀반Urassaya Sperbund을 꼽았다. 그러나 어떤 스타와 같은 외모를 갖고 싶은지에 대한 질문에는 한국의 스타를 언급했다.

> [여성 아이돌 그룹 레드벨벳의] '조이'는 태국 사람들이 하얗 수 있는 정도로 하얘요. (뿌, 25세, 대학원생)

한국인 연구자를 의식하여 나온 응답임을 감안하더라도, 뿌의 응답은 동남아시아인에게 한국의 스타가 어떤 방식으로 모델이 되고 있는지를 짐작케 해 준다. 서구적 방식으로 이국적인 외모를 가진 자국의 여성 스타가 아름답다고 여겨지기는 하지만, '욕망 가능한' 모델이 되는 것은 한국의 여성 아이돌인 것이다.

여기서 조이가 "태국 사람들이 하얗 수 있는 정도로" 하얗다는 것

은 조이가 평균적인 태국인의 피부색이 밝아질 수 있는 한도라는 의미라기보다는, 조이와 같은 피부를 구현하기 위한 방법이 태국 여성에게 주어져 있다는 의미로 해석할 수 있다. 태국인 인터뷰 참가자들은 동서양의 다른 국가에서 발견되는 흰 피부와 한국인의 미백이 차이를 갖는 지점은 "건강하게 하얀 피부"(완, 26세, 대학원생)라고 말했다. 앞서 이야기한 건강한 신체기술로서의 미백이 다시 소환되는 지점이다. 한국의 미백, 즉 밝고 잡티가 없으며 빛이 나는 피부는 노력을 통해 성취되는 것이다. 그 노력 방법은 태국인에게 구체적인 형태로 주어져 있다. '10단계 스킨케어 루틴' 같은 자기 관리 기술과 더불어 태국 대부분의 드러그스토어와 쇼핑몰에 진열된 한국 화장품들이 바로 그 방법이다.

이와 같이 태국에서 구체화되고 상품화된 형태의 K뷰티는 한국의 스타가 지닌 이상적인 미백의 아름다움에 연결되기까지의 물질적이고 기술적인 절차를 제공한다. 더욱이 동남아시아 뷰티 시장에서 다른 국가의 브랜드와 비교하여 한국 제품은 상대적으로 좋은 성분에 저렴한 가격대에 형성되어 있다. 따라서 태국 여성에게 한국의 미백 뷰티는 우랏야 세뽀반이 지닌 아름다움과 같이 국가적 차이를 부각하는 신체적 차이도 아니거니와 도달 불가능한 낯선 아름다움도 아니다. 한국인의 미백은 닮고 싶은 것인 동시에 충분히 닮을 수 있는 "친근한 이상relatable ideal"(Rondilla, 2009: 71)을 제공한다.

친근한 이상으로서의 미백의 속성은 K팝 그룹에 자국 출신의 멤버가 소속되어 있다는 점에서 더 강화된다. 인터뷰에서 만난 태국인들은 현재 태국에서 가장 인기가 있는 K팝 아이돌 그룹은 '갓세븐'과 '블랙핑크'처럼 태국인 멤버가 있는 그룹이라고 말했다. 그리고 블랙핑크의 태국인 멤버인 '리사'에 대해 태국 소녀들에게 "모범이 되는"(완,

26세, 대학원생) 아이돌이라고 표현하기도 했다. 태국인이지만 K뷰티를 체화한 K팝 아이돌이기도 한 리사의 신체는 태국 소녀들에게 "보철적 체화prosthetic embodiment"(Berlant, 2008: 107)로 기능한다.[96]

동남아시아인이 멤버로 존재하는 혼종적인 다국적·무국적 색채의 K팝 여성 아이돌 그룹, K팝을 연기하는 스타가 지닌 얼굴, 그 얼굴의 색과 빛, 그 색과 빛을 만드는 한국 미디어 산업의 각종 기술과 도구의 연결망, 그리하여 시각적으로 완성된 형태로 태국인에게 수용되는 K팝과 그 시각적 이미지에 대한 욕망, 더불어서 K팝 스타의 색과 빛에 대한 욕망을 실현 가능한 형태로 번역해 주는 K뷰티의 상품과 요법. 이 모든 것의 연결 속에서 K뷰티의 미백은 태국 여성이 스스로 실천, 소비, 체화할 수 있는 친근한 이상이 된다. 그리고 이것은 사이-공간으로서의 아시아 여성의 신체를 바탕으로 일어난 여성-되기의 한 양상을 보여 준다.

미백 배치에 들어온 남성

미백이 여성에게 큰 구속력을 갖는다고 해서 남성이 미백과 전혀 무관한 것은 아니다. 미백이 젠더화된 신체기술적 배치라는 사실은 남성에게도 유효하다. 최근 한국 남성 사이에서도 피부에 대한 의식이나 미백에 대한 관심이 높아지고 있다.

96 리사는 욕망 가능한 형태의 육체적 논리이자 환상이 되어 주며 태국 소녀들의 감각을 확장하는 정동적 능력을 발현한다. 뷰티의 정동적 능력을 언급했던 메타 라니 자Meeta Rani Jha(2016)는 그 예로 K팝을 들기도 했다.

남성의 외모 가꾸기에 대한 논의 자체는 새로운 것이 아니다. 1부에서 보았듯 남성성 또한 신체의 문제와 밀착되어 있고, 소비주의의 진전과 함께 남성의 외모 또한 상품화되는 변화가 일어났다. 그중 국내 남성의 외모 가꾸기가 피부색 구현으로부터 시작되었다는 점은 짚어 볼 만하다. 2002년 소망화장품의 브랜드인 '꽃을 든 남자'는 남성용 BB크림이라고 할 수 있는 '컬러 로션'을 출시했다. 광고 모델이었던 축구선수 안정환과 배우 김재원은 당시 유행하던 '꽃미남' 담론의 표상과도 같은 남성 셀러브리티다. 이러한 제품 및 광고를 계기로 남성의 외모도 예쁘고 아름다울 수 있으며 밝고 깨끗한 피부라는 것이 남성에게도 미의 기준이 될 수 있다는 생각이 유통되기 시작했다.

남성의 미백은 무엇보다 아이돌 문화의 성장을 통해 더욱 가시화되었다. 2000년대 중반 이후 10~20대 여성을 타깃층으로 하는 중저가 화장품 광고의 주요 모델로 소년미가 두드러지는 남자 아이돌이 등장하고 있다. 대중적으로 많이 알려진 최근의 광고 중 화장품 브랜드 '더샘'의 경우 2015년 샤이니, 2018년 세븐틴을 모델로 내세우며 '하얀 피부의 아리따운 남성' 이미지를 적극 활용한다. 광고는 숲을 배경으로 하얀 옷을 입은 하얀 피부의 남성들을 보여 준다. 모델의 표정과 몸짓 등은 기존의 광고에서 여성성을 강조하는 데 사용되어 왔던 기호학적 관습이다.[97] 또한 남자 아이돌 연습생들의 서바이벌 프로그램인 〈프로듀스 101〉 시즌 2(Mnet, 2017)에서는 남자 연습생들이 파운데이션

97 예로, 세븐틴이 등장하는 광고에서 세븐틴 멤버들은 마치 쿠션류 화장품을 사용할 때의 동작을 시늉하듯 볼을 두드리는 율동을 반복한다.

쿠션을 소지하고 다니며 틈틈이 수정 화장을 하는 모습을 볼 수 있다. 이처럼 그동안 여성 신체와만 연결되었던 기호 및 사물이 남성의 신체에 연결되는 양상이 점차 자연스러워지고 있다. 이런 양상은 미백이 여성의 신체기술뿐 아니라 남성의 신체기술이 되고 있다는 것을 증명한다.

매스 미디어로 재현되는 남성이 아닌 일반적인 남성에게도 미백은 손쉽게 선택되는 뷰티 실천으로 여겨진다. 자신의 외모를 가꾸고 싶다는 욕망을 갖는 남성에게 피부를 가꾸는 실천은 미백 배치에 접속할 수 있는 가장 낮은 문턱이다. 인터뷰에 참여한 모든 남성들은 자신을 비롯하여 주변에서도 피부에 신경을 쓰면서 선크림이나 BB크림을 사용하는 남성들이 많이 있다고 말했다. 이들이 들려주는 경험담 속에서 한국 남성이 미백 배치에 중요하게 접속하는 세 가지 공간을 발견할 수 있었다. 첫 번째는 대학이다.

> 대학교 오면서 어쨌든 좀 꾸미고 가꾸는 사람들을 많이 만나잖아요. 그전까지는 공부만 하는 학생이다가. 그래서 그때부터 관심을 좀 많이 가지는 것 같고. …… 운동하고 비슷한 것 같아요. 자기 관리 느낌? (상호, 25세, 대학원생)

> 대학교 오고 나니까 약간 취미 중에 하나 같은 느낌으로? 좀 전문적으로 피부를 관리를 하는 친구들도 생기고 반면에 아예 신경 안 쓰는 친구들도 당연히 있긴 있는데. 저도 대학교 때가 기점인 것 같아요. (현준, 29세, 대학원생)

대학에 오면서 고등학생 때보다 시간적 여유도 많아지고, 다양한 종류의 경험과 사회생활을 해 보고, 이성친구와의 만남도 잦아지면서 "뭔가를 바르고 싶다, 해 보고 싶다"(상호)라는 욕망을 느끼는 계기를 많이 갖게 된다는 설명이다. 성인이 되면서, 그리고 대학을 통해서 다양한 경험에 대한 욕구가 많아지듯 피부에 대한 관심은 운동이나 취미처럼 자신을 확장해 보는 방식 중 하나로 인식되는 것으로 보인다.

두 번째는 군대다. 남성성을 표상하는 공간으로 여겨지는 군대가 남성의 뷰티 실천이 생성되는 장소라는 점은 다소 모순적으로 보인다. 그러나 이전까지 주로 실내에서 생활하던 이들이 군대에서 야외에 있을 일이 많아지면서 피부 보호 목적으로 피부를 가꾸기 시작하는 경우가 많다. 또한 남성에게는 군대 또한 대학과 비슷하게 새로운 경험을 하고 사람들을 만나는 사건으로 기능하기도 한다. 대학생이 되며 취미처럼 피부에 관심을 갖듯, 군대에서 자신에게 주어진 시간을 보낼 방법을 찾다 보면 자연스럽게 주어진 조건 내에서 할 수 있는 자기 계발 및 관리의 실천으로서 피부 관리를 시작하게 된다는 것이다.

> 선임 중에 연예인 준비하고 그런 분이 계셔서요. 그 사람이 성형 견적도 봐주고 '무슨 화장품이 좋더라' …… 인트라넷이라는 곳에 그런 정보 쭉 정리된 문서가 있었어요. '이거 어떤 게 좋고 어떤 게 나쁘고.' 지금의 '화해' 프로그램처럼 안 좋은 성분은 이런 게 있고 아침엔 어떻게 세안하고 …… 그런 걸 자주 접하다 보니까 신경을 쓰게 됐어요. (승우, 28세, 대학생)

> 군대 있을 때 선크림 같은 걸 발랐어요. …… 그때는 시간이 많이 남잖아요. 아침 9시에 보통 근무를 하러 나가야 되는데 그러면 땡볕에 찻길에 계속 서 있어야 되거든요. 왠지 남들 다 하는데 나는 안 하면 나빠지는 것 같

고, 시간도 많이 남고 할 것도 없어서. (지훈, 27세, 취업준비생)

군대가 PX 같은 데서 화장품이 시중 가격의 1/3, 1/4 정도이기도 하고. 거기서, 지금은 스마트폰이 보급돼서 상관없지만, 보급되기 전에 할 수 있는 게 헬스랑 피부 관리랑, 싸지방(사이버지식정보방/군대 내 컴퓨터 이용 시설을 가리킴)이랑 그거밖에 없더라구요. 되게 싸요, 팩 한 삼십 개 만원이니까. (세준, 26세, 대학생)

세 번째는 드러그스토어다. 국내 드러그스토어는 1999년 CJ에서 올리브영을 처음 개설한 후 2000년대 중반부터 다양한 브랜드를 통해 성장했다. 2019년 기준으로 국내 드러그스토어는 1500개를 넘어섰고, 이는 2015년의 두 배 수준이다. 도시 내에 쉽게 찾을 수 있도록 편재해 있다는 점과 더불어, 일반 화장품 가게와 달리 '드러그'스토어라는 인식, 그리고 올리브영이 내세운 '헬스&뷰티 스토어'라는 개념을 통해 국내 드러그스토어들이 'H&B 스토어,' 'H&B 멀티 숍' 등의 명칭으로 유형화되었다는 점은 남성이 뷰티 영역의 문턱을 넘어설 수 있게 해 주었다.

로드 숍 같은 데는 어쨌든 직원분들이 상주하고 계시잖아요. 그런데 유독 남자가 가면 굉장히 챙겨 주려고 하시더라구요. 그게 좀 부담스러운 때도 있어요. 예를 들어서 제가 진짜로 사러 온 게 아니고 보러 온 건데도, 굉장히 적극적으로 어필을 하실 때가 있는데…… 올리브영은 약간 방치해 두고 '볼 거 보시고 계산을 해 드리겠습니다' 이런 느낌이라서 좀 더 편한 것 같아요. (상호, 25세, 대학원생)

이처럼 한국 남성은 성인이 되면서 세 가지 공간 경험을 통해 미백 배치에 접속한다. 여성이 어릴 때부터 자연스럽게 미백 배치 안에 들어오는 반면, 남성은 일종의 여유로서 미백을 경험하는 것으로 보인다. 여러 사람을 접하게 되면서, 시간이 많아지면서, 화장품 판매점의 접근성이 높아지면서 미백 배치 안으로 접속해 들어오는 것이다.

남성-되기?

미백 배치에서 여성-되기는 여성의 신체가 미백 욕망과 결합하여 각각 의미의 계열화와 정동을 경험하는 차원에서 그 가능성을 찾을 수 있었다. 그렇다면 남성-되기란 어떠한가? 미백은 기존의 남성성에 균열을 내는 새로운 주체화 양상인 남성-되기로 나아가는가? 미백 배치 내에 남성이 섬자 증가하는 것은 분명해 보이며, 피부를 가꾸는 것은 기존의 남성성 각본에는 없던 새로운 수행이다. 그러나 남성 문화 내에서 새로운 수행이 나타나는 것과 그것이 남성-되기로 이어지는 것은 별개의 문제다. 미백이 남성성을 구성하는 새로운 요소가 될 수는 있으나 그것이 반드시 남성성을 탈영토화하는 효과를 갖는 것은 아니다. 미백 배치에서 남성-되기란 불가능하다. 남성-되기의 성립 불가능성은 두 차원에서 일어난다.

우선 남성에게 미백은 제약적인 한도 내에서만 이루어져야 하는 신체기술이다. 여성만 참석한 그룹 인터뷰에서는 초면인 사이라도 서로 알고 있는 미용 제품과 시술 등에 대한 정보를 활발하게 공유한 한편, 남성만 참석한 그룹 인터뷰에서는 질문에 답할 때 외에 참가자끼리 서로 미용에 대한 이야기를 하는 경우는 거의 없었다. 친한 선후배가 함께 면접에 참여했을 때도 자신이 실천하고 있는 내용이나 알고 있는 내용을 적극적으로 공유하는 것에 불편한 감정을 내비치기도 했다.

현준(29세, 대학원생) 저 같은 경우에는 보통 제가 추천을 해 주는 편이기는 해요. …… 선크림을 추천해 준다고 하면 '어떤 스타일을 원하냐' 라는 게 있잖아요. 예를 들어서 백탁 현상이 심한 게 있고 그런 현상이 없는 게 있고, 아니면 선크림을 별도로 추가해서 스텝에 넣어야 되느냐, 아니면 그냥 로션이랑 퉁쳐서 한 번에 할 수 있느냐 이런 것들을 물어 보고 그거에 맞춰서 얘기해 줄 수 있을 만큼은 되는데, 그렇게 얘기하다 보면 약간 그런 느낌 받죠. 예를 들어 '남자 치고는 과하게 아는 것 같다' 이런 인상을 받을 때도 있기도 해요.

그게 뭔가 부끄러우세요, 혹시?

현준 약간, 그렇긴 하죠.

상호(25세, 대학원생) 아, 진짜 그래?

현준 아 그니까 약간.

여성의 시선 속에서도 남성의 미백은 온전히 이성애적인 매력으로 여겨지지는 않는다. 남성 뷰티에 대해서 전적으로 낯설어하거나 거부감만을 표하는 여성은 없었지만, 남성의 뷰티를 남성 고유의 욕망으로 해석하는 여성 또한 없었다. 스타와 같이 직업상 외모를 가꿀 필요가 있거나 스타가 아니라도 깔끔한 인상을 주는 것이 도움이 되는 직업일 경우 외모 가꾸기가 필요하다는 정도의 인식이다.

[아이돌은] 직업이니까 해야 하지 않을까 싶은데요. 사실 저희 신랑도 항상 BB크림을 바르고 나가요. …… 근데 그게 강하게 바른다기보다는, 그러니

까 자기 톤보다 밝게 바르는 거보다는, 잡티나 그런 걸 가리려고. 직업적으로도 약간 잘 보여야 되는 직업이어서 그게 필요하긴 해요. 그래서 저는 권장하는데…… (나연, 34세, 회사원)

남성의 미백은 신자유주의적 통치 담론에 부합하는 방식, 즉, 실용적이고 경제적인 목적에서는 정당화되며, 이러한 목적하에 남성 배우자에게 여성 배우자가 화장품을 사다 주거나 권하는 일은 흔한 일이다. 그러나 경제적 공동체로 맺어져 있지 않은, 따라서 오로지 이성애적인 욕망의 관계에서 남성의 미백 실천은 부자연스러운 것으로 해독된다. 화장품을 바르더라도 여성의 시선 속에서 티가 나지 않고 자연스러우면 매력적으로 받아들여지기도 하지만, BB크림처럼 가벼운 제형으로라도 화장을 했다는 사실이 명백하게 드러날 경우 이성애적 매력이 떨어지거나 이성애자가 아니라는 추측으로까지 이어진다.

제 남자친구가 BB크림을 바른다는 거예요. 저는 지금까지 그런 남자를 만나 본 적이 없는데. 저는 그거에 너무 충격을 받은 거예요. 그때 약간 싫어질 뻔했는데. 근데 이게 한 티가 나는 사람이었으면 사실 애초에 제가 호감도 가지 않았을 텐데, 요즘 또 남자 제품은 자연스럽게 나오더라고요. 진짜, 진짜 몰랐어요. (예진, 24세, 대학생)

[BB크림을 바른 게] 티 나요. 티 나고, '저 사람 게이 아니야?' 속으로 그렇게 생각하고. [그 사람은] 결혼했다 한 번 실패했거든요. '왜 저래, 저러지 좀 않았으면 좋겠다' 이런 생각 들고. (효진, 43세, 주부)

또한 남성의 미백은 여성보다도 더 한국이라는 국가적 경계 내에서의 실천으로 제한되는 경향이 나타난다. 서울에서의 유학 경험이 있는 외국인 여성 인터뷰 참가자들은 대부분 한국 남성이 BB크림을 바른 모습을 실제로 보고 다소 놀라긴 했지만 이상하게 여기지는 않았다고 말했다. K팝 아이돌을 통해서 이미 한국 남성의 메트로섹슈얼한 화장까지도 익숙하기 때문이다. 그러나 자국의 남성이 같은 방식으로 피부 관리 및 표현을 하는 것에 대해서는 거부감을 표현했다.

> 태국 남자들이 화장하거나 피부 관리 많이 하면 우리는 딱 보고 게이라고는 생각 안 해요. 트랜스젠더라고 생각하죠. (누이, 24세, 대학원생)

> '게이인가' 이런 생각하는데, 근데 한국이기 때문에 자연스럽다고 생각해요. (쏨, 25세, 대학원생)

> [세븐틴이 나온 화장품 광고 사진을 보며] 이건 한국 아이돌이죠? 그렇게 알고 있어서 괜찮아요. 그런데 만약 베트남 사람이면 좀 다르죠. (후이, 20세, 대학생)

이런 점에서 아시아에서 남성의 화장은 오히려 여성보다 더 섬세한 기술이 요구되는 영역이라고 할 수 있다. 남성 자신에게 꾸미고 싶은 욕망이 있더라도 그것이 다소 협소한 남성성 규범과 이성애 규범성을 위반하지 않도록 절제될 필요가 있는 것이다. 남성의 뷰티 실천이 상당히 보편화되었고, 젠더리스genderless 메이크업, 젠더 뉴트럴gender neutral 메이크업과 같이 여성의 화장과 경계가 없는 남성 화장도 상품화될 정도의 변화가 있지만, 그럼에도 여전히 여성 다수의 시선 속에서는 이성애적인 것으로 충분히 코드화되지 못하는 상황이다. 따라서 남성이 자신의 일상을 가로지르는 일부 기호적·물질적 흐름이 미백 배치와 접속하더라도 이로부터 어떤 탈주가 발생한다고 기대하기는 어렵다. 남성의 뷰티는 직업적·경제적 목적에 의해서라든지 등의 이유로 변호되며 기존의 남성성 지층을 공고히 하기 위한 부수적 역할을 하는 경우가 많다.

또한 더 중요한 점은 남성-되기란 애초에 개념적으로 성립이 불가능하다는 것이다. 들뢰즈는 되기란 늘 소수자-되기이기 때문에 여성-되기는 있어도 남성-되기는 없다고 말했다. 되기란 늘 무언가를 생성하는 것으로 탈영토적 힘을 의미한다. 이미 세계의 다수성을 형성하고 있으면서 지배 상태를 전제로 하는 남성에게 탈영토적 힘은 성립될 수 없을뿐더러 불필요하다. 뷰티의 차원에 있어서도 남성이 뷰티와 맺는 관계는 여성이 뷰티와 맺는 관계와는 다른 구도를 지닌다. 여성의 뷰티는 '억압 대 힘돋우기'의 문제로 논의되는 반면, 남성의 뷰티는 '위기 대 확장'의 구도를 지닌다. 남성이 화장을 한다는 것이 남성성이 지닌 젠더적 권력에 흠을 내는 위기를 의미하는가, 또는 새로운 남성성의 자본을 마련하는 남성성 확장을 의미하는가의 논의가 되는 것이다. 어느 쪽이든 남성은 지배 상태이자 기준점이라는 사실을 전제하므로 남성-되기는 성립할 수 없다. 남성의 뷰티가 젠더 질서에 어떠한 전복성을 발휘한다고 하더라도 이것은 엄밀히 남성의 여성-되기이며, 남성-되기로 개념화할 수는 없다.

시대마다 헤게모니적 남성성은 조금씩 변화해 왔고, 최근의 남성성 규범은 여성이나 동성애 남성의 문화를 차용 및 전유함으로써 그 영역을 확장해 나간다고 볼 수도 있다. 꽃미남의 부드러운 남성성은 식스팩의 몸을 갖춤으로써 불완전한 남성으로 받아들여지거나 이성애 규범에 어긋나는 독해가 이루어지는 것을 막는다(윤조원, 2010). 남성의 화장도 퀴어적이거나 여성스러운 것으로 수용되기보다는 이성애적 매력으로 수용된다(Jang et al., 2019). 이것은 래윈 코넬Raewyn Connell(1995/2013)의 용어를 빌리자면 '공모적 남성성complicit masculinity'이라고 할 수 있다. 공모적 남성성은 가부장적 남성성 질서 내에서 헤게모니적 위치를 차지하고 있지는 않지만 확장된 남성 문화를 통해서 '가부장적 배당금'을 받는다. 남성의 미백이 직업적·경제적 목적에서만 긍정적으로 허용되는 시각 속에서 남성의 미백은 생계부양자로서의 남성 위치를 떠받치는 역할을 하며 근대적인 젠더 분업 체계를 더 공고히 할 뿐이다.

종합하자면, 남성의 뷰티는 한국의 젠더 규범 영토 내에서 분자적 분할선을 형성한다. '분자적'이란 미세한 떨림과 흔들림이며 기존의 경직된 영토에 미세한 균열을 내는 힘이다. 분자적 분할선은 기존의 몰적 분할선으로부터 이탈하는 흐름을 만들어 냄으로써 탈주선에 선재하는 상태를 취한다. 그러나 이것은 관성을 벗어나 탈영토화하는 힘은 아니다. 분자적 분할선은 영토화와 탈영토화의 힘 사이에서 동요한다. 남성성이 미백 배치와 접속하면서 기존의 한국 사회 젠더 배치에 있던 남성성은 새로운 지층을 경험한다. 그러나 남성의 외모란 다수자로서 남성의 지배적 위치를 구성하는 여러 요소 중 하나일 뿐이고, 더욱이 그마저도 때로는 헤게모니적 남성성의 보위에 기여하기도 한다. 따라서 미백 배치 내 남성의 욕망은 기존의 젠더 질서로부터 탈주하는 힘까지는 이어지지 못한다.

아시아 남성-되기

한국 사회에서, 더 넓게는 아시아 사회에서 남성의 미백 수행이 남성-되기로 이어지지 못하는 것은 남성이 응시 주체로 존재하는 기존의 젠더 구조 때문이다. 그런데 문화권을 벗어나면서는 젠더 구조에 인종의 축이 교차하며 권력의 질서가 교란된다. 서구에서는 아시아 자체가 여성적인 존재로 환원되어 왔으며(Said, 1978/1991) 문화적 재현 차원에서도 아시아 남성은 주로 거세당한 존재, 여성적이고 유아적인 존재로 위치 지어졌다(Chow, 1991; Chen, 1996; 홍석경, 2013). 또 다른 한편으로, 서양 여성과 아시아 남성 사이에는 인종주의적 위계가 작동하여 젠더 위계만으로 설명할 수 없는 응시의 권력 구조가 형성된다.

현재 서구 사회에서는 젠더감수성이 변화함에 따라 K뷰티를 수행하는 한국의 남성성이 서구 백인 남성 중심으로 형성된 '독소적 남성성toxic masculinity'의 헤게모니에서 해방될 수 있는 가능성으로 인식되기도 한다. 독소적 남성성이란 서구 사회에서 여성의 가치를 폄하하고 동성애를 혐오하는 등 헤게모니적 남성성이 지닌 폭력적 부분을 축약하는 용어다(Connell, 1995/2013; Kupers, 2005). 중산층 백인 남성을 규범으로 하며 강한 개인성과 자아 관념을 전제로 하는 지배적 남성성은 오늘날 문화 횡단의 배치 속에서 도전 받는다. 한국의 대중문화 콘텐츠를 통해 새로운 시각적 양식을 접하게 된 서구의 여성이 한국 남성 아이돌을 새로운 남성성의 가능성으로 인식하기 시작했기 때문이다. 아래는 "BTS 방식으로 남성성을 재정의하기"(The Daily Vox, 2018. 2. 2)[98]라는

98 BTS 멤버들이 외모 관리를 하는 모습을 미디어에 노출하고 여성적인 것으로 여겨지는 스타일링을 서슴지 않는 모습이 뷰

기사에 달린 댓글들로, 미백 또는 K뷰티와 남성성에 대한 수용자의 생각을 압축적으로 잘 보여 준다.

> 내가 남자 K팝 그룹 팬들로부터 가장 많이 듣는 말 중 하나는 자신의 미의 기준이 완전히 바뀌었다는 것이다. "BTS를 좋아하기 전에는 나는 좀 거칠고 남자다운 남자를 좋아했는데, 이제는 자기 외모에 신경을 쓸 줄 하는 남자가 더 매력적으로 느껴져"라는 식의 말을 자주 듣는다. (Be***)

> 남자가 화장을 하고 분홍색으로 꾸미는데도 이토록 남성적인 걸 본 적이 없다. 근육이 잔뜩 있는 일반적인 남성보다도 더 남성적이다. 남성성은 육체적인 움직임 없이도 표현할 수 있는 것이다. 성별에 구애받지 않고 화장을 자신 있게 하는 것. 이렇게 할 줄 아는 남성은 자신의 성적 지향에도 확신이 있기 때문일 것이다. (Ma***)

근육이나 수염 같은 시각적 기호로 이루어진 기존의 서구 헤게모니적 남성성 배치에서 깔끔하게 가꾸어진 피부와 화장, 액세서리 등은 탈주적인 움직임으로 읽힌다. 뷰티를 통해 구성되는 한국 남성성은 여러 미디어 문화적 요소들의 혼종으로 나타난 무국적의 신체를 보여 준다(Jung, 2011). 특히 앞서 여성-되기에서 발견했던 여성의 미백 욕망이 지닌 긍정적 역량을 서구의 팬들은 한국 남성 아이돌의 뷰티로부터 발견하는 것으로 보인다. 아름다운 남성의 신체를 보면서, 남성과 여성의

티를 여성의 문제로만 여기는 서양 사회에서 남성성 관념에 대한 큰 변화를 가져오고 있다는 내용이다.

수목적 범주 체계에 구애받지 않고 자신을 꾸미려는 욕망의 흐름 및 여성-되기의 양상을 발견하며 해방적으로 느끼는 것이다.

그런데 이와 같은 아시아 남성의 남성성에 대한 재발견 및 긍정적인 인식은 백인 남성 중심의 지구적 젠더 질서를 배경으로 할 때 두드러진다는 점 또한 중요하게 짚을 부분이다. 앞서 서술했듯이 한국에서는 한국 남성의 뷰티가 남성의 젠더 권력을 보위하는 방식으로 이해될 수 있다. 또한 한국 남성의 아름다움을 남성성 자체의 근본적 변화로 여겨서는 안 된다는 경계의 목소리도 있다. 한국 남성의 젠더 수행성이 시사하는 새로운 가능성이란 젠더와 인종의 교차축에서, 백인 남성의 남성성과의 질서 및 비교 속에서 발현되는 것이다.

> 아시아 문화에 만연한 독소적 남성성과 여성 혐오에 대한 언급이 없다니 놀랍다. 서양인들이 한국 남자들은 좋은 피부를 갖고 있기 때문에 서구 남성들보다 더 여성스럽고 덜 독소적이라고 생각하는 것도 웃기고. (Hw***)[99]

결국 해외 수용자들 사이에서 한국의 부드러운 남성성에 대한 관심은 다시 코넬(Connell, 1995/2013)의 용어를 빌자면 "주변화된 남성성marginalized masculinity"을 발견하는 과정으로 보인다. 주변화된 남성성은 헤게모니적 남성의 자리를 대체할 수는 없지만 헤게모니적 남성성하에 억압받고 배제되는 종속적subordinated 남성성과는 달리 다른 정체성 범주와의 교차를 통해 단일한 위계를 흩트리는 잠재력을 지닌다. 한국

99 위에서 언급한 "BTS 방식으로 남성성을 재정의하기"(The Daily Vox, 2018. 2. 2)의 댓글 중에서 인용했다.

남성의 미백 뷰티가 한국의 젠더 규범이라는 영토에서 분자적 분할선을 형성했다면, 인종의 질서가 작동하는 지구적 단위의 젠더 배치 속에서는 상대적으로 큰 에너지를 발휘하며 탈주의 잠재력을 보인다.

2. 아시아인-되기

우리는 이미 앞에서 '아시아 여성-되기'와 '아시아 남성-되기'를 통해 미백이 수반하는 '아시아인-되기'의 가능성을 엿보았다. 한국 가요 시장을 기반으로 하던 K팝이 다른 아시아 국가로부터 멤버를 찾고, 그 아시아인이 K팝의 미학 및 K뷰티를 체화하고, 그 체화된 신체가 다시 해당 아시아 국가에 새로운 이상적 아름다움을 제공하며 상호적인 변환을 경험하는 이 양상은 곧 아시아 상호 참조적인 성격을 드러낸다.[100] 아시아 내에서, 아시아인 간에 아름다움의 모델을 찾아내면서 아시아의 관념과 실천, 정체성을 둘러싼 새로운 의미의 계열이 만들어지고 있다. 또한 남성-되기란 불가능한 가운데 젠더와 인종의 권력 축이 교차하는 차원에서 아시아 남성의 남성성에 대한 긍정적 재발견이 이루어지는 것도 확인할 수 있었다.

이제 인종의 문제에 좀 더 초점을 맞추어 아시아인-되기의 가능성을 들여다보자. 인종 또는 인종주의는 그 자체로 하나의 신체기술적

100 물론 아시아 내의 문화적 흐름이 늘 상호적으로 이루어지는 것은 아니다. 상호 참조가 실패하는 국면을 다음 장에서 짚어 본다.

배치다(Pugliese & Stryker, 2009). 인종이 신체적 특징을 바탕으로 구성되는 만큼 신체를 어떤 식으로 배치하고, 변형시키고, 해석하느냐에 따라 인종주의가 작동할 수도 있고 인종에 대한 새로운 상상력이 전개될 수도 있다. 여기서는 아시아인의 인종색을 규정하는 기존의 분절선이 작동하지 않게 만드는 두 가지 미백 배치의 양상을 살펴볼 것이다. 그리고 K뷰티가 생산하는 한국인-되기의 가능성을 질문해 볼 것이다.

화이트워싱과 옐로워싱

한국 미디어에서 스타의 이미지를 밝고 하얗게 연출 및 보정하는 것은 흔하게 구현되는 미학이자 미디어 문법이다. 홈마스터를 비롯하여 팬들이 직접 촬영한 아이돌 사진 또한 필터의 사용이나 후 보정 작업을 통해 투명한 미백의 피부를 연출한다. 그러나 한국의 미스 코리아가 세계권 미인 대회에 출전할 때는 태닝을 하는 사례에서 보았듯, 미백 배치는 한국의 미디어·사회 환경 내에서만 그 안정성을 보장받는다. 한국의 미백 배치 내에서 생성된 이미지들이 해외 팬들의 응시 속으로 들어갔을 때 이는 불안하고 거슬리는 이미지가 되기도 한다. 국내의 홈마스터가 배포한 사진에 대해 일부 해외 팬들이 '화이트워싱whitewashing'이라고 비판하기 시작한 것은 이런 맥락에서다.[101] 이들은 미백이 한국인 또는 아시아인의 정체성을 '있는 그대로' 받아들이지

101 화이트워싱 비판은 약 2010년대에 들어서면서 나타나기 시작한 것으로 보인다. 2010년대 이후 K팝을 비롯하여 한국의 대중문화가 아시아를 넘어 서구권에서도 유의미한 규모의 팬덤을 형성하기 시작한 것이 그 배경일 것이다.

못하고 인종적 진정성을 부정하는 현상이라고 여긴다. 특히 "LOVE YOURSELF"라는 제목으로 앨범을 내고 월드투어를 했던 BTS의 경우 이들의 미백 이미지는 아티스트가 선언한 슬로건을 팬들이 거스르는 행위라고 비판받기도 했다.

> 왜 한국의 이상적인 미는 한국인처럼 보이지 않는 방식인지 이해 못 하겠어. (Ba***)[102]

> 방탄소년단은 자기 스스로를 사랑하라고 했는데, 너네는 그들의 피부색을 완전히 바꿔 버리고 다른 인종에 속하는 것처럼 보이게 만들고 있어. (ba***)[103]

본격적으로 K팝 아이돌 사진에 대한 화이트워싱 논란을 들여다보기 전에 미리 개념을 정리하자면, 원래 화이트워싱이란 할리우드 영화에서 백인 배우가 비백인 캐릭터를 연기하는 상황을 일컫는 용어다. 영화 〈재즈 싱어*The Jazz Singer*〉(1927)에서 백인 배우인 알 졸슨Al Jolson이 얼굴에 검은 칠을 하고 입술만 두껍고 하얗게 남겨놓는 흑인 분장을 했던 것이 대표적인 사례다. 최근에는 영화 〈닥터 스트레인지*Doctor Strange*〉(2016)에서 티베트 캐릭터인 에인션트 원 역할에 틸다 스윈튼

102 BTS 팬 커뮤니티 Amino에 올라온 게시물 "BTS whitewashed/not whitewashed(& recolored)"에 달린 댓글.

103 BTS 팬이 트위터에 올린 글. BTS 멤버 제이홉의 미백 보정 사진과 복구 사진이 함께 게시되어 있었다.

그림 18 최초의 유성 영화 〈재즈 싱어〉는 주인공 재키가 유대계 집안의 반대를 이겨내고 흑인 분장을 한 채 재즈 가수로 성공하는 모습을 보여 준다. 이 영화가 재현하고 있는 블랙페이스는 19세기~20세기 초중반 미국에서 인기를 얻던 흑인 분장 코미디 쇼인 민스트럴 쇼에서 쓰이던 분장으로, 흑인에 대한 인종적 고정관념을 심화했다.

Tilda Swinton이 캐스팅되거나, 일본 애니메이션을 원작으로 실사화한 작업인 〈공각기동대: 고스트 인 더 쉘*Ghost in the Shell*〉(2017)에서 쿠사나기 소령 역에 스칼렛 요한슨Scarlett Johansson이 캐스팅되어 논란이 된 바가 있다. 백인이 비백인 역할을 맡는 블랙페이스blackface, 옐로페이스yellowface의 관행을 통해 사실상 백인 배우 일색의 할리우드 문화를 형성하는 양상이 화이트워싱인 것이다.

그런데 K팝 화이트워싱이 지칭하는 바는 그 반대의 현상이다. 해외 팬들이 비판하는 화이트워싱은 한국인 또는 동아시아인인 K팝 스타들의 얼굴을 하얗게 연출하는, 즉 비백인이 화이트페이스whiteface를 하는 관행을 의미한다. 이처럼 K팝 화이트워싱이 기존의 화이트워싱과 정반대의 현상을 지칭한다는 점은 화이트워싱을 주장하는 해외 팬들에 대해 국내 팬들이 개념 자체부터 틀렸다고 반박하는 근거가 되기도 한다. 그러나 화이트워싱을 문제 삼는 이들은 할리우드 영화에서의 화이트워싱 개념과는 별개로, 이 용어를 인종주의나 문화적 다양성과 관련된 정치적 올바름의 문제, 또는 '흑인은 아름답다Black is beautiful' 운동이나 '자기 자신을 사랑하라Love yourself'와 같은 메시지의 맥락과 새롭게 계열화시켜 사용하고 있다. 그래서 화이트워싱이라는 단어를 한쪽에서는 할리우드 영화 전통으로, 다른 한쪽에서는 다양성 및 자기 긍정 담론으로 계열화를 한 채 담론적인 경합이 나타나고 있다.

이 논란은 단순히 개념의 충돌에서 비롯한 문제에 머무르지 않는다. K팝 아이돌 사진이 화이트워싱이라고 주장하는 이들은 그 사진을 재보정하는 작업을 통해 이미지 또한 재영토화하려 한다. 이미지 기반 소셜 미디어인 텀블러tumblr에는 'restored,' 'recolored,' 'unwhitewashed,' 'unbleached'라는 단어를 계정명 및 해시태그에 활용하는 계정이 다수 운영되고 있다. 이들은 필터나 조명 등에 의한 미백 효과가 가해지지 않았다고 판단되거나 또는 재보정을 통해 원본에 가깝도록 '복구한restored' 사진들을 아카이빙한다. 예를 들어 "kpop-restored"라는 이름의 텀블러 계정에서는 공개된 형태로 여러 이용자로부터 화이트워시가 되지 않은unwhitewashed 사진을 제공 받아 게시하고 있다. 또한 미백 보정 사진과 복구 사진을 나란히 배열하는 방식으로 비교를 제공하면서 더 나은 복구를 위한 조언을 요청하기도 한다. 'melaninup'이라는 이름의 텀블러 계정의 운영자들은 자신들이 "멜라닌이 많은melanin-strong" 아이돌들을 선호하며 "자연스러운 자기 자신의 모습을 보여 주는 K팝 아이돌들"의 사진을 아카이빙한다고 계정 소개를 한다. 이들 계정을 방문하여 답글을 남기는 이용자들은 사진 '복구restore,' '재채색recolor,' 또는 '교정correct' 작업이 지닌 정치적 올바름에 지지를 보내며 팬덤의 발전적인 방향으로 인식하고 있다.

복구 사진 작업은 대략 2016～2017년부터 증가하기 시작했다. 그리고 2018년 1월 BTS의 국내 유명 홈마스터가 복구 사진과 화이트워싱 개념에 대한 공개적인 비난을 하면서[104] K팝 팬덤의 온라인 공론장에서 주요한 논쟁거리로 부상하게 되었다. 해당 홈마스터는 자신이 배포한 사진이 명도가 어둡게 조정되거나 노란빛의 필터를 입힌 듯한 형태로 유포되는 것에 불쾌감을 표했고, 이에 공감한 국내외 팬들은 복구 사진을 '옐로워싱yellowashing' 또는 '블랙워싱blackwashing'이라고 비판했다.

복구 사진 또는 화이트워시되지 않은 사진의 양상은 다양하다. 일부 복구 사진들은 그 명명에 걸맞게 원본 사진을 실제로 복구한 것처럼 보이기도 한다. 또 다른 사진들은 명도를 어둡게 조정하거나 노란빛의 필터를 덧입혀 명백히 오류로 보인다. 또는 애초에 노란 색감이 연출된 사진이나 촬영 환경 내에 그림자 및 후방 조명 등으로 어둡게 찍힌 사진들이 화이트워시가 안 된 사진이라며 아카이빙되기도 한다.

104 해당 트윗은 현재 삭제된 것으로 보인다.

중요한 점은 복구 사진이 실제 해당 아이돌의 피부색을 그대로 반영하는 방향으로 조정되었는지 아닌지의 문제가 아니다. 중요한 것은 복구 사진의 존재 그 자체다. 복구 사진, 그리고 복구 사진을 만들려는 시도는 한국인에게 '자연스러운' 또는 '알맞은' 피부색에 대한 상상력이 국제 사회에 존재한다는 것을 증명한다. 이는 앞 장에서 언급했던 '기억색'의 문제이기도 하다. K팝 아이돌 실물을 볼 기회가 적은 해외 팬들에게 K팝 아이돌이란 아시아인에게 부여된 기억색으로 상상되기 쉽다. 그리고 그 기억색이란 유구한 오리엔탈리즘의 역사가 만들어낸 것일 확률이 높다. 한국의 미디어 관습 속에서 미백 보정이 된 사진들 또는 심지어는 보정이 되지 않았더라도 유독 밝은 피부색을 지닌 아이돌 사진이나 기술·환경적 요인으로 인해 밝게 찍힌 사진은 일부 서구 팬들이 형성한 한국인의 피부에 대한 기억색에서 이탈한 이미지다.

따라서 복구 사진은 기억색에 대한 욕망이 작동한 결과물이다. 앞서 홈마스터 인터뷰를 통해서 볼 수 있었던 스타 이미지의 환상성과 팬의 행복감은 이미 고정된 인종색에 대한 기대가 있는 팬들에게서는 가로막혀 버린다. 이 팬들은 아이돌을 비판하거나 아시아인을 폄하하려는 의도를 지니고 있지 않으며, 반대로 아이돌을 욕망하는 이들이다. 그런데 그 욕망이란 "상상력이 결여된 익숙한 욕망"(손희정, 2016: 351)으로, 익숙한 인종색 및 기억색과 연결된 욕망인 것이다.

마치 색카드 뒤집기 게임을 하듯 온라인상의 미백 사진을 복구 사진으로 변환시키는 움직임이 일어나는 다른 한편으로, 이러한 복구 사진에 담긴 욕망을 비판하고 차단하는 흐름 또한 존재한다. 이는 한국인, 더 넓게는 아시아인의 인종색에 대한 비판적인 시선과 새로운 상상력의 가능성을 불러온다. 복구 사진이 얼마나 제대로 복구되었느냐의 문제보다 복구 사진의 존재가 중요한 것처럼, 복구 사진이 제대로 복구를 했는가 여부를 둘러싼 비판보다 복구하려는 시도가 존재한다는 것 자체에 대한 비판을 눈여겨볼 필요가 있다. 개별 아이돌의 실제 피부색이 어떠하든, 한국인 또는 아시아인이라고 해서 특정한 피부색을 지닐 것이라고 가정하는 것 자체에 대한 비판이 이루어지고 있는 것이다.

위에서 인용했던 "그들의 피부색을 완전히 바꿔 버리고 다른 인종에 속하는 것처럼 보이게 만들고 있"다는 트윗에 달린 답글은 그 트윗의 시선을 비판한다.

> 무지한 말이야. 국제 팬들은 언제쯤이면 하얀 피부가 한국 문화에서 오랫동안 기준으로 존재해 왔고 백인과 상관있는 게 아니라는 걸 깨달을까? 특권화된 서구 시각에 입각해 다른 문화에 대한 무시함을 보이고 있다니, 네 워크니스wokeness[105]는 대체 어떻게 된 거야?? (St***)

이러한 입장은 또 다른 윤리적 감각을 호소한다. 미백을 화이트워싱으로 규정하는 것 자체가 인종주의적이고 식민주의적인 고정관념에 기반한다는 점을 지적한다. 다음은 소셜 미디어 레딧Reddit에서 복구 사진에 대한 의견을 묻는 게시글에 달린 답글들로, 복구 사진에 내재하는 오리엔탈리즘적 욕망의 시선을 비판한다.

> 서구의 사람들이 K팝이나 동아시아 사회 전반에 있는 피부색주의를 지적

105 사회 정의에 민감하게 반응할 줄 아는 깨어 있는 의식을 지칭하는 용어다.

하면서 서구에서 선호하는 태닝된 피부색을 따르라고 하는 것에 내재된 위선을 인식할 필요가 있다고 생각한다. 자연스럽고 건강한 피부 톤을 지지하는 것과 그 피부 톤이 태닝된 피부라고 생각하는 건 별개의 문제다. 또한 많은 동아시아인, 특히 한국인들이 선천적으로 밝은 피부를 갖고 있기도 하다(내가 만난 밝은 피부의 아시아인은 대개 한국계였다). 그런 사람들을 무작정 포토샵이나 한국 미의 기준의 희생양으로 여기는 건 무지한 행동이고 자신이 지닌 서구중심주의를 증명하는 것이다. (pi***)

텀블러에서 이런 수정본들 분명히 본 적 있는데, 이렇게 수정하는 사람들은 항상 짜증 나게도 독선적인 태도를 갖고 있는 것 같다. (아마도) 좋은 의도로 한 일이겠지만 나한테는 그들과 굳이 관련되지 않은 서구의 규범을 강요하는 것처럼 느껴지기도 한다. (ba***)

더 나아가 하얀 피부를 백인의 신체에만 귀속시키는 시각 자체에 대한 경계가 나타나기도 한다. 화이트워싱 담론이 밝은 빛의 피부가 백인의 전유물이라는 것을 전제로 하며 미백을 유색인이 백인을 선망하는 데서 비롯된 뷰티의 방식이라고 판단한다는 비판이다.

화이트워싱이 문제이긴 하지만, 한국인이 밝은 피부색을 갖는 게 불가능하다고 생각하는 사람들도 있다는 점 또한 그 자체로 문제적이다. (Ow***)

[미백은] 인종주의나 피부색주의, 그을린 피부에 대한 혐오와는 관련이 없어. 사진을 더 낫게 만드는 흔한 기술일 뿐이지. (Al***)

이런 시각은 백인이라는 유기적 신체에 있던 하얀 피부를 하나의 분체로 절단한 뒤 한국인의 신체에 접속시킨다. 하얀 얼굴과 결합한 한국인 스타의 신체는 곧 앞에서 살펴보았던 미백의 신체기술적 배치물이며, 홈마스터의 보정 사진이 지닌 행복의 정동이 흐르는 공간이다. 이 정동은 한국인 스타의 잠재적인 신체 변용 능력을 증가시켜 고정된 기억색을 보려는 욕망을 차단하거나 전복시키는 식으로 작동한다. 이렇게 "인종화된 시각성" 또는 "시각화된 인종성"(Kawashima, 2002: 185)을 탈코드화함으로써 인종과 시각성에 대한 관념을 재배치하는 것이다. 화이트워싱 논란에 연루된 아이돌 스타의 미백 이미지들은 자연적으로든 조형적으로든 '아시아인도 하얀 피부를 가질 수 있다'는 미학적인 선언과도 같은 역할을 한다. 그리고 이것이 아시아인이 지닌 미백의 탈주적 욕망과 교차하면서 아시아인-되기를 형성한다.

인종색을 재배치하는 퍼스널 컬러

퍼스널 컬러는 개인의 피부 톤과 잘 어울리는 색상을 의미한다. 현재 하나의 산업을 형성하고 있는 퍼스널 컬러 진단은 크게 미국, 캐나다, 영국을 중심으로 하는 서양 체계와 한국과 일본을 중심으로 하는 동양 체계로 나뉘어 있다. 일본의 경우에는 독자적인 시스템을 개발했는데, 아시아인이 서양인보다 머리색이나 눈동자의 색이 다양하지 않기 때문에 8분류 체계로 충분하다는 판단에서였다. 그러나 최근에는 서양과 아시아의 두 체계 사이의 차이가 점차 사라지는 대신 분류를 세분화하는 추세다. 한국은 대체로 서양이나 일본의 시스템 중 하나를 선택하면서도 점차 자체적인 분류법을 개발하고 있는 단계다.

한국에서 퍼스널 컬러 컨설팅 업체가 존재한 지는 오래되었지만,

대중적인 차원에서 퍼스널 컬러 담론이 커진 것은 2010년 중반부터다. 처음 국내에서 퍼스널 컬러가 온라인 담론으로서 유행하기 시작했을 때는 단순히 웜톤과 쿨톤을 진단하는 방식이 지배적이었다. 이때 웜톤은 대개 따뜻한 색이라는 차원에서 노란빛이 도는 피부이고 쿨톤은 차가운 색이라는 차원에서 밝은 분홍빛이 도는 피부라는 단순 이분법적 진단이 퍼지면서, 한국인은 대부분 웜톤인 가운데 쿨톤이 미백의 피부로서 선망되는 경향이 생겼다. 이후 웜/쿨의 색온도 개념에 명도와 채도가 고려되면서 봄웜톤, 여름쿨톤, 가을웜톤, 겨울쿨톤의 네 가지 개념으로 세분되었고, 여기서 다시 명도와 채도를 세분화하여 소프트, 뮤트, 딥, 클리어 등의 개념이 섞인 12개의 톤 체계가 보편화되었다.[106]

'톤팡질팡,' '톤 궁예' 등 자신의 톤을 궁금해하는 것과 관련된 신조어들이 통용될 정도로 한국 사회에서 퍼스널 컬러는 전문적인 영역이 아닌 대중적 담론으로 확산되고 있다. 퍼스널 컬러 담론이 커짐에 따라 시장에서도 웜톤 21호, 쿨톤 21호와 같이 호수 체계를 세분화하는 움직임이 나타나기도 하며, 퍼스널 컬러 진단업체의 수는 10년 전에 비해 10배수 이상 증가했다. 이처럼 퍼스널 컬러는 한국의 피부색에 대한 대중적 인식과 산업에 변화를 가져오는 중이라는 점에서 유의미하게 볼 필요가 있다. 퍼스널 컬러 역시 소비주의적 담론임은 분명하다.[107] 퍼스널 컬러는 상업적 목적으로 만들어진 영역이고 현재 국내

106 구체적인 분류 체계와 톤의 각 명칭은 서양식 톤 분류법 명칭을 택하느냐 일본식 톤 분류법 명칭을 택하느냐에 따라 각 컨설턴트 및 업체마다 조금씩 다르게 사용된다.

107 1시간 정도 소요되는 일대일 퍼스널 컬러 진단을 받기 위해서는 8~10만 원 정도를 지불해야 한다. 진단이 이루어진 후

퍼스널 컬러 컨설턴트 자격을 얻는 진입 장벽이 낮기 때문에 업체들이 우후죽순으로 생겨나는 과정에서 불완전한 진단이 이루어지는 부작용도 나타나고 있다. 그럼에도 퍼스널 컬러가 최근 한국의 미백 배치 안에 일으키는 균열과 탈주의 지점들은 주목할 만하다. 주목할 만하다는 것은 퍼스널 컬러 담론이 과학적이고 정당화될 만한 것인지 아닌지의 여부와는 상관이 없다. 현재 한국 사회에서 피부색에 대한 뷰티 담론이 이러한 새로운 톤 분류에 대한 관심을 갖고 있으며 그 과정에서 인종주의적인 위계적 분류법에 균열을 내고 있다는 점에서 주목할 만하다는 것이다. 사회적 배치란 의도적 행위들의 비의도적인 결과라는 데란다(2006/2019, 2016)의 주장처럼 퍼스널 컬러가 시장 논리에 입각해 확장되고 있는 것이라도 이것이 동반하는 인식과 실천의 변화는 비의도적인 행위 능력을 지닌다.

퍼스널 컬러 진단 역시 그 목적에는 미백 효과를 포함한다. 진단에서 가장 중요한 과정은 진단 천을 얼굴 아래에 대보면서 어울리는 색과 아닌 색을 판별하는 과정이다. 이때 색이 어울린다는 표현으로 가장 많이 사용되는 것이 '얼굴이 밝아졌다'라는 것이다. 어울리지 않는 색의 천을 댔을 때는 '얼굴이 칙칙해졌다'라든가, '갑자기 어두워졌다'라는 표현으로 진단한다. 이때 '얼굴이 밝아졌다'라는 것을 판별하는 방식이 관계적이라는 점이 퍼스널 컬러의 특징이다. 퍼스널 컬러에서 미백은 관계적으로 판단되는 개념이다. 피부색을 진단하기 위해서는 "신체 색과 더불어 헤어 색, 눈동자 색, 이목구비, 털의 속성, 피부결의

에는 피부색에 맞는 파운데이션과 색조 화장 제품, 향수에 대한 추천이 이루어지며 추가적인 소비 욕구를 자극한다.

속성 등”(퍼스널 컬러 컨설턴트 인터뷰에서 인용) 여러 요소들이 고려된다. 즉 퍼스널 컬러는 얼굴을 그 자체로 하나의 배치물로 간주하여 그 안의 요소들이 어떤 관계를 맺는지를 살펴보며 피부색을 판단한다. 또한 퍼스널 컬러는 기본적으로 색채 이론을 기반으로 하기 때문에 보색이나 색조화 같은 색의 관계적 개념에 근거해서 피부색을 다루며, 색을 ‘불안정’한 것으로 바라본다. 퍼스널 컬러를 진단한다는 행위 자체가 색의 이끌림의 법칙, 즉 착시 현상을 이용하는 것이기도 하다.

> 차가운 색이라고 생각했던 핑크색도 그보다 더 차가운 색 옆에 두면 따뜻해 보입니다. 이렇듯 특정 ‘색’이 절대적인 웜/쿨의 색으로 지정될 수 없듯이, 사람 간에도 퍼스널 컬러는 상대적이라고 표현할 수 있습니다. (퍼스널 컬러 컨설턴트)

이와 같이 퍼스널 컬러는 인종 분류와 이를 토대로 하는 피부색 분류법, 그리고 화장품의 호수 체계가 가진 몰적 질서를 벗어난다. 퍼스널 컬러를 진단하기 위해서는 진단의 대상을 인종이 아닌 개인으로 나누고, 다시 개인을 분체로 나누어 파악해야 한다. 얼굴을 구성하는 요소가 맺는 관계, 색의 속성이 형성하는 관계, 그리고 얼굴의 일부 부위가 색상과 맺는 관계를 고려하여 피부색을 진단하기 때문이다. 따라서 퍼스널 컬러 담론 위에서 구현되는 미백이란 관계적 개념 및 성질로서의 미백이다.

이러한 속성으로 인해 퍼스널 컬러는 인종색을 재배치하는 효과를 지닌다. 흑인, 백인, 황인과 같이 명백한 색 용어를 사용하는 것이 아니라 색온도, 명도, 채도를 종합적으로 고려하여 계절 명칭과 접속시킴으로써 기존의 피부색 분류법으로부터 탈주하는 것이다. 조금 더 나아가, 얼굴이 지닌 비재현적인 속성을 피부색 판단에 연루시키기도 한다. 예를 들어 인터뷰에서 만난 퍼스널 컬러 컨설턴트는 자신의 분류 체계를 보여 주었다. 해, 대지, 달, 별의 속성으로 나눈 후 다시 더 세분화한 16분류 체계였다. 이는 색상 용어로부터 멀어졌지만 여전히 색상 이미지를 연상시키는 계절 명칭을 붙인 분류법보다도 더 탈코드화된 양상이다. 색 용어로 인종을 분류하는 것이 늘 인종주의 및 피부색주의와 관련해 중요한 정체성 정치 또는 개념 정치였다는 점을 고려할 때,[108] 이런 식의 분류는 기존 질서로부터 이탈한 양상이다.

더불어 이러한 피부 톤 분류 명칭들은 퍼스널 컬러에서 객관적인 시각성으로 판별되지 않는 다른 비재현적 속성이 동원된다는 것을 암시한다. 예를 들어 "눈빛의 힘"(퍼스널 컬러 컨설턴트 인터뷰에서 인용)과 같은 요소가 고려된다든지, 진단 중 "이 색이 있으면 얼굴에 힘이 없죠"(퍼스널 컬러 진단 체험 시 들은 말), "얼굴과 옷의 에너지가 동등한 게 좋은 거거든요," "얼굴이 힘이 많은 거예요"(유이레, 2019. 11. 20) 같은 발화가 이루어진다. 이러한 진단을 바탕으로 퍼스널 컬러는 신체상의 색의 배치를 통

108 예를 들어, 다이어(1997/2020)는 백인이 다른 대안적 용어 없이 'white'로만 지칭되기 때문에 흼과 흼이 지닌 미덕을 독차지해 왔다고 말한다. 그리고 자신의 논지를 전개하기 위해 '백인white'에 대항하는 용어로서 '흑인black,' '비백인non-white,' '유색인people of color' 등을 놓고 그 어떤 용어도 백인성 헤게모니의 재생산으로부터 자유롭지 못함에 대해 성찰한다. 이러한 문제는 인종을 지칭하는 용어가 대개 색 용어에 치중되어 있기 때문에 발생한다.

해 신체가 지닌 정동적 능력 및 변용 역량을 증가시키는 것을 목적으로 하는 것으로 보인다.

그리고 실제로도 여러 인종이 하나의 톤으로 묶이는 식의 재배치가 이루어지기도 한다. 예를 들어 한국 가수 레드벨벳의 조이와 흑인 가수 리한나Rihanna는 같은 겨울톤에 속한다고 분류된다. 두 사람은 피부색의 명도에 있어서 차이를 지니지만, 그 외에 피부색이 지닌 속성, 피부가 예민하게 반응하는 색의 속성 등이 같기 때문에 자신에게 어울리는 색으로 유사한 색상군을 공유한다. 이는 미백 이미지 배치의 말미에서 보았던 DI 컬러리스트의 말에서 확인할 수 있듯 많은 전문가들이 흑인의 피부색을 검정, 흰색이 없는 상태, 빛이 없는 상태로 인식하고 있었던 것과는 다른 양상을 드러낸다. 퍼스널 컬러는 한국인을 기준으로 하여 매우 좁은 폭의 기억색으로만 구성되어 있었던 피부색의 영역을 확장하는 효과를 가져다준다.

또한 퍼스널 컬러는 피부색을 흰색부터 검은색까지의 일직선 형태의 명도 스펙트럼상에서 사유하는 것이 아니라 다른 형태로 배치한다. 예를 들어 국내 한 퍼스널 컬러 컨설턴트가 고안한 피부 톤 체계는 피부 톤을 원형으로 배치한다. 시작이나 끝, 위나 아래가 없는 원형 속에서 위계는 드러나지 않으며, 기준점이 되는 피부 또한 없다. 다양한 인종으로 분류되는 얼굴들을 이 구도 속에 적용해 본다면 기존의 흑백 스펙트럼 형태의 배열은 이 안에서 파편적으로 흩어지게 될 것이다. 이러한 위계의 붕괴 속에서 아시아인-되기는 새로운 시각적 자원을 확보한다.

들뢰즈는 되기란 늘 관계에 놓인 두 항의 변화를 동반한다고 말했다. 퍼스널 컬러가 전제하는 새로운 피부색의 배열은 여러 인종들의 상호변환을 시각화한다. 그 어떤 인종도 피부색에서의 척도 역할을 하지 못하는 가운데 서로 관계적인 위치가 변화하는 것이다. 인종주의와 피부색주의 자체가 밝은 피부색과 어두운 피부색의 상호 의존적인 권력 질서를 바탕으로 하고 있었기에, 어느 한쪽의 변화는 다른 쪽의 변화를 수반한다. 기존의 인종색의 수목적 위계로부터 아시아인이 탈영토화할 때, 이 탈영토화는 백인, 흑인, 또는 그 어떤 인종화된 색의 의미를 모두 변용시키게 되는 '더불어-되기becoming-with'로 이어질 수 있다.

아직까지 퍼스널 컬러는 국내 뷰티 산업 전반에 호환되는 체계가 아니라 불안정하게 존재하는[109] 대중 담론으로서의 성격이 더 크기 때문에 과연 이것이 인종색 분류에 어느 정도의 균열을 내고 아시아인-되기의 역량으로 이어질지는 불확실하다. 그럼에도 그 불안정성과 일상성이 한국 사회 내부에서 피부색에 대한 새로운 이해를 가져오고 피부색 또는 인종색과 관련한 새로운 아시아인-되기의 잠재성을 보여준다고 할 수 있다.

한국인-되기?

지금까지 우리는 한국인 또는 동아시아인이 실천하는 미백과 이를 포함한 K뷰티가 아시아인에 대한 새로운 시각적 모델을 제공하고 있음을 보았다. 그리고 그 과정에서 미백이 기존의 인종적 위계질서나 고

109 이런 이유로 인터뷰에 참여한 화장품 마케터는 퍼스널 컬러에 대해 부정적으로 전망했다. 업계 표준 없이 잘못된 정보가 많이 유통되기 때문에 시장 영역에 제대로 정착하지 못할 것이라는 생각이다.

정관념의 해체에 관여하고 있다는 점에서 아시아인-되기를 논의했다. 마지막으로, 미백의 차원으로 국한하기는 어렵지만 K뷰티를 체화하고자 하는 비아시아인의 욕망을 살펴보자. 이 욕망이 과연 인종·종족의 경계를 흐리는 탈주적인 의미에서의 '한국인-되기'로 독해될 수 있는지에 대해서는 질문의 형태로 남겨 두려 한다.

뷰티와 관련해 문화적, 경제적 교류가 많은 아시아를 넘어서 비아시아인이 한국인의 뷰티를 따라 하는 현상이 점차 가시적으로 발견되고 있다. 유튜브에는 K뷰티 메이크업을 시도하는 여러 인종의 여성 유튜버들이 있다. 북미와 유럽에서 열리는 K팝 아이돌의 콘서트 현장에는 K팝 스타일을 따라 하는 팬들을 쉽게 볼 수 있다. 심지어는 한국의 스타 같은 외모를 갖고 싶어서 수차례의 성형 수술을 한 외국인 사례들도 보도되곤 한다.[110]

최근 유튜브에서 유통되는 '한국인 서브리미널Korean subliminal' 콘텐츠도 같은 맥락에 있다. 식역하識閾下라고도 불리는 서브리미널이란 어떤 정보를 인지적으로 받아들이기 전에 무의식적으로 감지하는 것을 의미하는 것으로, 주로 광고에서 사용되어 왔다. 유튜브에서 유통되는 서브리미널이란 단지 한국과 관련해서만 특수하게 존재하는 것은 아니고 다양한 주제로 잠재의식에 호소하는 영상물을 일컫는다. 주로 고요한 음악이나 자연의 소리로 구성된 영상물로, 이것을 반복해

110 대표적으로 BTS의 멤버 '지민'을 닮고 싶어 5년에 걸친 성형 수술을 감행한 영국인 올리 런던Oli London이 화제가 되었고, 한국인의 얼굴을 갖고 싶다며 10번 넘는 성형을 한 브리질 남성 니시샨Nishi Xiahn 또한 하나의 사례로 알려져 있다.

서 청취하면 더 행복해진다든지 예뻐진다든지 무언가를 학습할 수 있다고 알려져 있다. '한국인 서브리미널'의 경우 오르골 소리나 어쿠스틱 스타일로 변주된 한국 가요가 흘러나온다. 다른 국가명이 동원된 서브리미널이 대개 해당 국가의 언어를 학습하는 것을 목적으로 하는 경우가 많은 데 반해, 한국을 비롯해 동북아시아 국가의 서브리미널은 인종·종족과 뷰티 관련 주제가 더 가시적이라는 점이 특징적이다. 한국인 서브리미널의 제목은 'become Korean,' 'look Korean,' 'Korean DNA,' 'Korean ethnicity,' 'half Korean ethnicity,' 'Korean beauty standards,' 'Korean beauty,' 'ulzzang plastic surgery,' 'Korean girl' 등의 표현을 포함한다. 한국인이 되고 한국 여성의 아름다움을 갖는 것을 목표로 삼는 것이다.

2021년 4월 기준 조회수가 200만에 달하는 한 서브리미널 영상은 '얼짱 얼굴ulzzang face'을 목표로 한다. 이 영상은 서브리미널을 통해 도달하고자 하는 76개의 외모 요소에 대해 나열한다. '큰 눈,' '검은 눈동자,' 'V라인 얼굴,' '애교살' 등의 다양한 요소는 닮고 싶은 대상으로서의 한국인의 얼굴이 어떤 특징을 포함하는지를 보여 준다. 이 중 피부에 대한 묘사는 총 20개로, '매우 고른 스킨톤,' '흠결 없는 피부,' '깨끗한 피부,' '착색 없는 피부,' '밝은 피부,' '여드름 없는 피부' 등이다. 밝고 깨끗한 피부가 한국인의 아름다움에 대한 주요한 속성임이 드러나는 부분이다.

이 영상에는 1만 4000여 개의 댓글이 달려 있으며 서브리미널에 대한 신뢰를 표하는 경우가 지배적이다. 댓글을 단 이용자들은 서브리미널을 들으면서 자신이 경험한 외모의 변화를 증언하거나 외모 변화를 소망하고 서로 응원한다. 서브리미널의 실제 효력과는 별개로, 이러한 서브리미널을 많은 사람들이 찾으며 그 효력을 기대하고 있다는 점에 주목할 필요가 있다. 이 현상에 얽힌 욕망이란 무엇일까? 서브리미널의 수용자들이 대체로 어떤 인구통계학적 속성 및 문화적 배경을 갖고 있는지 알 수 없기에 그 욕망의 역학을 구체적으로 밝히기란 어렵다. 그러나 이 서브리미널에 존재하는 욕망이 단순히 아름다워지는 차원만이 아니라 비한국인이 '한국인스럽게,' 또는 '아시아인스럽게' 아름다워지려는 차원이 분명 존재한다는 것을 알 수는 있다. 일부 댓글은 자신의 국적을 미국, 캐나다, 스페인, 터키, 에스토니아 등으로 밝히고 있기도 하고, 또는 자신이 비아시아인임을 내비치며 외모의 차원에서 아시아인처럼 변모하는 것에 대한 긍정적 감정을 표현하고 있다. 자신이 미국 또는 유럽계와 아시아계의 혼혈인데 아시아인이나 한국인으로 인식되고 싶다는 바람들도 종종 발견할 수 있다.

> 나　　와, 나 이제 입양된 것처럼 생겼다.
>
> 부모님　　이게 우리 딸이 맞나? (Bb***)

> 내가 이 서브리미널을 처음 시작했을 때 내 얼굴의 변화를 잊을 수 없어. 내 턱은 다른 사람 머리를 쪼갤 수 있을 만큼 뾰족하고, 눈은 아시아인처럼 생겼고, 입술은 훨씬 도톰하고, 이목구비와 광대 모양이 약간씩 변했어. 모든 사람에게 추천해! (Ta***)

> 나는 아시아인이지만 친구들이 유럽인처럼 생겼대. 나는 아시아인처럼 생기고 싶어. 유럽인이 아니라. (Er***)

이러한 현상이 보여 주는 것은 차이를 생산하는 되기로서의 한국인-되기일까? 아름다움의 담론 속에서 배제되어 있던 아시아 인종의 한국인이 오히려 닮고 싶은 대상이 되는 것은 기존의 지구적 미의 위계에 균열을 가한다는 의미로 해석할 수 있다. 더욱이 그 닮고 싶은 한국인의 외양이란 오리엔탈리즘의 역사에서 선별적으로 수용되어 온 '진정한 아시아인'의 외양도 아니다. 그것은 오리엔탈의 아름다움이라며 시세이도의 전속 모델로 선정된 야마구치 사요코(Isa & Kramer, 2003), 할리우드에서 아시아의 진정성으로 내세워진 루시 리우(Kawashima, 2002), 아시아인의 이목구비 특징에 대한 서구의 편향적 시선이 담겼다고 논란이 된 〈보그*Vogue*〉의 중국인 모델 가오치전Qizhen Gao[111]과는 분명 차이를 지닌 외형이다. 서구인이 한국인 서브리미널을 비롯한 여러 방식을 통해 체화하고 싶은 이상적 형태로서의 K뷰티란 서구 인종 과학이 만든 인종적 분류에 매끄럽게 들어가지 않는 혼종의, 또는 무국적성의 시각성이다.

그러나 이로써 오리엔탈리즘적 시각성 자체로부터 자유로워졌다고 단언할 수는 없다. '한빠Koreaboo'[112]라 지칭되는 현상에서 볼 수 있

111 2019년 3월 패션지 〈보그〉는 중국 출신인 가오치전을 새 모델로 발탁했는데, 이에 대해 중국 내에서 아시아인에 대한 외모 비하라는 비판이 제기되었다. 가오치전은 눈이 작고 코가 넓고 납작한 몽골족의 얼굴을 갖고 있다. 이에 아름다움의 기준이 다양해지고 있다는 평가도 있지만, 아시아인에 대한 고정관념적인 특징을 부각해서 드러내는 서구의 인종주의적 시선이 반영된 것이라는 비판이 이루어졌다.

112 '한빠'에 대해서는 뒤에서 다시 언급할 것이지만, 간략히 의미를 설명하자면 한국 문화를 열정적으로 좋아하는 과정에서

듯 인종 페티시fetish를 경계할 필요는 여전히 존재한다. 특히 미백과 K뷰티란 문화적으로 매개되는 상품으로서의 측면을 지니기에 더욱 물신주의fetishism와 연결될 수 있다. 한국인을 닮기 위해 성형 수술을 한 두 외국인 남성이 최종적으로 만족한 외모나 서브리미널에서 나열하는 외양적 특징은 K팝 아이돌의 외형을 모델로 삼는다. 즉 이들이 얻고자 하는 아름다움이란 K팝 산업에서 창출한 외모이며, 한국 성형 산업이 생산하는 이상적 결과물에 부합한다. 따라서 K뷰티에 대한 비한국인, 특히 서구인의 욕망이란 문화 상품에 대한 매혹에 기인한 것으로 보인다. 이러한 차원에서의 K뷰티는 들뢰즈적인 의미에서 백인 모방을 전복시키는 시뮬라크라가 아니라 보드리야르가 말한 소비 사회의 획일적이고 텅 빈 시뮬라크라다.

K뷰티가 시장과 문화의 차원에서 모두 전례 없는 수요와 공급, 수용과 반응을 보여 주고 있는 가운데, 한국인 서브리미널이 요약적으로 드러내는 이 현상이 지니는 의미에 대해서는 더 두고 판단해야 한다. 다양한 인종·종족적 정체성과 문화적 배경을 지닌 이들이 한국의 뷰티 방식에 대해 긍정적 반응을 보이며 이것이 한국인이 되고 싶다는 욕망으로까지 이어진다는 점은 서구중심주의적 세계관에서 이탈하는 새로운 문화적 현상임이 분명하다. 그러나 이것이 기존의 한국인 및 아시아인에 대한 고정관념을 깨고 미의 위계에 균열을 내는 '한국인-되기'인지, 변형된 오리엔탈리즘적 취향인지, K콘텐츠에서 파생된 상품으로서 아름다움의 유행 현상인지에 대해 답하기 위해서는 미백뿐만

한국인처럼 행동하거나 한국인과만 사귀고 싶어 하는 등 인종 페티시의 위험이 발견되는 사람을 부정적으로 일컫는 말이다.

아니라 K뷰티를 비롯한 'K-'로 지칭되는 문화 현상 및 산업에서 일어나는 다양한 차원에 대한 고려가 있어야 한다.

7장

미백의 제국

지금까지 미백을 식민주의적 코드 바깥에서 관찰하고 담론화해 보았다. 한국 사회에서의 미백 실천이 지닌 고유의 이야기는 탈식민적 잠재력을 드러낸다. 한국의 사회적·기술적 조건에서 미백의 외연은 변화 및 확장해 왔고 사람들에게 미백은 다양한 의미로 경험되고 있다. 이 지점에서 미백의 욕망에 대해 다시 질문해 보자. 왜 사람들은 미백을 욕망하는가? 미백이 식민주의와 오리엔탈리즘의 코드를 벗어나서 실천되고 있다면 그 탈코드화를 추동하는 욕망은 무엇일까?

이 장에서는 그 주요한 욕망을 한국에서 발전하고 있는 초국적 산업의 지층에서 탐색해 본다. 오늘날의 미백은 뷰티라는 소비 산업의 영역에 단단히 뿌리를 내리고 있으며, 초국적 시장 속에서 활발하게 유통되고 있다. 한국의 화장품 수출은 꾸준한 증가 추세에 있으며 이러한 시장적 역량을 인식하여 정부 차원에서도 지원을 하고 있다. 따라서 초국적 산업의 자본주의적 욕망은 미백을 추동하는 유일한 욕망은 아니더라도, 전통적 미인 규범이나 서구에 대한 선망을 바탕으로 하는 미백과는 구별되는 오늘날의 미백 배치에 주요한 욕망임은 분명하다. 앞 장에서 살펴본 젠더와 인종 차원에서의 탈주적 되기에는 자본주의적 탈영토화의 양상이 존재한다. 여성이 자기만족적 미백 소비를 하고 남성이 드러그스토어의 가시적 성장을 통해 미백 배치에 들어오는 것, 그리고 퍼스널 컬러를 통해 피부색의 재배치가 이루어지는 것 등이 일으키는 젠더·인종적 균열은 뷰티 산업의 지층 위에서 발견된다. 아시아 여성 간 아름다움의 모델을 발견하고 K팝 아이돌 이미지가 인종색에 대한 새로운 상상력을 자극하는 것은 문화 산업의 지층 위에서다. 이처럼 한국의 뷰티 산업과 문화 산업은 긴밀하게 연결된 지층을 형성하며, 미백 배치 내에 탈영토화를 일으키는 욕망을 생산한다.

들뢰즈와 가타리(1980/2001)는 자본주의가 탈코드화 및 탈영토화된 것들이 멀리 나아가기 전에 재영토화하여 자신의 공리계를 벗어나지 못하게 한다고 말한다. 미백 배치에서 이루어진 탈영토화는 기관 없는 신체와 같은 탈중심화를 향해 나아가기도 하지만, 다른 한편으로 이러한 초국적 산업의 재영토적 힘 속에 놓이기도 한다. 새롭게 분절된 영토는 이전의 영토와는 다른 형태로서 새로운 권력의 욕망을 드러낸다. 그것은 미백 욕망의 지도를 미백 사본으로 변모시키는 권력, 제국적인 권력이다.

이 장에서는 K뷰티 산업과 K문화 산업의 지층에서 초국적 자본주의의 욕망에 의해 이루어지는 미백의 재영토화를 살펴본다. 미디어-뷰티 복합체로서의 K뷰티 산업은 전 지구적 미디어-뷰티 정경의 일부를 형성한다. 그런데 그 정경 속에서 미백이 식민화의 권력으로 코드화되는 모습이 발견된다. K뷰티는 피부색의 위계를 생산하고 이를 체화한

K문화 산업은 피부색주의적 상품 생산에 가담한다. 이로써 한국은 의도적으로든 비의도적으로든 '흼'이라는 권력의 표상이 되고 있다.

1. 서울 화이트

'서울'이라는 기표

서울 화이트 코리아는 현재 필리핀에서 판매되는 화장품 브랜드다. 웹사이트에서 제공하는 브랜드 소개를 보면, 필리핀에서 만들어진 브랜드이지만 K뷰티 산업에 의존하여 그 정체성을 제시한다.

> 한국인들에게 스킨케어는 삶의 방식이고, 이것이야말로 K뷰티 산업을 지탱하는 힘이다. 한국의 스킨케어의 우월성과 혁신 능력에 영감을 받아, Seoul Beauty Inc.는 필리핀 여성을 위한 혁신적 미백 제품 라인인 서울 화이트 코리아를 통해 K뷰티의 마법을 필리핀으로 가져와 보고자 한다.

이 업체에서 판매하는 제품은 크게 두 유형으로, 하나는 미백 비누이고 다른 하나는 톤업 크림이다. 미백 비누로 피부의 점과 흉터 등의 얼룩을 지우는 장기적 효과와 톤업 크림으로 피부색에 하루 동안 밝은 톤을 연출하는 단기적 효과를 병행하는 방식으로 사용할 것을 권하고 있다. 흥미로운 것은 이 설명이 영어와 더불어 한국어로도 제공된다는 점이다. 이 브랜드는 필리핀 브랜드이고 기본적으로 필리핀인을 대상으로 제품을 판매하고 있다. 브랜드 로고와 제품 설명 일부에 사용된 한글은 의미 전달을 위한 것이 아니다. '유사 K뷰티' 제품으로서 한국성Koreanness을 동원하기 위한 것으로 보아야 마땅하다.

서울 화이트 코리아 제품들은 "K미백의 빛K-White glow," "한국적인 빛Korean glow"을 가져다 줄 것이라고 광고된다. 그리고 브랜드가 궁극적으로 지향하는 바는 "모두를 위한 촉촉한 피부Chok Chok skin for everyone," "흰 부드러움, 한국적인 부드러움kinis puti, kinis Kkoreana"이다. 그냥 희거나 부드러운 피부가 아니라 '한국적인' 색조와 질감을 지시한다는 점이 눈에 띈다. 같은 맥락에서 서울 화이트 코리아의 웹 사이트에 있는 FAQ(Frequently Asked Questions)에서 제시하는 첫 질문과 응답은 다음과 같다.

> 서울 화이트 코리아의 제품은 다른 미백 제품들과 어떻게 다른가요?
>
> 한 가지 점에서 독특합니다. 한국의 매우 높은 뷰티 기준에 부응하지만 필리핀인의 피부에 특별히 맞추어 제작된다는 점입니다. 이 제품은 한국의 "촉촉chok chok"한 하얀 피부를 선사하면서도, 합리적인 가격으로 제공하고 있어서, 최초로 한국의 미백 기술을 가까이서 느끼실 수 있습니다.

서울 화이트 코리아는 제품 소개나 광고의 여러 부분에서 '촉촉'이라는 한국어 단어를 소리 나는 그대로 옮겨서 사용하는데, 이는 비단 이 브랜드에서만 특별하게 발견되는 양상은 아니다. 인터뷰를 위해 만난 태국인들 역시 '촉촉'이라는 표현을 사용했다. 한국인의 화장, 또는 K뷰티에 대해서 가장 먼저 떠오르는 이미지에 대해 "빛이 나는 피부"(낫, 25세, 대학원생)라고 답했고, 한국 거주 경험이 있는 태국인은 이것이 '물광 피부'라고 불린다는 사실을 아는 상태에서 한국 화장품 광고에 '촉촉'이라는 말이 많이 나온다는 점을 언급했다. 태국의 경우 한국보다 더 습하기 때문에 촉촉한 피부가 이상적으로 여겨지지 않고 오히려 기름져 보이는 것으로 오해 받을 수 있지만, K뷰티의 영향으로 촉촉한 피부에 대한 인식이 바뀌며 일각에서는 유행하고 있다고 한다.

이러한 태국에서도 서울 화이트와 유사한 브랜드인 '서울 시크릿'이 존재한다. 서울 시크릿은 미백 효과를 위해 피부에 바르거나 섭취하는 콜라겐 성분의 제품 브랜드다. 이 브랜드 역시 태국 기업 소유로 한국과 직접적인 관계를 맺고 있지는 않지만 광고나 제품 포장에 한글을 사용한다. 태국인 인터뷰 참가자들에게 서울 시크릿 제품 광고를 보여 주며 이 브랜드가 한국 것이냐고 질문했을 때 쏨(25세, 대학원생)은 이렇게 답했다. "서울이라는 말 들어가면 한국어 아니에요."

'서울'이라는 단어, 그리고 한국어 활자는 동남아시아 국가의 화장품에 부착되면서 다른 기의를 획득한다. 이들에게 서울은 K팝 등의 한국 문화 콘텐츠와 K뷰티의 원산지이자 K뷰티가 집약해 있는 도시다. 레딧의 'Korean beauty' 서브레딧에서는 서울에서의 쇼핑 하울haul[113] 사진을 올리는 것이 인기다. 하울 내용의 상당 부분은 다양한 종류의 마스크팩을 포함한 기초 스킨케어 제품들이다. 이와 같은 식으로 서울은 하얀 피부의 도시, 피부에 대한 비밀스러운 해결책을 제시해 주는 도시로 코드화된다.

태국에는 서울 시크릿 외에 '스네일 화이트Snail White'라는 제품이 판매되고 있다. 내가 방콕에 방문하였을 당시 공항에서부터 쇼핑몰까

113 한 번에 많은 양의 물건을 사는 것을 뜻한다. 온라인에서 하울 콘텐츠는 물건을 왕창 사들여 사치나 호화를 부림으로써 보는 이들에게 대리만족을 선사한다.

지 가장 먼저, 그리고 많이 발견한 광고가 미백 기능성 제품인 '스네일 화이트' 광고였다. 이 브랜드 또한 태국 업체에서 만들었지만 한국 '달팽이 크림'의 핵심적인 원료와 기술 등을 도입하면서 태국의 기후를 고려하여 변용해 만든 것으로 알려져 있다. 업체명 또한 'Namulife'로 한국어를 연상시키며, 제품 설명서에는 "완벽한 피부의 완성. 매우 효과적인 성분으로, 당신의 피부를 더 젊고, 빛나고, 밝게 재생시켜 주는 마스크 시트입니다"라는 문장이 한글로 제시되어 있다. 스네일 화이트 역시 한국과 관련이 없고 한국인을 영업 대상으로 하는 것이 아니라는 점을 고려할 때 이러한 한국어는 오로지 한국성을 동원하기 위함임을 짐작할 수 있다.

이처럼 초국적 소비와 산업의 지형 속에서 한국은 흼이나 빛 등 미백의 기본적인 시각적 속성을 표상하는 국가로 코드화되고 있다. K뷰티 산업의 영향력이 닿는 국가의 소비자들에게 서울은 미백의 도시라는 집단적 기억이 형성되는 과정에 있으며, 이는 '서울'이라는 기표를 비롯한 한국어와의 조우 속에서 만들어지는 것이기도 하다.

미백의 남북 격차

서울 화이트 코리아의 톤업 크림은 필리핀인을 '치니타Chinita,' '메스티자Mestiza,' '모레나Morena'로 나누어 각 유형에 속하는 사람이 제품을 사용했을 시 어느 정도의 미백 효과를 경험할 수 있는지를 제시하고 있다. 치니타의 경우 중국계 필리핀인, 메스티자는 서구권 사람의 외양적 특징이 섞여 양인종 또는 다인종적 외모를 지닌 사람, 모레나는 피부색이 어두운 사람을 지칭하는 용어로 통용된다. 그런데 서울 화이트 코리아의 공식 광고 모델에게서는 메스티자와 모레나의 외양을 찾

그림 19　태국 드러그스토어의 '스네일 화이트' 제품. 인터뷰에서 만난 태국 여성들 모두 이 제품을 알고 있었으며, 태국인만 아니라 중국인 관광객이 많이 구매하는 제품이라고 설명했다. (사진: 박소정)

아볼 수 없다. 서울 화이트 코리아의 광고 모델은 두 명이다. 한 명은 한국 배우 문지인이고, 다른 한 명은 필리핀 배우이자 가수인 킴 치우 Kim Chiu다. 문지인이 이 브랜드의 한국성을 표방하기 위해 선택된 모델 정도로 보인다면, 킴 치우는 한정판 제품이 출시될 정도로 필리핀 소비자에게 직접적인 마케팅 파워를 지닌 대표 모델이다. 킴 치우는 중국계 필리핀 배우로, 그의 인스타 계정 아이디이자 2015년에 발매한 앨범명처럼 "치니타 프린세스Chinita Princess"로 불리기도 한다. 또한

2015년에는 디즈니에서 발간하는 디즈니 달력에 뮬란을 재현하는 모델로 선정되기도 했다. 킴 치우는 필리핀 내에서 중국, 조금 더 추상화하자면 동북아시아적 외양을 대변하는 얼굴이다. 서울 화이트 코리아는 한국의 뷰티 기술을 필리핀인의 피부에 적용하는 것을 목표로 한다고 밝히고 있음에도 불구하고, 제품의 얼굴로 내세우는 것은 동북아시아계의 얼굴이다. 유사하게, 태국 인터뷰 참가자들은 서울 시크릿의 모델이 분명 한국인처럼 보이지만 중국인일 가능성도 있어 보이며, 태국의 광고나 잡지에서 이런 유형의 얼굴을 보는 것이 별로 낯선 일이 아니라고 말했다.

한편 인종주의적이라고 논란이 된 서울 시크릿의 광고는 미백의 제국성을 더욱 분명히 드러낸다. 서울 시크릿에서 출시한 제품 중 하나인 '스노우즈SNOWZ' 광고는 태국 배우인 크리스 호왕Cris Horwang이 자신이 어떻게 스타로서 지금의 위치에 도달할 수 있었는지에 대해 말하는 장면으로 시작한다. 그리고 호왕이 "내가 나 자신을 돌보지 않는 순간, 내가 지금껏 노력해 온 모든 것, 나의 하얀 피부는 사라질 것이다"라고 말하는 동안 그녀의 피부는 점점 검어진다. 호왕의 옆에는 "나를 죽은 스타로 만들고 나를 대체해 버릴 새 스타"라고 소개되는 밝은 피부의 여성이 서 있다. 광고는 "내 피부가 하얗다면 이길 것이다"라는 문구로 끝난다.

이 광고 속 하얀 여성은 흰 피부를 통해 우위를 차지하고 있으며, 그 우위는 제품명이 지닌 '서울'이라는 기표를 통해 한국을 암시한다. 앞에서 태국 소녀들에게 리사가 모범적인 아름다움으로 여겨지는 양상을 친근한 이상이자 보철적 체화로서 긍정적으로 해석했다. 이 광고도 K뷰티를 태국인이 실천할 신체기술로 제시한다는 점에서는 유사하지만 영상 속 기호의 배치로 인해 다른 의미를 생산한다. 무엇보다 흑백의 문제를 이기고 지는 차원으로 명시화함으로써 피부색의 우열을 설정하고 있다. 그리고 이런 우열 관계는 미백 이미지 배치의 도입에서 본 흑백 변신 이미지의 도식을 취함으로써 더 강화된다. 1950년대 흑백 변신 이미지에서 선진성으로 상정된 것이 서구권 국가들이었다면, 이 광고에서는 그 선진성은 서울이다. 태국의 광고 속에서 서울은 제국의 위치로 코드화되고 있다.

이 광고의 인종주의적 성격에 대해 보도한 CNN의 유튜브 영상(CNN, 2016. 1. 8)에는 1000여 개의 댓글이 달렸다. 그중에서 이 광고를 통해 백인–한국인–태국인의 위계 관계를 언급하거나 암시하는 댓글들을 찾을 수 있다. 모방이 반드시 위계를 동반하는 것은 아니지만, 이 영상의 댓글들은 사람들의 인식 속에 이미 한국과 태국 사이의 모방의 위계가 생겨나고 있다는 것을 보여 준다.

> 맞아, 태국 사람들은 한국 사람 같은 피부를 갖고 싶어 하고, 한국 사람은 유럽인 피부같이 완전히 창백한 피부를 갖고 싶어 하지. (Le***)

> 태국은 이제 한국 2.0이라니 슬프네 (Ma***)

> 이 제품 이름이 서울 시크릿이고, 서울은 한국의 도시야. 그렇다면 이 제품을 복용하면 한국인처럼 창백한 피부를 가질 수 있다는 의미이고. 태국 사람들은 한국인이 하얀 피부를 갖고 있다고 생각해서, 백인이 아니라 동아시아인처럼 되고 싶어 하는 거야. (Q***)

이 광고는 서울 시크릿이라는 미백 크림을 파네. 그럼 서울이 유럽 도시라도 된다는 거야? 태국 사람들은 그냥 한국인이나 일본인처럼 밝고 매끄러운 피부를 갖고 싶은 거야. 코카시아인이 되고 싶은 게 아니라고. 그러니까 백인 민족주의자들은 헛소리 하지 마. (Da***)

처음의 두 댓글은 백인(유럽인) – 한국인 – 태국인으로 이어지는 위계 관계를 언급한다. 한국인의 피부는 유럽계 백인의 피부를 선망한 결과로 나타난 것이고, 이제는 태국인이 한국인의 피부를 선망함으로써 아시아 내의 위계가 재생산되고 있다는 인식이 엿보인다. 반면 뒤의 두 댓글은 백인과의 연결 고리를 끊고 한국인(또는 동북아시아인) – 태국인의 관계로 초점을 옮긴다. 더욱이 마지막 댓글은 태국인이 선망한다고 또는 한국인이 가지고 있다고 여겨지는 피부에 대해 '흰white'이나 '창백한pale' 같은 단어로 묘사하지 않고 '밝고 매끄러운light smooth'이라고 표현함으로써 그 피부 속성 자체를 백인과 무관한 영역으로 위치시킨다. 그럼으로써 더욱 K뷰티는 기존의 서구적 시각 기호를 대체하는 제국적 영토를 마련하는 것으로 보인다.

지구적 단위에서 개발도상국과 선진국의 격차를 의미하는 남북 격차가 경제, 정치, 문화 등의 차원에서 발생해 왔으며, 피부색은 그러한 남북 격차를 시각화하는 요소 중 하나였다. 그런데 K뷰티의 미백은 아시아 내의 남북 격차를 드러내는 데 기여하고 있다. 동남아시아인에게 제공되는 이상적인 미의 모델은 동북아시아인의 외양이다. 하얀 피부를 갖고 싶다는 한국인의 욕망이 동남아시아에서는 '한국인처럼 하얀,' 조금 더 넓게는 '동북아시아인처럼 하얀' 피부를 갖고 싶다는 욕망으로 변용된다. 이러한 욕망은 미디어 – 뷰티 복합체로서의 K뷰티 산업의 지층 위에서 더욱 추동된다. 서구와 아시아 간의 남북 격차로부터 탈주하는 배치물을 형성해 온 미백이지만, 그 탈주선의 벡터에는 아시아 내에서의 남북 격차를 생성하는 초국적 산업의 제국적 잠재력이 있는 것이다.

이러한 맥락 속에서 미백의 욕망은 차이의 되기로 나아가지 못한다. K뷰티 또는 서울 화이트나 서울 시크릿과 같은 유사 K뷰티의 산업적 전략이 추동하는, 한국인처럼 하얗고 싶다는 욕망은 다수성에 저항하는 '한국인-되기'가 되지 못하고 한국인에 대한 단순 모방에 머무른다. 즉 욕망의 지도 대신 사본을 재생산할 뿐이다. 2부에서 살펴본 미백의 여러 현상들은 백인 모방의 담론으로부터 탈주하고 백인의 힘을 탈영토화하는 것이었다. 그리고 이로부터 이루어지는 미백인-되기는 무국적의 시각성 및 정체성을 생성하는 것이었다. 그러나 모방적 위계를 바탕으로 한 미백은 열려 있는 의미로서의 무국적 시뮬라크라가 아닌 초국적 환경에서 산업적으로 유통되는 상품에 대한 복제로서의 시뮬라크라를 생산한다.

이에 대한 더 정확한 이해를 위해서는 동남아시아의 미백 배치에 대한 심층적 관찰이 필요할 것이다. 동남아시아의 미백 배치는 또다시 그만의 구성 요소들의 연결 접속을 바탕으로 한다. 기존의 백인성 논의들이 주목했던 동남아시아의 식민지 경험뿐만 아니라, K뷰티가 부상하기 이전 일본의 문화적·산업적 영향력, 다민족 사회의 분위기, 기후, 젠더 수행성 각본과 친밀성 담론의 변동 등[114] 해당 지역 및 문화 내

114 나열된 내용은 태국인, 베트남인 인터뷰에서 피상적으로나마 언급되었던 것이다.

에서 형성되는 각각의 욕망의 배치가 있을 것이다. 이것은 이 책에서 다룬 아시아인-되기의 잠재력이나 한국인-되기의 한계와는 또 다른 양상의 동남아시아인-되기를 내포할 수도 있을 것이다. 이 책이 이에 대한 구체적인 관찰과 분석을 담지 못했지만, 한국의 미백 배치가 한국의 영토 내에 고립적으로 생성되는 것이 아니라 아시아 역내의 역학 관계 속에서 구성되는 측면이 있음을 확인했다. 그 과정에서 미백이 드러내는 제국적 성격을 경계해야 한다.

2. K뷰티 산업의 피부색주의

배제된 신체

K뷰티에 관심이 있는 해외 뷰티 유튜버들 사이에서 종종 발견되는 콘텐츠로, 한국 화장품만으로 화장을 하는 콘텐츠가 있다. 스킨케어부터 베이스, 색조 화장까지 모두 한국 브랜드의 제품들로 화장을 해 보는 것이다. 캐나다의 흑인 여성 뷰티 유튜버인 '미스다아시MissDarcei'는 여러 차례에 걸쳐 한국 스타일의 메이크업이나 한국인 유튜버의 메이크업 튜토리얼을 따라 하는 영상들을 업로드해 왔다. 이 콘텐츠의 초기 영상인 "BLACK GIRL TRIES A FULL FACE OF KOREAN MAKEUP"(MissDarcei, 2018. 5. 18)에서 다아시는 이렇게 말을 한다.

> 오늘 드디어 오랫동안 기다려 왔던 도전challenge을 할 거예요. 한국 메이크업 제품으로 얼굴 전체 화장을 할 건데요. 세상에나…… 아마 여러분 중에는 '왜 그게 도전이지?'라고 생각하는 사람도 있을 거예요. 잘 들으세요.

피부가 (자신의 얼굴을 가리키며) 이런 색이면 도전입니다.

미스다아시의 말은 한국 베이스 메이크업 제품 중에는 흑인의 피부색에 맞는 것을 찾기 어렵기 때문에 이런 콘텐츠가 '도전'이라는 것을 의미한다. K뷰티 관련 외국인 크리에이터들 사이에서 한국 베이스 메이크업 제품의 제한성은 지속적으로 문제 제기가 되어 온 부분이다. 또는 한국식 메이크업을 하는 유튜버라도 파운데이션은 자신이 본래 사용하던 해외 브랜드를 사용하는 경우가 많다. K뷰티 전문 유튜버인 '케니 J.D.Kennie J.D.'의 경우 "K뷰티는 갑자기 우연히 생겨난 게 아니라, 매우 의도된 국제 수출품이다"라고 단언하며, K뷰티가 외국인 소비자를 대상으로 한다면 다양한 톤의 베이스 제품이 나와야만 한다고 주장했다(Kennie J.D., 2018. 3. 7).

사실 현재 일부 한국 화장품 브랜드들은 수출용으로 흑인의 피부 톤까지도 포함하는 다양한 톤의 베이스 메이크업 제품을 출시하고 있다.[115] 이 유튜버들도 자신들의 콘텐츠에서 해당 제품을 소개하거나 사용하는 모습을 보여 준다. 그럼에도 메이크업 과정을 찍은 콘텐츠 내에서 자신의 피부색과 잘 맞지 않는 밝은색의 컨실러를 사용하는 모습을 담고 이를 썸네일로 사용하거나 영상의 도입부에 미리보기 형식으로 사용하는 데는 물론 유튜브의 주목 경제 속에서 흥미를 유발하기

115 예를 들어, 이니스프리는 2017년 미국에서 14개 톤의 '아쿠아 핏 쿠션'을 출시했고, 현재 라네즈는 '아이보리'부터 '카카오'까지 11개 톤, 설화수는 11호부터 37호 사이에 있는 10개 톤의 베이스 메이크업 제품을 판매하고 있다.

위한 목적도 있지만, 여전히 K뷰티 산업이 고려하는 소비자층 내에서 흑인이 소수자임을 보여 주려는 목적이 있는 것으로 보인다.

그런데 이런 콘텐츠에 대해 한국인들이 보이는 부정적 반응이 눈에 띈다. 미스다아시와 케니 J.D.의 영상에 달린 댓글들 중에는 한국 브랜드의 화장품이 어두운 호수를 생산하는 것의 비합리성에 대해 언급하는 경우를 종종 발견할 수 있다. K뷰티는 애초에 한국 기업이 한국인, 조금 더 넓게는 피부색이 비슷하다고 여겨지는 동아시아인 정도를 소비자층으로 설정해 생산하는 것이기 때문에 시장의 원리 차원에서 '다른 인종의 수요'까지 고려할 필요가 없다는 것이다.

> 수요가 많은 제품을 생산해 내는 게 기업 입장에선 당연한 건데 어두운 색상 안 내준다고 찡찡대시네요. 우리나라 기업에서 손해 감수하면서 자선사업해야 되나요ㅎㅎ? (유***)

> 당연히 한국인들은 밝은 피부를 좋아하고 대부분 밝은 편인데 물론 이 유튜버가 한국 화장품 칭찬하고 색상 범위가 넓어질 거라곤 했지만 한국에는 어두운 파데 없음~ 이러는 게 좀ㅋㅋ 어두운 파데 없는 건 너무 당연한 거 아닌가…… (le***)

그러나 이런 비판이 무색하게도 K뷰티 산업의 의도는 흑인을 '포용'하는 데 있는 것으로 보인다. 미스다아시는 자신이 영상에서 사용할 컨실러가 어떤 것인지 보여 주기 위해 한국 화장품 브랜드 웹 사이트에 접속을 하는데 그때 제품 홍보 영상 속 모델이 흑인임을 발견한다 (MissDarcei, 2018. 5. 18). 그리고 그 영상을 재생하면서 거듭 놀라거나 당황스러워한다. 흑인 모델의 얼굴에 한국 컨실러의 밝은 빛이 제대로 녹아들지 않고 피부색을 바꾸어 놓았기 때문이다. 이런 홍보 영상의 존재가 증명하듯 K뷰티 산업은 흑인을 포함한 다양한 인종을 타깃층으로 베이스 메이크업 제품을 생산하지만, 그것이 허울일 뿐인 것은 아닌지 경계가 필요하다. 제품이 실제로 흑인의 신체와 제대로 접속하지 못하는 상황에서 이러한 모델 선정은 피부색주의를 표면화하지 않으려는 다양성 및 포괄성inclusivity 마케팅에 지나지 않는 것으로 보이기 때문이다.[116]

미스다아시와 케니 J.D.를 향한 비판 중 더 문제적인 것은 두 유튜버를 '한빠'라고 칭하는 비난에서 발견된다. 이 비난은 매우 소수의 의견이긴 하지만 두 유튜버의 콘텐츠에 대한 수용자의 반응 중 하나임은 분명하다. '한빠'란 한국 문화를 열정적으로 좋아하는 사람을 부정적인 의미를 담아 일컫는 말이다. 서양인 중 단순히 한국 문화에 대한 호감을 드러내는 사람이 아니라, 마치 한국인처럼 행동하거나 특히 여성 중 한국인 남성에 대한 환상을 갖고 사귀고 싶어 하는 이들을 일컫는 말로 등장했기 때문에, 인종 페티시로서의 함의를 지닌다. 특히 백인

116 관련하여 사라 아메드Sarah Ahmed는 인종주의의 정치적 후퇴를 다음과 같이 언급한 바 있다.

> 유색인은 종종 인종주의의 후퇴에 수긍하도록 요구받는다. …… 다양성의 약속을 체화하도록 요구받기도 한다. 그들이 만든 브로셔 속에서 미소 짓는 모습으로 말이다. 다양성의 미소는 인종주의가 표면화되지 못하게 하는 하나의 방법이며, 일종의 정치적 후퇴다. (Ahmed, 2010)

여성 K팝 팬들은 한빠로 재현되기 쉬우며 그들 스스로 그러한 경향성이 존재함을 인정하기도 한다(이지원, 2019). 백인 여성과 한국인 남성 사이에 젠더적 위계보다 인종적 위계가 먼저 작동하여 백인 여성이 한국인 남성의 인종·민족·종족성을 정형화하고 착취하는 구도가 만들어지는 것이다.

한편 K뷰티 콘텐츠를 제작하는 외국인 여성 유튜버 중 백인이 이러한 한빠 비난을 받는 상황은 발견하기 어렵다. 한빠가 백인 여성과 한국인 남성의 이성애적 관계 사이에서의 인종적 착취에 주목하는 개념인 만큼, 뷰티 콘텐츠는 남성 및 남성성의 존재와 연결 고리가 미약한 영역이기에 한빠 논란의 여지가 적다. 그런데 흑인 여성인 미스다아시와 케니 J.D.의 뷰티 콘텐츠가 비난을 받거나 한빠 논란이 있는 것에 대해서는 어떻게 해석해야 하는가? 더욱이 어디까지가 한국에 대한 호감이고 어디까지가 한빠인지 명백한 기준점을 설정하기 어려운 가운데, 미스다아시와 케니 J.D.가 진행하는 뷰티 콘텐츠만을 놓고 그들을 한빠라고 부르기는 어렵다. 그럼에도 불구하고 흑인 뷰티 유튜버에 국한해 한빠 논란이 있다는 사실은 K뷰티가 고려할 필요가 없다고 주장하는 '다른 인종의 수요'에서 '다른 인종,' 즉 'K'가 배제하는 신체란 한국인보다 어두운 피부의 인종이라는 점을 드러낸다.

흑인 유튜버들은 K뷰티에 대한 콘텐츠를 진행하는 다른 외국인들처럼 대체로 K뷰티 제품의 좋은 점들을 공유한다. 피부를 더 빛나고glow, 촉촉하게dewy[117] 해 주는 K뷰티 제품에 대해 호감을 표한다. 또

117 인종을 불문하고 영어로 K뷰티와 관련한 콘텐츠를 만드는 외국인 유튜버가 가장 자주 사용하는 두 가지 표현이다.

한 미스다아시는 이런 K뷰티 미백 피부의 속성을 바탕으로 '얼짱 메이크업'을 시도해 보며 자신을 표현할 수 있는 새로운 영역을 발견하기도 한다. 이에 많은 수용자들도 K뷰티가 흑인에게 얼마나 잘 어울릴 수 있는지에 대한 긍정적 반응을 보인다. 미백이 단지 흰 색조의 차원이 아니라는 것을 고려할 때 이러한 인식은 흑인의 신체도 미백 배치에 접속 가능하다는 것을 보여 준다. 하지만 그럼에도 한빠 비난이 보여 주듯 미백 배치 내 흑인의 신체는 불안의 요소로 존재한다.

'K'라는 기표로 설정된 영역은 결코 국가주의나 민족주의로부터 자유롭지 않다. 더욱이 초국적 산업의 전략으로서 작동할 때는 수용과 배제를 둘러싼 제국적 권력이 드러난다. K뷰티가 지닌 'K' 권력 안에서 미백 또한 어떤 신체에 대해서는 더 유연하고 어떤 신체에 대해서는 더 엄격하다. 다시 말해, 'K'라는 표상의 힘이 작동하는 영역 내에서 미백은 어떤 신체의 행위 능력을 약화시킴으로써 특정한 인종·종족에게 배타적인 영토를 확보하려 한다.

고정된 신체

미백의 재생노주의석인 양상은 한류라는 흐름 속에서 유통되는 한국 문화 콘텐츠 속 한국 스타가 체현한 K뷰티를 통해서 강화된다. 이용자들이 어떤 내용이든 서로 묻고 답하는 웹사이트인 '쿼라Quora'에서는 K팝 스타와 피부색에 관한 질문이 공유되곤 한다. '어떻게 하면 K팝 스타처럼 좋은 피부를 가질 수 있는가?,' 또는 'K팝 스타는 어떻게 데뷔 초와는 달리 흰 피부를 갖게 되었는가?'와 같은 내용의 질문이 주를 이루는 것으로 보인다. 그리고 그러한 질문의 변주 형태로 '어두운 피부색의 K팝 스타가 존재할 수 있는가?'를 묻기도 한다. 이는 종종 국적이나 인종의 차원으로 연결된다.

> 어둡거나 그을린 피부의 K팝 아이돌이 나올 가능성이 있을까?

> 태국인이 K팝 아이돌이 될 수 있다면, 캄보디아인도 K팝 아이돌이 될 수 있는 걸까? 나는 미국계 캄보디아인이다. 내 피부는 한국인처럼 밝지는 않고 좀 더 그을린 색이다. 내가 K팝 아이돌이 될 수 있을까?

> 반은 인도인, 반은 아프리카인인 사람인데 약간 밝은 빛의 그을린 피부이면 K팝 아이돌이 될 수 있을까?

이런 종류의 질문들에 달린 답변은 긍정과 부정 제각각으로 다양하다. 그러나 모든 답변이 전제로 하고 있는 것은 K팝에는 분명 피부색의 규범이 작동한다는 것이다. '어떤 국적과 인종이든 K팝 아이돌이 될 수 있다'는 취지의 긍정적 답변이더라도, 그 안에는 '질문자가 열심히 노력한다면 K팝 산업의 예외적인 존재가 될 수 있다'거나, '질문자의 어두운 피부가 구별짓기 전략으로 작용할 수 있다'거나, '질문자가 피부색의 한계를 상쇄시킬 다른 특장점을 갖고 있다면 가능하다'는 식으로 서술되어 있기 때문이다.

K뷰티에서의 'K'란 지리적 차원에서 한국을 지칭하기보다 K드라마나 K팝의 K에 빗지고 있다. K뷰티의 배치와 접속하는 신체들은 대부분의 경우 K드라마나 K팝을 경유하게 마련이다. 따라서 이 지점에서 잠시 K팝의 시각적 스타일에 대해 언급하고자 한다. K팝에 속해 있는 신체들은 특정한 방식으로 시각적 전형성을 지닌다. 최근 K팝 산업

에서는 '다국적 아이돌 그룹'이라는 명칭하에 한 그룹을 서로 다른 국적을 가진 멤버로 구성하는 전략을 흔히 발견할 수 있다. 2010년대 이전까지만 하더라도 아이돌 그룹 내 외국인 멤버란 교포 출신이나 한국계 미국인 정도가 보편적이었지만, 아시아 내 K팝의 인기와 함께 자연스레 국적이 다양화되었다.[118] 그러나 다국적 그룹이라도 멤버의 외모로부터 출신 국가를 짐작하거나 외국인 여부를 알기는 어려운 경우가 많다. 으레 한국인이라고 했을 때 떠올리는 외모와 크게 다르지 않을뿐더러 K스타일로 정형화되기 때문이다.

외국인 인터뷰 참가자에게 2019년 Mnet에서 방영되었던 〈유학소녀〉의 출연진 프로필 사진을 보여 주었다. 〈유학소녀〉는 러시아, 스웨덴, 태국, 이집트, 노르웨이, 미국, 우크라이나, 폴란드, 일본에서 온 소녀들이 K팝 가수가 되기 위해 한국에서 춤과 노래, 한국어, 뷰티 등을 배우며 유학 생활을 하는 과정을 다룬 예능 프로그램이다. 10명의 출연진 중 누가 가장 K팝에 어울리는 외모를 가졌는지에 대한 질문에 모든 이들이 태국인인 '마인'을 가장 먼저 꼽았고 일본인인 '에리이'가 두 번째로 언급되었다.[119] 다른 출연자들은 서양인, 또는 비한국인임이 명

118 이에 관한 대략적인 비공식적인 통계를 보면, 중국 56명(홍콩 4명, 마카오 2명 포함), 일본 51명, 미국 39명, 대만 11명, 태국 9명, 캐나다 8명, 호주 3명, 싱가포르 3명 순이고(복수 국적은 제외) 기타 말레이시아, 필리핀, 브라질, 벨기에, 포르투갈 등이 있다(2021년 9월 기준 나무위키 '다국적 아이돌 그룹' 항목 참조).

119 에리이의 경우 모두가 일본인이라는 것을 알아볼 정도로 전형적인 일본인의 외모로 평가되었고 K팝보다는 J팝 스타일이라고 명백하게 분류되었다.

백한데 마인이 가장 "K팝 그룹으로 나오면 튀어 보이지 않는"(쏨, 25세, 대학원생) 외모를 가지고 있다는 것이다. 인터뷰 참가자의 답변이 통일되었다는 것은 K팝이 상정하는 특정한 얼굴 생김새가 있다는 것을 증명한다.[120]

한국인 없는 K팝 아이돌 그룹이 나오는 등 K팝이 하나의 글로벌 장르로서의 가능성을 보이는 상황에서, K팝에서의 'K'가 어느 정도의 한국적 특성을 지칭하는지에 대한 논의는 현재진행형이다(이형은, 2017; 이규탁, 2020). 그러나 적어도 외양의 측면에서 'K'가 지칭하는 것은 다소 보수적인 한국성을 내포하는 것으로 보인다. 위에서 인용한 쿼라의 질문 중 마지막 질문, 즉 인도인과 아프리카인 혈통을 지닌 사람이 K팝 아이돌이 될 가능성에 대한 질문에 달린 답변은 다음과 같이 설명한다.

> 유감이지만 안 된다.
>
> ……
>
> 인도 북동 지역 출신 중에 매우 밝은 피부를 가진 사람이라면 동아시아인 같은 외모를 지닐 수도 있고 K팝 아이돌이 될 수 있을지도 모른다. 그러나 미안하지만, 당신이 K팝 아이돌로 받아들여질 가능성은 거의 없다. 반은 아프리카인이고 반은 인도인이라는 사실로 미루어 보아, 당신 피부는 분명

120 이 응답은 오로지 인터뷰에서 보여 준 한 사진에 국한해서만 유효한 것이고 출연진의 다른 프로필 사진이나 방송 영상 캡처본을 보여 주었을 때는 마인도 K팝에 어울리는지 모르겠다는 답이 나오기도 했다. 대체로 모두가 K팝에 별로 어울리지 않는다고 판단되거나, 얼굴을 제외하고 옷 스타일만이 K팝에 어울린다고 지목된 출연진이 있는 정도였다.

어두운 갈색일 거고, 안타깝게도 한국 K팝 팬들의 기준을 충족시키지 못한다.

흑인 K팝 아이돌도 본 적 있다고 말하겠지만, 그 전에 이 질문에 답해 보라. 그 흑인 멤버가 있던 그룹 중에 성공한 그룹이 있는가? 진짜 말 그대로 그 그룹은 작은 회사 소속이었고 그 멤버는 그룹이 주목받는 데 도구처럼 이용되었을 뿐이다.

또 한 가지 짚어 두고 싶은 점은 내가 YG 오디션을 보는 백인 여자애를 유튜브에서 본 적 있는데, 심사자들은 인상을 찌푸렸고 노래가 끝나자 전반적으로 못되게 심사평을 했다. 만약 당신이 오디션을 본다면 심사자들은 당신이 그저 한빠라고 생각할 것이다.

이 답은 K팝의 시각적 배타성을 두 차원에서 보여 준다. 우선 K팝은 한국인 같은 얼굴, 또는 적어도 동아시아인 같은 외모로 영역이 제한된다. K팝의 성격이 혼종성으로 설명되기도 하고 시각적으로는 무국적성을 지닌다고 앞서 서술하기도 했지만, 그 무국적성이란 K팝이 모든 국적 출신의 사람들에게 무한히 열려 있다는 의미까지는 되지 못한다. 외국인 인터뷰 참가자들이 〈유학소녀〉 출연진이 모두 아름다워도 K팝에 어울리는 얼굴은 아시아계 중 한 명만 꼽거나 아무도 어울리지 않는다고 답했던 것에서도 드러나듯, K팝 아이돌의 얼굴 이미지는 배타적인 영토를 갖는다.[121]

121 이러한 인식은 한국인 인터뷰 참가자들에게서도 발견되었다. 가령 한 참가자는 〈프로듀스 101〉 시즌 1의 우승자가 캐나다계 혼혈인인 전소미라는 사실이 의아하다고 말했다.

아이돌의 얼굴이 지닌 속성은 K팝 고유의 시각적 스타일이나 특색이라고도 할 수 있으며 이것이 K팝 팬덤이 기대하는 '한국성'일 수도 있다. 그러나 그 한국성이 피부색주의적으로 작동하는 것이 문제가 된다. K팝이 한국인 또는 동아시아인 같지 않은 외모에 대해 모두 배타적이라고 하더라도 그 배타성의 정도가 분명 모든 이방인에게 동일한 것은 아니다. 위에서 인용한 퀴라의 답변처럼 대형 기획사 출신으로 대중적인 인지도가 높은 다국적 아이돌 그룹 중 동아시아인이나 백인 혼혈인이 아닌 다국적 멤버가 있는 그룹을 떠올려 보기란 쉽지 않다. 다국적 멤버 구성의 차원이 아니고라도, K팝의 피부색주의가 국제 팬들 사이에서 온라인상의 논쟁거리가 되어 온 지 오래다. 앞서 보았던 화이트워싱 논쟁이 대표적 예다. 또한 한국 미디어에서 한국인 아이돌들이 자신의 피부색이나 서로의 피부색에 대해 서슴없이 언급하는 장면은 국제 팬들에게는 불편하게 여겨지기도 한다. 예를 들어, AOA의 멤버 설현이 자신의 어두운 피부색이 콤플렉스라고 밝히거나 EXO에서 피부색이 어두운 편인 카이를 멤버들이 놀리는 모습은 인종색 담론이 보편화되어 있고 피부색주의에 민감한 문화권의 팬들에게는 문제적으로 보이는 부분이다.

이러한 양상은 미백 배치가 놓여 있는 하나의 지층으로서 K콘텐

전소미가 딱 봐도 외국인 느낌인데 1등을 했잖아요. 저는 그게 되게 신기했어요. …… 한국인이 단일 민족 이런 말이 있으니까 한국인스러운 사람을 좋아할 거라 생각했는데, 그 전소미가 1등 한 걸 보고 '아 좀 많이 바뀌었다' 그런 생각이 들었어요. (예진, 24세, 대학생)

츠 산업의 한계를 드러낸다. K팝이 음악 장르적 성격에 있어서는 흑인 음악과 유럽 일렉트로닉까지 매우 혼종적인 성격을 지니며 스타일링에 대해서도 과감한 경계를 넘고 있지만, 외모에 대해서는 허용 범위가 좁다는 것은 분명하게 관찰되는 사실이다. K팝의 미백이 한국의 미디어 관습이고 K팝의 시각적 특색이라고 하더라도, K팝이 '다국적'이라는 이름하에 허용하는 이질성의 유형을 일별해 보면 피부색주의로부터 결코 자유롭지는 않다는 것을 알 수 있다. 한류가 약 20년의 성과를 축적한 현재, 한류 콘텐츠가 지닌 미의 기준이 획일화되어 있다는 비판과 이에 대한 피로감이 저널리즘을 통해 제기되고 있다(Jung, 2014. 11. 20; Tai, 2019. 6. 17). 최근 10년간 K뷰티가 엄청난 문화적·산업적 확장을 이루었지만, C뷰티의 등장, J뷰티의 재부상 등을 맞이하는 것 또한 이러한 K뷰티의 한계를 드러내는 징후다. K팝은 "초국적 현상 안에 문화민족주의cultural nationalism 논리를 내포하고 있다"(이동연, 2012. 1. 18)는 평가도 존재하는 가운데, K콘텐츠로 가시화되는 K뷰티는 무국적성의 기관 없는 신체로까지 나아가지 못하고 어떤 제국적 욕망 속에서 굴절을 겪고 있다.

미백의 홈 파인 공간

배치가 탈영토화와 재영토화를 반복함에 따라 그 어떤 공간도 매끈하기만 하지는 않다. 매끈한 공간과 홈이 파인 공간은 교차적으로 나타난다.

> 매끈한 공간은 끊임없이 홈이 패인 공간 속으로 번역되고 이 공간을 가로지르는 한편 홈이 패인 공간은 부단히 매끈한 공간으로 반전되고 되돌려

보내진다. (Deleuze & Guattari, 1980/2001: 907)

미백 배치 또한 매끈한 공간을 개척하는 힘과 홈 파인 공간으로 재영토화하는 힘이 교차하고 있다. 이 장에서는 매끈한 공간이 다시 홈 파인 공간으로 번역되는 양상을 보았다. 한국의 초국적 문화 산업과 뷰티 산업에는 'K'의 제국적 권력이 작동한다. 그리고 이 권력의 제국성은 어떤 신체는 수용하고 어떤 신체는 배제하는 데서 나타난다. K팝이 체화한 미백은 K팝의 특색을 넘어서 문화제국주의(Duong, 2016), 문화적 신식민주의(마동훈, 2005. 5), 또는 하위제국주의(천꽝싱, 1989/2003)의 권력으로 변용 가능성을 보인다.

미백 배치를 통한 아시아인-되기에는 어떤 전복적인 정동이 가로지르고 있었다. K뷰티를 체화한 얼굴이 아시아 여성에게 새로운 참조 대상을 제공하고 뷰티 감각을 일깨움으로써 신체적 표현의 역량이 증가하고 보철적으로 연결되는 양상을 살펴보았다. 그리고 이로써 지구적 인종 위계에 균열을 만들고 모든 인종을 기존의 위치로부터 조금씩 탈영토화시킨다는 점에서 전복적인 정동이라고 할 수 있다. 그러나 아시아인-되기를 추동하던 전복적 정동은 한국인보다 어두운 피부색을 가진 이들의 몸에서 종종 가로막힌다. 미백 배치는 동북아시아인에게 더 특권적이며, 흑인-되기 또는 다른 인종적 소수자의 되기를 허용하지 않는 것으로 보인다. 다양한 인종을 대상으로 수출된다는 K뷰티 제품은 흑인의 피부와는 어색하게 결합하고, 일부 한국인들은 이를 한국인 모방이라는 차원으로 해독한다. 흑인의 신체, K뷰티, 한국인 수용자가 형성하는 미백 배치 속에서 각자가 지닌 행위 능력은 감소하고 궁극적으로 미백이 지닌 탈주적 힘을 감소시킨다. 이러한 부정적 정동 및 변용 또한 '미백은 무엇을 하는가'에 대한 답이며, 이는 곧 'K'의 지층 속에서 미백 배치가 지닌 피부색주의다.

한국은 결코 인종주의와 피부색주의로부터 자유로운 공간이 아니다. 2019년 기준 국내 체류 외국인이 250만 명을 넘어선 가운데, 한국 사회가 남아시아나 아프리카 등지에서 온 어두운 피부색의 외국인에게는 우호적이지 않다는 것을 다문화수용지수와 같은 지표를 동원하지 않아도 사회적인 분위기로 충분히 감지할 수 있다.

> EBS에서 애들 프로그램을 보는데 다문화라고 해서 여러 인종이 같이 나와요. 그런데 센터는 항상 백인이에요. 우리나라 프로그램인데 우리나라 애가 센터에 서는 게 아니고 백인이 서 있어요. 그리고 여러 인종들이 다 모여 있지만 약간 까만 흑인이나 동남아 계열은 뒤에 배치가 되어 있어요. (나연, 34세, 회사원)

> 지하철 탔을 때 그 칸에 흑인이라든가 …… 그런 사람이 타면 저도 모르게 계속 피하게 되는…… 어쩔 수 없이 나오더라구요. 근데 제가 생활을 하는데 제 옆집이나 가까이에 그렇게 되면[흑인이 거주하게 되면] 솔직히 거부감이 없지는 않을 것 같아요. '나도 외국 가면 똑같은 입장이 될 텐데'라는 생각을 계속 되뇌긴 하는데 이런 태도가 자기도 모르게 약간씩은 생길 수도 있지 않나 싶어요. (은혜, 39세, 회사원)

따라서 미백에 대해 포스트식민주의적으로 사유한다는 것은 그저 미백하는 신체를 서구적 응시 안에 갇히지 않은 탈주의 위치에서 발견하는 것으로 끝나는 것이 아니다. 그 탈주의 힘이 굴절해 우리 안의 피부색주의로 발현되는 양상까지 성찰한다는 것을 의미한다. 이 두 힘의 흐름은 별개로 존재하거나 반대의 극에 놓인 것이 아니라 미백 배치 안에서 동시적이고 연결된 형태로 존재한다. 이와 같은 미백 배치의 포스트식민적 특성으로 인해 미백의 탈식민화는 이중의 중요성을 지닌다.

8장

미백 시뮬라크라와 미백 기계

포스트식민의 '포스트post-'는 대개 두 가지 의미로 해석되며 각 해석은 한계를 지닌다. 시기적인 의미에서 '이후'로 해석할 경우 역사를 식민지 이전과 이후로 구분함으로써 서구 중심적인 식민지관을 받아들이는 함정을 지니고, '넘어서'의 의미로 해석한다면 식민주의를 과거지사로 남긴 채 여전히 남아 있는 현실을 은폐할 위험을 지닌다. 피부색에 대한 사유의 탈식민화는 이러한 포스트식민의 양가적 의미에 주의하면서 이루어져야 한다. 이것은 서구를 중심과 기준에 놓는 한계를 극복하면서도 제국적 권력을 모르쇠 식으로 지나쳐 버리지 않음으로써 가능하다.

따라서 이 책에서는 미백의 양가적 측면을 고찰해 보았다. 앞에서 살펴본 세 가지 배치와 그로부터 일어난 생성으로서의 되기를 통해 식민주의의 잔재로서의 힘에 대한 담론에 의존하지 않고도 미백을 구성하는 욕망의 흐름에 대해 살펴보았다. 그러나 이와 동시에 아시아 내에서 미백의 재영토화 과정에서 나타나는 새로운 제국성에 대해서도 짚어 보았다. 미백은 상충하고 유동하는 욕망들 사이에서 탈식민과 재식민의 역량을 오간다. 이 장에서는 지금까지 한 모든 논의를 토대로 미백이 지닌 탈식민적 이념형을 '미백 시뮬라크라'와 '미백 기계' 개념을 통해 정리해 보고자 한다. 이로써 미백 욕망의 지도 제작을 완료한다.

1. 미백 시뮬라크라

이 책의 출발점이 된 이미지인 주황의 작품을 다시 소환해 보려고 한다. 이 작품이 지닌 "모호하고 애매"(장서윤, 2017)한 속성은 서로 다른 구체적 배치물 속에서 다른 의미를 생성한다. 보드리야르가 의미한 바와 같이 획일적이고 텅 빈 시뮬라크르를 폭로하고자 했던 작가의 의도와는 별개로, 미백 배치가 지닌 다양한 입구로 들어간 이 이미지는 다시 다양한 출구로 나왔을 때 각각 다른 독해를 만들어 내며 때로는 들뢰즈가 의미한 바로서의 전복적인 시뮬라크라가 된다.

미백은 "원본과 복사본, 모델과 재생산을 모두 부정하는 긍정적 힘"(Deleuze, 1983/2002: 53)을 지닌 이미지이자 신체기술이다. 원본과 복사본에 저항한다는 것은 원본에게 부여된 권위를 해체하고 복사본을 원본에 대한 충실한 지표성의 의무로부터 해방하는 것을 의미한다. 미백은 한국인의 피부색 원본과 복사본 모두로부터 탈주하며 인종색의 수목적·표상적 체계를 탈코드화한다. 이로써 기존의 인종색 체계에서 아시아인의 얼굴에 결부된 노랑, 백인의 얼굴에 결부된 흰색은 각 인종을 구성하는 유기적인 신체의 일부가 아니라 탈영토화와 재영토화의 운동 속에 놓인 분체가 된다. 미백은 백인의 것으로 여겨지던 흰 피부를 탈영토화하여 아시아인의 신체로 재영토화해 새로운 배치물을 형성한다. 본질적으로는 백인과의 비유사성에 근거해 하얀 얼굴의 배치물들을 양산하는 운동, 이것이 미백 시뮬라크라의 리좀적인 작동 방식이다.

미백의 원본·모델은 존재하지 않는다. 인터뷰에서 만난 어떤 사람들은 미백이 '본연의 피부색'을 되찾는 것이라고 말하기도 했다. 그러나 이때 '본연'이 지칭하는 바는 고정되어 있지 않다. 그것은 한국 사회에서 오래 반복 생산되어 온 기억색으로서의 아름다운 피부색이기도 하고, 디지털 기술이 만들어 낸 인공적 색상값이기도 하고, 자신의 '아기 피부'를 되살리는 귀여움의 미학이기도 하며, 퍼스널 컬러와의 관계 속에서 밝혀지는 얼굴빛이기도 하다. '본연'이 지시하는 바가 있다면 그것은 각각의 신체가 욕망하는 '무언가'에 다름 아니다.

미백은 복사본·재생산도 거부한다. 미백 배치 내에서 남성의 욕망, 제국의 욕망이 몰적인 분할선으로 작동하여 미백을 특정한 동일성으로 수렴되게 만들기도 한다. 그러나 미백이 일으키는 신체 변용의 능력은 늘 탈주의 잠재력을 지닌다. 이것은 차이를 생성하는 탈주다. 미백은 서로 다른 시공간 속에서 서로 다른 방식의 의미의 계열화를 통해 서로 다른 되기로 나아간다. 시뮬라크라의 세계로 들어간 신체는 곧 차이를 생성하는 신체다. 변용하는 신체의 역량은 고정되어 있지 않다.

예를 들어, 화상 회의를 앞둔 어느 회사원의 얼굴은 미백 기능성 화장품, 화이트태닝, 퍼스널 컬러, 화상 회의 프로그램의 필터가 연루되어 미백 인터페이스를 형성한다. 그는 미백 인터페이스를 통해 사회적 소통 상황 속에 스스로를 만족스레 배치할 수 있다. 한편 어느 아이돌의 얼굴은 한국 미디어 제작 환경의 조건 속에서 K뷰티의 화장, 하얀 조명, 팬들의 시선, 디지털 보정, 온라인 공간상의 게시와 같은 식의 계열화를 형성하여 미백 이미지의 배치물이 된다. 이 배치물에서 어떤 팬은 행복을, 어떤 팬은 이성애적 즐거움을, 어떤 팬은 친근한 이상을 발견한다. 이렇게 각 미백은 서로 다른 강도와 서로 다른 종류의 행위 능력을 가진다.

이 책에서는 '한국인'의 미백을 관찰하면서 종종 그 분석의 대상이 '아시아인'의 미백으로까지 확장되기도 했지만, 원본도 복사본도 없는 미백의 시뮬라크라의 세계에서 미백은 한국인이나 아시아인과만 연결되는 것이 아니다. 메이투를 이용해 아시아인 메이크업 변신 영상을 찍었던 린소르의 영상을 떠올려 보자. 또는 미백이 건강하고 아름다운 피부를 구성하는 K뷰티 신체기술이 된 현재, 한국의 화장품을 구매하고 한국식 화장법에 대한 튜토리얼을 찾는 다양한 국적과 인종 정체성을 지닌 이들의 실천도 있다. 시뮬라크라는 끊임없이 탈영토적인 힘을 발휘하면서 변이 생성하는 힘을 갖는다. 여러 인종 및 국적의 신체를 옮겨다니면서 형성되는 미백 시뮬라크라는 그 인종 및 국적의 경계를 지운다. 그렇기 때문에 미백인-되기는 항상 더불어-되기다. 미백인-되기는 기존의 경계를 흐림으로써 여러 신체 또는 신체가 가진 의미를 변용하고, 이를 통해 정체성과 관련한 사유에 새로운 공간을 제공한다.

원본도 복사본도 없는 미백 시뮬라크라란 신체기술을 통한 정체성의 생성적 측면을 드러낸다. 이미 많은 백인성 연구들이 제시했듯 흰 피부는 백인에게만 주어진 특권적인 생물학적 형질이 아니다. 백인성에 대한 사회구성주의적 고찰들이 힘을 생물학적 고정성으로부터 떼어냈다면, 미백은 신체의 변형을 통한 시뮬라크르적 신체의 생산을 통해 피부색의 고정성과 위계를 해체한다. 미백 시뮬라크라는 디지털 공간에서, 에스테틱 숍에서, TV 화면 속에서 끊임없이 생산되며, 그 과정에서 인종색의 수목적 체계가 만들었던 동일성의 세계로 수렴되지 않고 차이의 생산을 향한다.

2. 미백 기계

미백 배치는 수많은 요소들의 연결로 이루어진다. 미백 이미지 배치는 광고 속 아름다움의 욕망에 대한 기표, 디지털 기술과 디지털 미학, 스타의 얼굴에 대한 영상 도식, 팬의 시선을 거쳐 스타의 얼굴에 부여되는 정동, 한국적 아름다움을 규정하는 언표들, 빛의 스펙터클 등 다양한 공간과 차원을 가로지르며 여러 요소들의 접속을 통해 형성된다. 신체기술적 배치에서도 마찬가지다. 미백을 구현하기 위해 이루어지는 인간과 비인간, 또는 사물들의 협업, 미디어 산업적 변화, 화장품법, 건강과 소비에 대한 담론 등이 인체와 미백 도구 및 기술을 연결한다.

이러한 과정에서 중요한 것은 미백이라는 개념이 지닌 의미와 효과가 변화한다는 것이다. 미백은 1950년대 광고 속에서는 검은 피부를 하얗게 탈바꿈하는 표백의 기술이었지만, 1980년대 컬러 지면 광고에서는 아름다움에 대한 여성의 욕망이 되었다. 기능성 화장품의 영역에서는 용모를 건강하고 생기 있게 밝히는 기능적 개선이고, 색조 화장품의 영역에서는 피부의 색조를 한 톤 밝히는 화장법이다. 디지털 기술과의 접속에서는 실재에 대한 지시적 기능을 하지 않는 환영의 시뮬라크라이고, 누군가의 일상 속에서는 자신을 공적 영역에서 긍정적인 이미지로 위치시켜 상호 작용하기 위한 전략이다. 어떤 이에게는 서구를 대체하는 이상적 모델을 제공하고 어떤 이에게는 피부색주의적인 권력으로 작동한다. 이처럼 미백 배치 내에는 여러 분절선과 탈주선이 오가며 지층을 만들고 또 해체한다. 피부의 색조를 하얗게 표백한다는 것은 미백 배치 속에 존재하는 하나의 속성에 불과하다. 미백은 다종의 요소 및 차원과의 연결 접속을 통해 고정된 의미로부터 끊임없이 미끄러진다.

유동적인 미백 배치로부터 미백 기계 개념을 도출해 보자. 들뢰즈와 가타리(1980/2001)는 전쟁 기계를 기존의 보편적 사유의 모델 바깥에 있는 것으로 여긴다. 전쟁 기계란 특정한 권력으로부터 탈주를 추동하는 원리라고 볼 수 있다. 들뢰즈와 가타리는 전쟁 기계에 대해 세 가지 공리[122]를 통해 전쟁 기계가 지닌 저항적 함의를 설명한다. 우선, 전쟁 기계는 권력의 바깥에 존재한다. 전쟁 기계는 들뢰즈와 가타리가 '국가' 또는 '국가 장치'로 명명한 포획과 속박의 장치에 대항하여 국지전을 벌인다. 두 번째로, 전쟁 기계는 유목적 사유를 의미한다. 정해진 땅에 정주하지 않고 새로운 영역을 찾아다니는 유목민들은 국가가 도로를 닦고 구획한 홈 파인 공간이 아니라 매끈한 공간을 통해 이동한다. 또한 유목민은 혈통과 영토처럼 고정된 편성 체제를 유지하지 않고, 언제든지 변용 가능한 체제를 지향한다. 전쟁 기계는 마치 유목민과 같이 매끈한 공간을 지향하며, 어떤 욕망 및 정동과 결합함에 따라 그

122 • 공리 1: 전쟁 기계는 국가 장치 외부에 존재한다.
• 공리 2: 전쟁 기계는 유목민의 발명품이다. 이러한 의미에서 유목적인 전쟁 기계는 공간-지리적 측면, 산술적 또는 대수적 측면, 정동적 측면의 세 가지 측면을 가진다.
• 공리 3: 유목적 전쟁 기계는 이른바 표현의 형식이며, 이것과 관련된 내용의 형식이 바로 이동적 야금술이다.

효과가 변모한다. 마지막으로 전쟁 기계는 표현의 형식, 즉 매끈한 공간이라는 담론을 가능케 하는 기제다. 1부에서 본 것처럼 유목론의 배치에서 물질적·가시적 영역(내용)을 구성하는 원리(형식)가 이동적 야금술이라면, 언표적·담론적 영역(표현)을 구성하는 원리(형식)가 전쟁 기계인 것이다. 따라서 궁극적으로 전쟁 기계는 단일하게 규정된 힘에 맞서는 사유를 의미한다.

전쟁 기계를 바탕으로 미백 기계라는 이념형적 개념을 상상해 볼 수 있다. 우선 첫째로, 미백 기계는 제국의 밖에 존재한다. 제국적 장치는 단일한 중심을 재생산한다. 그 단일한 중심은 서구의 인종 과학에 기반하여 만들어진 인종 분류법이고 오리엔탈리즘과 백인성, 인종주의와 피부색주의가 구축한 인종색 개념이다. 미백 기계는 이러한 고정된 관념으로서의 인종이라는 제국적 장치에 대항적 시각성을 만들어낸다. 백색 광채를 가진 아시아인의 얼굴은 백인의 얼굴성이 지닌 제국성을 깨부수고 인종 및 시각성과 관련된 사유가 유동적으로 흐를 수 있는 여러 개의 입구와 여러 개의 출구를 만든다.

들뢰즈와 가타리(1980/2001)는 전쟁 기계의 두 극을 설정하며, 다른 한 극에서는 국가장치에 전쟁 기계가 포섭되어 오로지 전쟁만을 목적으로 하는 기계가 되기도 한다고 말한다. 마찬가지로 미백 기계는 제국적 장치에 포섭되기도 한다. 1950년대의 흑백 변신 이미지가 가지고 있었던 서구에 대한 선망이나 식민지배국 일본의 광고 레토릭에 포섭된 것이 명시적인 예다. 스스로를 '똥양인'[123]이라고 부르며 백인우월주

123 동양인을 자기비하적으로 부르는 말로, 온라인 커뮤니티에서 사용되는 단어다.

의 속에 자신을 위치 짓는 담론 또한 백인 선망의 의미로서의 미백만을 목표로 하는 미백 기계의 양상이다. 무엇보다 앞서 살펴본 K뷰티가 지닌 제국적 잠재력과 미백의 피부색주의는 자본주의와 초국적 산업을 배경으로 나타나는 미백 기계의 제국적 장치화를 암시하는 것으로, 경계해야 할 현상이다.

그럼에도 불구하고 미백 기계의 궁극적인 원리는 원본도 모방본도 거부하는 미백의 시뮬라크라를 생산함으로써 제국이 정한 단일 중심으로부터 탈주하는 것이다. 제국적 장치에 포섭된 미백 기계에 맞서는 것 또한 이런 긍정적 형식으로서의 미백 기계다. 영토화와 탈영토화가 반복되는 과정으로서 미백 배치에서도 몰적 운동과 탈주의 운동이 반복적으로 일어나지만, 포획 장치와 지배 장치의 대규모 결합 접속에 맞서는 다양한 연결 접속을 만들어 내는 것이 미백 기계의 창조적인 힘이다.

둘째, 미백 기계는 유목적 주체의 신체기술로서, 신체 공간적 측면, 디지털 측면, 정동적 측면에서 의미를 갖는다. 우선 신체 공간적 측면에서 볼 때 미백은 제국적 표상 체계를 탈영토화하여 인종을 재배치한다. 이와 관련해 들뢰즈와 가타리(1980/2001)가 보다 명시적으로 서술한 바가 있다. 아래의 서술처럼 미백 기계는 인종을 구획된 경계가 없는 매끈한 공간으로 데려간다.

> 하나의 인종은 순수한 혈통이 아니라 지배 체계가 부여하는 불순함에 의해서 규정된다. 따라서 잡종과 혼혈이야말로 인종의 진정한 이름이다. …… 인종이 재발견되어야 할 어떤 것이 아니듯이 동양 또한 모방해야 할 어떤 것이 아니다. 동양은 매끈한 공간을 구축함으로써만 존재할 수 있듯

이 인종 또한 매끈한 공간을 가로지르는 부족을 구성함으로써만 존재할 수 있다. (pp.728~729)

미백 기계는 노란 한국인 또는 노란 아시아인으로서 표상된 신체 공간을 파괴한다. 또한 남성 응시에 의해 결핍되고 대상화된 여성의 신체 공간을 파괴한다. 이로써 미백하는 신체는 홈 파인 공간이 아니라 매끈한 공간이 된다. 신체에 파여 있던 홈은 하얀색과 빛으로 메워진다. K파운데이션이라고 불리는 것들, 카메라의 시선을 속이는 조명의 빛, 한국 스타의 얼굴에 덧씌워진 미백의 디지털 신호, 화장품 광고에서 나오는 백색 광채, 카메라 애플리케이션 필터, 이런 것들이 그 홈을 메우고 매끈한 공간으로 만든다. 미백 기계는 규정되지 않은 매끈한 신체를 만드는 신체기술을 통해 탈주한다.

한편 미백 기계가 디지털 측면에서의 의미를 지닌다는 것은 미백이 인공적이고 탈지표적인 특성을 가진다는 의미다. 한국의 미백 배치에서 결정적인 사건은 디지털 기술의 등장이라고 할 수 있다. 린네와 블루멘바흐 같은 서구 인종 과학에서 규정한 피부색을 디지털 기술은 0과 1로 구성된 수적 체제로 바꿈으로써 새로운 재배열이 가능한 유동적인 것으로 만든다. 미백은 생물학적이나 지리적인 요인으로서 주어진 고정적 속성을 거부하고 이미지가 지닌 HSB 값을 각자의 욕망에 따라 변형하고 재조직하면서 구현될 수 있다.

미백 기계의 정동적 측면은 신체의 변용을 가져온다. 이는 각 신체의 미백이 각자의 시공간에서 각자의 의미의 계열화를 만드는 양상과 관련된다. 이것은 미백 기계가 유기적인 신체가 아니라 기관 없는 신체이고 분체이기 때문에 가능하다. 미백 기계는 그 어떤 것과도 결합할

표 9 **미백 배치**

	내용	표현
실체	미백 이미지	미백 시뮬라크라
형식	디지털 미디어	미백 기계

수 있는 잠재력을 지닌다. 이것은 특정한 정체성의 신체가 특정한 본질에 귀속되지 않는다는 의미다. 백인의 하얀 피부, 아시아인의 노란 피부를 필연적인 결합물로 한정할 때, 우리는 신체가 지닌 변용 역량의 잠재력을 간과하게 마련이다. 그러나 미백 기계는 정주하지 않는 누구에게나, 즉 모든 유목적 주체에게 열려 있는 신체기술이다.

셋째, 유목론의 배치를 차용할 때 미백의 배치는 표 9와 같은 형태로 정리해 볼 수 있다. 미백 기계는 미백 배치의 작동 원리 그 자체다. 그리고 미백 기계라는 표현 형식을 바탕으로 미백 시뮬라크라가 나타난다. 지금까지 살펴본 미백 기계의 성격을 바탕으로 단일 척도나 원본, 정해진 표상이 없는 미백 시뮬라크라가 미백 배치의 담론적 배치로서 구현되는 것이다. 이와 관련된 내용의 형식, 즉 미백을 가시화하는 장이 바로 디지털 미디어다. 디지털 미디어는 지표성 및 실재성을 탈영토화한다. 누구나 이미지의 생성과 변형을 할 수 있게 해 주는 디지털 미디어를 통해 원본은 모호해졌을 뿐만 아니라 무의미해졌다. 2부에서 언급한 수많은 미백 보정 이미지, 드라마, 홈마스터의 사진, 화장품 광고, 인스타그램·틱톡·유튜브의 사진은 모두 디지털의 원리에 따라 원본과 연결 고리를 끊은 미백 이미지로 곳곳을 부유한다. 들뢰즈와 가타리(1980/2001)는 야금술사가 구멍을 뚫는 광산은 결국 제국의 소유이기 때문에 불가피하게 제국의 장치에 들어가기도 한다고 말한다. 마찬가지로 디지털 미디어 또한 기존의 재현 장치로부터 해방성을 보장하는 것은 아니다. 그러나 유목민과 야금술이 결합하여 새로운 공간을 개척하듯, 미백 기계는 디지털 미디어를 통해 새로운 시각성으로서의 미백 이미지, 미백 시뮬라크라를 구현한다.

종합하자면, 미백 기계는 포스트식민 시대의 미백 배치의 원리이면서, 미백에 대한 탈식민적 인식론의 방향을 담고 있다. 미백을 아시아인의 병리적인 표백이나 여성의 피상적인 문화로 해석하는 것은 현재의 지구적 질서를 지배하는 다수성의 척도, 수목적 체계에 순응하는 방식이다. 이 책에서 우리는 기존의 체계로부터 벗어나 리좀적 형태의 미백을 탐구했다. 물질성과 담론성의 영역이 뒤얽혀 만들어진 미백 배치는 그 자체로 긍정적이고 해방적이기만 한 것은 아니다. 그러나 미백 배치는 기존의 척도에서는 드러나지 못했던 역량들이 생산 및 욕망되는 것을 관찰할 수 있는 장이다. 그리고 미백 배치의 원리로서의 미백 기계는 여러 인간·비인간 요소와의 연결 속에서 정동을 생산하고, 되기를 생산하고, 탈주적 힘을 생산한다.

매끈한 공간을 향하여

미백은 우리 사회에서 오랜 기간 다양한 요소가 관여하며 형성되어 온 방대한 문화다. 이 책은 미백 담론의 탈식민화라는 목표와 들뢰즈주의의 이론적 언어를 가지고 미백 문화를 재발견하는 여정이었다. 그 여정에서 우리는 미백 이미지 배치, 신체기술적 미백 배치, 동아시아 횡단적 미백 배치를 통해 미백 문화와 관련된 여러 인간과 사물, 욕망과 정동의 뒤얽힘을 살펴보았다. 그리고 포스트식민 시대에 미백 배치가 생산하는 양가적인 힘을 살펴보았다. 미백 배치의 탈영토화와 재영토화의 반복 속에서도 미백 기계는 제국적 장치와의 결속을 경계하며 매끄러운 공간을 개척해 간다. 이것이 바로 우리가 발견한 미백에 대한 탈식민적 사유의 원리다.

이 책을 통해 피상적 뷰티 문화나 상업화된 영역으로 여겨져 온 미백이라는 주제가 인종 및 종족적 의미가 기입된 장으로서 읽혔기를 바란다. 미백은 한국 사회에서 오랜 시간 지속되어 왔고 일상에 스며들어 있는 문화다. 그래서, 또는 그럼에도 불구하고, 국내에서 이를 문제화하는 시각은 부재했다. 이 책은 그러한 시각의 공백 내지 한계를 극복하기 위해 미백을 미디어 문화 및 신체 커뮤니케이션의 주요한 현상으로 규정하고, 이에 내재한 문화정치성을 드러내고자 했다. 이를 통해 젠더화되고 인종화되어 있는 미백 담론을 새로운 지평 위에 드러내 놓고 정치적 함의를 부여하고자 했다.

배치 개념은 이러한 목적 아래에 문화 현상을 존재론적으로 읽는 틀로서 도입되었다. 미백과 같이 매우 일상적이고 무의식적으로 편재해 있으며 이질적 요소가 혼종적으로 섞여 있는 문화 현상은 구조적 틀을 벗어난 새로운 접근이 필요하다. 배치 이론은 문화 현상을 구성하는 여러 차원의 지층과 그 횡단적 연결을 다면적으로 드러내는 데 용이하다. 더욱이 배치 이론은 보다 적극적인 탈식민 담론의 생산을 위한 토대를 제공한다. 탈식민성을 주창하는 논의들은 대부분 '차이의 정치학'을 통해 소수자가 지닌 차이를 복합적으로 인식할 필요성을 제기해 왔다. 그러나 들뢰즈주의적 철학의 배치 개념을 통한 '되기의 정치학'은 그 차이의 위치를 인식하고 설명하는 차원에서 더 나아가 소수자의 욕망이 다른 개체와의 얽힘 속에서 변용되는 양상을 포착한다. 이것은 소외와 억압의 중층적 구조를 밝히는 포스트식민주의(적 페미니즘) 접근과는 다른 방식으로 탈식민 담론의 생산에 기여한다고 할 수 있다.

이러한 접근법이 여전히 명백하게 존재하는 억압과 차별 구조를 간과한 채 섣불리 그 구조로부터 탈주하려는 포스트담론은 아닌지 비판이 제기될 수도 있다. 특히 들뢰즈주의의 철학은 페미니즘 내에서 의심스러운 시선 속에 독해되거나 부분적으로만 받아들여지기도 한다.[124] 그러나 무결한 이론이란 존재할 수 없는 상황에서, 이 책에서는 배치 개념의 의의를 포스트식민주의 이론에 새로운 전략적 접근을 제시한다는 차원에서 찾고 싶다. 미백 배치를 통해 우리는 식민주의 '이후post'의 잔해 속에서 고유의 언어를 찾지 못하는 하위 주체의 억압적 상황에 천착하지 않을 수 있다. 미백 배치는 한국과 아시아의 사회·역사적 맥락 속에서 그 자체로 역동적이고 유동적인 문화 현상으로서의 모습을 드러낸다. 그리고 이를 통해 아시아인의 피부색은 열린 의미를 획득한다. 더불어 미백 배치는 섣불리 식민주의를 '넘어서post' 버림으로써 제국적 권력을 간과하지 않는다. 배치는 늘 재영토화의 흐름을 통해 제국적 권력을 포함하되 경계한다. 배치란 영토의 형성과 해체가 지속적으로 또는 동시적으로 이루어지는 장이다. 따라서 미백이 지닌 제국성 또한 미백 배치를 구성하는 일부로서 인식하고 미백과 식민주의가 새로운 영토로 결속하는 양상을 비판적으로 주시해야 할 것이다.

이 책을 준비하는 동안 조지 플로이드George Floyd 사건이 있었다. 또 한 명의 흑인이 백인 경찰의 폭력적 진압에 의해 죽음을 맞이한 사건이었다. 그리고 책을 마무리하는 현재 뉴스에서는 미국과 유럽에서 아시아계를 향해 이루어진 혐오 범죄에 관한 소식이 연일 보도되고 있다. 전 지구적으로 다양성과 포괄성inclusivity이 정치 구호로서, 마케팅 전략으로서, 새로운 세대의 문화로서 부상하고 있는 동안 다른 한편에서는 여전히 유색인이라는 이유만으로 멸시와 폭력, 범죄의 대상이 되

124 예를 들어, 들뢰즈의 유목론적 시각을 페미니즘적으로 전유하는 브라이도티(1994)도 '위계의 주체가 되어 본 적 없는 여성이 어떻게 그 위계를 해체할 수 있는가'의 차원에서 들뢰즈의 철학이 한계를 지닌다고 말한다.

는 사람들이 존재한다. 이러한 상황 속에서 피부색은 피부 표면에 국한한 문제가 아니다. 정체성과 권력이 뒤얽힌 문제이며, 존중과 혐오를 가르는 문제다. 그 뒤얽힘의 한가운데, 그 가름의 경계에 있는 우리에게 피부색과 인종은 좀 더 진지하게 성찰할 필요가 있는 주제다.

이 책에서는 피부색을 둘러싸고 벌어지는 보다 노골적인 차별과 혐오, 폭력에 대한 논의를 담지는 못했다. 미백 문화에는 밝은 피부를 향한 욕망도 있지만 어두운 피부에 대한 거부 또한 존재한다. 여기서 미백 문화 탐구의 출발점으로 삼은 것은 전자이지만, 후자를 출발점으로 삼을 때 미백은 또 다른 방식으로 영토적 힘 내지 억압적 권력의 면모를 드러낼 것이다. 특히 한국 영토 바깥을 향하는 미백의 제국성 외에도, 한국 영토 내에서는 단일 민족에 대한 환상이 만들어 낸 울타리 밖으로 밀려나는 외국인과 혼혈인의 문제가 있다. 피부색 및 외모에 대한 공공연한 농담 형태의 미세 공격microaggression부터 물리적인 폭력의 문제까지 피부색은 한국의 영토 내에서 혐오의 실질적인 기제로 작동한다. 끊임없이 재생산되는 위계를 무너뜨리며 매끈한 공간을 개척해 나가는 전쟁 기계는 이러한 차원에서도 요구되는 정치적 행위력이다.

참고 문헌

〈경향신문〉 (1999. 4. 13). "체중계, 널 용서할 수 없다! PC통신·인터넷 다모방 다이어트 모임방," 25면.

고길섶 (1999). "탈식민주의 담론과 세계지도 다시 그리기," 〈문화과학〉, 17호, pp.150～180.

곽대원 (1998). "애니메이션, 희망의 세계로 가는 길목," 이연 외 지음. 《일본 대중문화 베끼기》 (pp.141～160). 나무와숲.

권명관 (2018. 5. 30). "스노우 제페토, 당신보다 조금 더 귀엽고 예쁜 아바타," 〈IT동아〉. https://it.donga.com/27791/

김경희 (2014). "글로벌을 향한 일본의 소프트파워: '가와이(KAWAI)' 문화를 중심으로," 〈일본학연구〉, 42호, pp.69～88.

김광원·김민규 (2015). 《All that MissKorea》. 유심.

김수아 (2011). "남성 아이돌 스타의 남성성 재현과 성인 여성 팬덤의 소비 방식 구성: 샤이니와 2PM을 중심으로," 〈미디어, 젠더 & 문화〉, 19호, pp.5～38.

김수정·양은경 (2006). "동아시아 대중문화물의 수용과 혼종성의 이해," 〈한국언론학보〉, 50권 1호, pp.115～136.

김숙진 (2016). "아상블라주의 개념과 지리적 함의," 〈대한지리학회지〉, 51권 3호, pp.311～326.

김은주 (2013). "들뢰즈의 신체 개념과 브라이도티의 여성 주체," 〈한국여성철학〉, 20권, pp.65～94.

〈뉴시스〉 (2010. 7. 17). "'무결점' 미스 코리아, 유니버스 겨냥… 김주리," https://newsis.com/view.html?ar_id=NISX20100714_0005659555#_enliple

대한화장품산업연구원 (2021). 화장품 통계. http://www.kcii.re.kr/trade/total

〈동아일보〉 (1960. 1. 7). "뷰티·쑈, 개최." 4면.

마동훈 (2005. 5). 탈국경적 대중문화에 대한 새로운 담론의 지형: 일본에서의 "겨울연가" 현상에 대한 한국 언론의 보도내용을 중심으로. 한국언론학회 봄철정기학술대회. 국민대학교.
〈매일경제〉 (1969. 7. 1). "약용크림은 화장품이 아니다. 피부 해칠 우려도."
문경희 (2006). "국제결혼 이주여성을 계기로 살펴보는 다문화주의(multiculturalism)와 한국의 다문화 현상," 〈21세기정치학회보〉, 16권 3호, pp.67~93.
박명진 (2012). "오늘의 담론 세계," 박명진 엮음, 《두꺼운 언어와 얇은 언어》 (pp.13~89). 문학과지성사.
박성진 (1996). "일제하 인종주의의 특성과 적용형태," 〈한국근현대사연구〉, 5권, pp.89~113.
박소란 (2007). "[안산 '국경 없는 마을'에서 만난 이주노동자들] 이웃? 아직은 차별과 편견 속 '이방인' — "피부색을 바꿀 수만 있다면…"." 〈민족21〉. pp.112~115.
박소정 (2016). 〈신자유주의 한국 사회에서 연애하기: 2008년 이후 한국 로맨틱 코미디 영화가 재현하는 연애에 대한 연구〉. 서울대학교 대학원 석사 학위 논문.
백경선 (2018). "초능력자 남성 주인공과 멜로드라마 캐릭터의 확장: 텔레비전 드라마 〈너의 목소리가 들려〉와 〈별에서 온 그대〉를 중심으로," 〈한국극예술연구〉, 61호, pp.303~331.
보건복지부 (2019). [K뷰티] 미래 화장품산업 육성방안. http://www.korea.kr/news/policyBriefingView.do?newsId=156364763
삼성경제연구소 (2002). 〈뷰티산업의 부상과 성공전략〉. 삼성경제연구소.
손희정 (2016). "'느낀다'라는 전쟁: 미디어-정동이론의 구축과 젠더," 〈민족문학사연구〉, 62권, pp.341~365.
식품의약품안전처 (2018). 〈2018 식품의약품산업동향통계〉. 식품의약품안전처.
신익수 (2004. 2. 16). "[디지털카메라] 머리 45도 기울이고 눈은 크게," 〈매일경제〉. https://news.naver.com/main/read.nhn?mode=LSD&mid=sec&sid1=101&oid=009&aid=0000346048
신인섭 (1994). "해방 전 일본의 광고가 한국광고에 미친 영향," 〈광고연구〉, 25호, pp.171~199.
양승국 (2011). "텔레비전 드라마의 재현 형식과 영상도식(Image Schema)," 〈동아문화〉, 49호, pp.63~88.
유선영 (1997). "황색 식민지의 문화정체성: 아메리카나이즈드 모더니티," 〈언론과 사회〉, 18권, pp.81~122.
유이레 (2019. 11. 20). [여름쿨톤] 구독자 퍼스널 컬러 진단 '온도감에 예민하다면? 트루타입!' | Personal color 유이레(UIREH). [YouTube] https://youtu.be/5J3gcuadvxY
윤선희 (2003). "외국 자본 유입과 미디어 산업 변화에 대한 문화적 접근: 포스트식민주의 이론과 자본의 문화적 실천을 중심으로," 〈한국언론학보〉, 47권 1호, pp.114~139.
윤조원 (2010). "'꽃미남'과 '씩스팩': 대중문화 속 오늘의 남성성," 〈안과밖〉, 28호, pp.278~302.
이규탁 (2020). 《갈등하는 케이, 팝》. 스리체어스.
이기웅 (2011). "수행(Performativity)으로서의 세계화: 한국 광고산업의 문화산업 실천," 〈경제와 사회〉, 통권 89호, pp.14~173.
이동연 (2006). 《아시아 문화연구를 상상하기》. 그린비.

이동연 (2012. 1. 18). "케이팝의 시대, 그 불편한 진실," 〈프레시안〉. https://www.pressian.com/pages/articles/37923?no=37923&ref=kko
이동현 (2003. 12. 24). "(7) '디카·폰카 신드롬' 확산," 〈문화일보〉. http://www.munhwa.com/news/view.html?no=2003122401011229302002
이성범 (2006). 〈일제시대 신문광고에 나타난 광고마케팅 분석: 시각적 요소를 중심으로〉. 경희대학교 대학원 석사 학위 논문.
이수안 (2014). "대중문화 공연에 재현되는 양극화된 젠더 디스플레이와 몸 이미지의 성애화 방식," 〈한국여성학〉, 30권 4호, pp.233~268.
이영아 (2011). 《예쁜 여자 만들기》. 푸른역사.
이유현 (2017. 11. 28). "서울 지하철역 '성형 광고' 퇴출… 당신의 생각은?" 〈매일경제〉. https://www.mk.co.kr/news/society/view/2017/11/788235/
이재현 (2019). 《인공 지능 기술 비평》. 커뮤니케이션북스.
이지영 (2018). 《BTS 예술혁명: 방탄소년단과 들뢰즈가 만나다》. 파레시아.
이지원 (2019). 〈케이팝이 만들어가는 인종과 젠더의 새로운 역동성: 방탄소년단의 흑인 여성 팬덤 분석을 중심으로〉. 서울대학교 대학원 석사 학위 논문.
이진경 (2002). 《노마디즘》. 휴머니스트.
이토 마모루 (2013). 情動の権力. [김미정 옮김. 《정동의 힘》. 갈무리. 2016].
이형은 (2017). 〈글로벌 장르로서의 한류: KDrama와 KPop의 글로벌 장르화 가능성에 대한 연구〉. 서울대학교 대학원 석사 학위 논문.
장서윤 (2017). "나와 당신, 그리고 우리의 초상(들)," 〈월간 미술세계〉, 386호. http://www.mise1984.com/magazine?article=1266
전규찬 (1999). "인종의 한국 문화연구내 배치에 관한 계보학적 고찰," 〈한국언론정보학보〉, 12호 pp.99~136.
정민아 (2014). "화장품광고와 근대여성-되기: 1930년대에서 1950년대까지," 〈한민족문화연구〉, 45권, pp.175~217.
정예리 (2010). "다문화 가정 유아의 차별 경험을 통한 인간이해 가치교육적 함의," 〈윤리교육연구〉, 21권, pp.249~267.
정유현 (2019, 5, 7). "'연쇄 창업자' 김창욱 대표, 스노우로 신화 도전," 〈the bell〉. https://thebell.co.kr/free/Content/ArticleView.asp?key=201904290100054290003373
조한혜정 (1992). 《탈식민지 시대 지식인의 글 읽기와 삶 읽기 1》. 또하나의문화.
〈주간동아〉 (2003. 3. 6). "디카, 이젠 선택 아닌 필수로…" 〈주간동아〉. https://weekly.donga.com/List/3/all/11/70679/1
천꽝싱 (1989). "帝國之眼." [백지운 외 편역. 《제국의 눈》 (pp.35~110). 창작과비평사. 2003].
최은섭·안준희 (2019). 《화장품 광고와 아름다움의 문화사》. 커뮤니케이션북스.
태평양50년사편찬위원회 (1995). 《태평양50년사: 1945~1995》. 태평양.
태혜숙 (2016). "포스트식민 시대의 로컬 연구로서 아시아 여성연구의 연구방법론을 위하여," 〈마르크스주의 연구〉, 13권 3호, pp.148~171.

태희원 (2012). “신자유주의적 통치성과 자기계발로서의 미용성형 소비,” 〈페미니즘 연구〉, 12권 1호, pp.157~191.

하상복 (2012). “황색 피부, 백색 가면: 한국의 내면화된 인종주의의 역사적 고찰과 다문화주의,” 〈인문과학연구집〉, 33권, pp.525~556.

〈한국경제〉 (2013. 4. 8). “〈아듀! 그 겨울〉 김규태 감독, 깊이와 대중성 사이의 균형잡기,” https://www.hankyung.com/entertainment/article/2013090460304

한국보건산업진흥원 (2007). 〈국민 건강 보호 및 증진을 위한 공중위생 수준 향상 방안 연구〉. 한국보건산업진흥원.

한국보건산업진흥원 (2016). 〈중소·중견기업 기술로드맵 2017~2019〉. 한국보건산업진흥원.

한국콘텐츠진흥원 (2010). 일본에서의 ‘겨울연가’ 비즈니스 현황. http://portal.kocca.kr/cop/bbs/view/B0000153/1213572.do?menuNo=200911#

홍석경 (2005). “세계화와 문화산업의 새로운 정체성 논리: 헐리웃 영화의 아시아스타 수용에 대한 분석,” 〈기호학연구〉, 17권, pp.143~177.

홍석경 (2013).《세계화와 디지털 문화 시대의 한류: 풀하우스, 강남스타일, 그리고 그 이후》. 한울.

황미요조 (2013). “비정규직 시대의 여성 로맨스 판타지,” 〈여/성이론〉, 29호, pp.231~240.

황혜영 (2017. 11. 8). “여자 연예인들의 셀카를 책임지는 카메라 앱,” 〈보그 코리아〉. http://vogue.co.kr/2017/11/08/여자-연예인들의-셀카를-책임지는-카메라-앱

황호덕 (2017). “탈식민주의인가, 후기식민주의인가: 김남주, 그리고 한국의 포스트콜로니얼리즘 연구 20년에 대한 단상,” 〈상허학보〉, 51호, pp.315~357.

Abidin, C. (2016). “Agentic cute (^.^): Pastiching East Asian Cute in Influencer Commerce,” *East Asian Journal of Popular Culture*, 2(1), pp.33~47.

Ahmed, S. (2010). “Feminist Killjoys (and Other Willful Subjects),” *Scholar and Feminist Online*, 8(3). URL: http://sfonline.barnard.edu/polyphonic/print_ahmed.htm

Allen, T. W. (2012[1975]). *The Invention of the White Race*. New York, NY: Verso.

Appadurai, A. (1996). *Modernity at Large: Cultural Dimension of Globalization*. [차원현·채호석·배개화 옮김.《고삐 풀린 현대성》. 현실문화연구. 2004].

Ashikari, M. (2003a). “The Memory of the Women's White Faces: Japaneseness and the Ideal Image of Women,” *Japan Forum*, 15(1), pp.55~79.

Ashikari, M. (2003b). “Urban Middle-Class Japanese Women and Their White Faces: Gender, Ideology, and Representation,” *Ethos*, 31(1), pp.3~37.

Ashikari, M. (2005). “Cultivating Japanese Whiteness: the 'whitening' cosmetics boom and the Japanese identity,” *Journal of Material Culture* 10(1), pp.73~91.

Banet-Weiser, S. (1999). *The Most Beautiful Girl in the World: Beauty Pageants and National Identity*. Oakland, CA: University of California Press.

Bartky, S. L. (1990). *Femininity and Domination: Studies in the Phenomenology of Oppression*. New York, NY: Routledge.

Baudrillard, J. (1981). *Simulacres et Simulationation*. [하태환 옮김. 《시뮬라시옹》. 민음사. 2001].

Bensmaïa, R. (2010). "Postcolonial Hacceities," In S. Bignall & P. Patton (Eds.), *Deleuze and the Postcolonial* (pp.119～162). Ediniburgh, UK: Edinburgh University Press.

Berlant, L. (2008). *The Female Complaint: The Unfinished Business of Sentimentality in American Culture*. Durham, NC: Duke University Press.

Beynon, J. (2002). *Masculinities and Culture*. London, UK: Open University Press.

Bhabha, H. K. (1994). *The Location of Culture*. [나병철 옮김. 《문화의 위치》. 소명출판. 2012].

Bignall, S. & Patton, P. (2010). "Deleuze and the Postcolonial: Conversations, Negotiations, Mediations," In S. Bignall & P. Patton (Eds.), *Deleuze and the Postcolonial* (pp.1～19). Ediniburgh, UK: Edinburgh University Press.

Bogic, A. (2017). "Theory in Perpetual Motion and Translation: Assemblage and Intersectionality in Feminist Studies," *Atlantis: Critical Studies in Gender, Culture & Social Justice*, 38(1), pp.138～149.

Bonilla-Silva, E., & Dietrich, D. R. (2009). "The Latin Americanization of U.S. Race Relations: A New Pigmentocracy," In E. N. Glenn (Ed.), *Shade of Difference: Why Skin Color Matters* (pp.40～60). Stanford, CA: Stanford University Press.

Bordo, S. (1993). *Unbearable Weight: Feminism, Western Culture and the Body*. [박오복 옮김. 《참을 수 없는 몸의 무거움: 페미니즘, 서구문화, 몸》. 또하나의 문화. 2003].

Braidotti, R. (1994). *Nomadic Subjects*. New York, NY: Columbia University Press.

Braidotti, R. (2000). "Teratologies," In C. Colebrook., & I. Buchanan (Eds.), *Deleuze and Feminist theory* (pp.156～172). Edinburgh, UK: Edinburgh University Press.

Braidotti, R. (2002). *Metamorphoses: Towards a Materialist Theory of Becoming*. Cambridge, UK: Polity Press.

Braidotti, R. (2013). *The Posthuman*. [이경란 옮김. 《포스트휴먼》. 아카넷. 2015].

Burke, P. (2009). *Cultural Hybridity*. Cambridge, UK: Polity.

Butler, J. (1990). *Gender Trouble: Feminism and the Subversion of Identity*. [조현준 옮김. 《젠더 트러블: 페미니즘과 정체성의 전복》. 문학동네. 2008].

Callon, M. (2005). "Why Virtualism Paves the Way to Political Impotence: A Reply to Daniel Miller's Critique of The Laws of the Markets," *Economic Sociology European Electronic News Letter*, 6(2), pp.3～20.

Canclini, N. G. (2001). *Culturas Híbridas: Estrategias para Entrar y Salir de la Modernidad*. [이성훈 옮김. 《혼종문화: 근대성 넘나들기 전략》. 그린비. 2011].

Canclini, N. G. (2006). "Hybrid Cultures, Oblique Powers," *Media and Cultural Studies*, 73, pp.422～444.

Chen, C. H. (1996). "Feminization of Asian (American) Men in the U.S. Mass Media: An Analysis of The Ballad of Little Jo," *Journal of Communication Inquiry*, 20(2), pp.57～71.

Chen, K. (2010). *Asia As Method: Toward Deimperialization*. Durham, NC: Duke University Press.

Cho, Y. (2011). "Desperately Seeking East Asian Amidst the Popularity of South Korean Pop Culture in Asia," *Cultural Studies*, 25(3), pp.383～404.

Chow, R. (1991). *Women and Chinese Modernity: The Politics of Reading between West and East*. Minneapolis, MN: University of Minnesota Press.

Chow, R. (1993). *Writing Diaspora: Tactics of Intervention in Contemporary Cultural Studies*. [장수연·김우영옮김. 《디아스포라의 지식인》. 이산. 2005].

Chow, R. (2002). *The Protestant Ethnic and the Spirit of Capitalism*. New York, NY: Columbia University Press.

Chow, R. (2010a[1995]). "The Politics of Admittance: Female Sexual Agency, Miscegenation, and the Formation of Community in Frantz Fanon," In P. Bowman (Ed.), *The Rey Chow Reader* (pp.56～74). New York, NY: Columbia University Press.

Chow, R. (2010b). "Postcolonial Visibilities: Questions Inspired by Deleuze's Method," In S. Bignall & P. Patton (Eds.), *Deleuze and the Postcolonial* (pp.62～77). Ediniburgh, UK: Edinburgh University Press.

Chow, R. (2011). "Framing the Original: Toward a New Visibility of the Orient," *Publications of the Modern Language Associations of America*, 126(3), pp.555～563

Chua, B. H. (2011. 12). Conceptualization and Inter-referencing. Paper presented at the English Language and Literature Association of Korea International Conference, Onyang.

Chua, B. H. (2015). "Inter-Asia Referencing and Shifting Frames of Comparison," In C. Johnson, V. Mackie, & T. Morris-Suzuki (Eds.), *The Social Sciences in the Asian Century* (pp.67～80). Canberra, Australia: ANU Press.

Clough, P. (2008). "The Affective Turn: Political Economy, Biomedia, and Bodies," *Theory, Culture & Society*, 25(1), pp.1～22.

CNN (2016. 1. 8). New Thai beauty ad says being white is key to success. [YouTube]. https://youtu.be/MXSpEgGpQ2A

Connell, R. W. (1995). *Masculinities*. [안상욱 · 현민 옮김. 《남성성/들》. 이매진. 2013].

Craig, M. L. (2006). "Race, Beauty, and the Tangled Knot of a Guilty Pleasure," *Feminist Theory*, 7(2), pp.159～177.

Crenshaw, K. W. (1989). "Demarginalizing the Intersection of Race and Sex: A Black Feminist Critique of Antidiscrimination Doctrine, Feminist Theory, and Antiracist Politics," *University of Chicago Legal Forum*, 140, pp.139～167.

Crenshaw, K. W. (1991). "Mapping the Margins: Intersectionality, Identity Politics, and Violence against Women of Color," *Stanford Law Review*, 43(6), pp.1241～1299.

Dale, J. P. (2016). "Cute Studies: An Emerging Field," *East Asian Journal of Popular Culture*, 2(1), pp.5～13.

DeLanda, M. (1991). *War in the Age of Intelligent Machines*. New York, NY: Zone Books

DeLanda, M. (2006). *A New Philosophy of Society*. [김영범 옮김. 《새로운 사회철학: 배치 이론과 사

회적 복합성》. 그린비. 2019].

DeLanda, M. (2016). *Assemblage Theory*. Edinburgh, UK: Edinburgh University.

Deleuze, G. (1969). *Platon et le Simulacre*. R. Krauss Trans. (1983). "Plato and the Simulacrum," October, 27, pp.45～56.

Deleuze, G. (1978). *Lecture Transcripts on Spinoza's Concept of Affect*. [서창현 외 옮김. 《비물질노동과 다중》 (pp.21～138). 갈무리. 2005].

Deleuze, G. (1981). *Spinoza Philosophie Pratique*. [박기순 옮김. 《스피노자의 철학》. 민음사. 1999].

Deleuze, G. (1983). *Cinéma* Ⅰ *: L'image-movement*. [유진상 옮김. 《시네마Ⅰ: 운동－이미지》. 시각과 언어. 2002].

Deleuze, G. (1986). *Foucault*. [허경 옮김. 《푸코》. 그린비. 2019].

Deleuze, G. (1994). *Désir et Plaisir*. [서울사회과학연구소 엮음. 《탈주의 공간을 위하여》 (pp.101～115). 푸른숲. 1997].

Deleuze, G., & Guattari, F. (1972). *L'anti-oedipe: Capitalisme et Schizophrénie*. [김재인 옮김. 《안티 오이디푸스: 자본주의와 분열증》. 새물결. 2014].

Deleuze, G., & Guattari, F. (1980). *Mille Plateaux*. [김재인 옮김. 《천 개의 고원》. 새물결. 2001].

Deleuze, G., & Guattari, F. (1991). *Qu'est-ce que la Philosophie?* H. Tomlinson & G. Burchell, Trans. (1994). *What is Philosophy?* New York, NY: Columbia University Press.

Deleuze, G., & Parnet, C. (1977). *Dialogues*. H. Tomlinson & B. Habberjam, Trans. (1989). *Dialogues*. New York, NY: Columbia University Press.

Du Bois, W. E. B. (2008[1903]). The Souls of Black Folk. Retrieved from https://www.gutenberg.org/files/408/408-h/408-h.htm

Duong, N. H. P. (2016). *Korean Wave as Cultural Imperialism: A Study of K-pop Reception in Vietnam*. Master's thesis, Leiden University, Leiden, Netherlands.

Dyer, R. (1997). *White*. [박소정 옮김. 《화이트》. 컬처룩. 2020].

Fanon, F. (1952). *Peau Noire, Masques Blancs*. [노서경 옮김. 《검은 피부, 하얀 가면》. 문학동네. 2014].

Featherstone, M. (1982). "The Body in Consumer Culture," *Theory, Culture & Society*, 1(2), pp.18～33.

Featherstone, M. (2000). "Body Modification: An Introduction," In M. Featherstone (Ed.), *Body Modification* (pp.6～14). London, UK: Sage.

Foster, G. A. (2012). *Performing Whiteness: Postmodern Re/Constructions in the Cinema*. Albany, NY: SUNY Press.

Foucault, M, (1975). *Discipline and Punish*. [오생근 옮김. 《감시와 처벌》. 나남. 2016].

Fox, N. J., & Alldred, P. (2013). "The Sexuality-assemblage: Desire, Affect, Anti-humanism," *Sociological Review*, 61, pp.769～789.

Galloway, A. (2012). *Interface Effect*. Cambridge, UK: Polity Press.

Giddens, A. (1991). *Modernity and Self-Identity: Self and Society in the Late Modern Age*. [권기돈 옮김.

《현대성과 자아정체성: 후기 현대의 자아와 사회》. 새물결. 1995].

Gill, R. (2007). *Gender and the Media*. Cambridge, UK: Polity Press.

Gimlin, D. (2000). "Cosmetic Surgery: Beauty as Commodity," *Qualitative Sociology*, 23(1), pp.77～98.

Glenn, E. N. (2009). "The Significance of Skin Color," In E. N. Glenn (Ed.), *Shade of Difference: Why Skin Color Matters* (pp.7～8). Stanford, CA: Stanford University Press.

Goffman, E. (1956). *The Presentation of Self in Everyday Life*. Edinburgh, UK: University of Edinburgh.

Grosz, E. A. (1994). *Volatile Bodies: Toward a Corporeal Feminism*. Bloomington, IN: Indiana University Press.

Guattari, F. (1992). *Chaosmose*. [윤수종 옮김. 《카오스모제》. 동문선. 2003].

Hall, R. (1995). "The Bleaching Syndrome: African American's Response to Cultural Domination Vis-à-Vis Skin Color," *Journal of Black Studies*, 26(2), pp.172～184.

Haraway, D. (2016). *Manifestly Haraway*. [황희선 옮김. 《해러웨이 선언문》. 책세상. 2019].

Herring, C. (2002). "Bleaching out the Color Liine?: The Skin Color continuum and the Tripartite Model of Race," *Race & Society*, 5, pp.17～31.

Hess, A. (2015). "The Selfie Assemblage," *International Journal of Communication*, 9, pp.1629～1646.

Hipfle, B., & 최옥희 (2019). "13개의 이유: 청년 아상블라주와 미디어 아쌍블라주," 〈미술과 교육〉, 20권 1호, pp.77-89.

Holiday, R., & Elfving-Hwang, J. (2012). "Gender, Globalization and Aesthetic Surgery in South Korea," *Body & Society*, 18(2), pp.58～81.

Hunter, M. L. (2002). "If You're Light You're Alright": Light Skin Color as Social Capital for Women of Color. *Gender and Society*, 16(2), pp.175～193.

Hunter, M. L. (2005). *Race, Gender, and the Politics of Skin Tone*. New York, NY: Routledge.

Isa, M., & Kramer. E. M. (2003). "Adopting the Caucasian "Look": Reorganizing the Minority Face," In E. M. Cramer (Ed.), *The Emerging Monoculture: Assimilation and the "Model Minority"* (pp.41～74). Westport, CT: Praeger.

Iwabuchi, K. (2002). *Recentering Globalization: Popular Culture and Japanese Transnationalism*. Durham, NC: Duke University Press.

Iwabuchi, K. (2014). "De-westernisation, Inter-Asian Referencing and Beyond," *European Journal of Cultural Studies*, 17(1), pp.44～57.

Jang, E., Park, S., Lee, J., & Hong, S. (2019). "Beautiful yet Masculine: Analysis on Male Beauty YouTubers," *Journal of Popular Culture*, 52(3), pp.677～702.

Jha, M. R. (2016). *Global Beauty Industry: Colorism, Racism, and the National Body*. New York, NY: Routledge.

Joo, S-h. (2019). "Shades of Race and Color: The Recognition of Colorism among University Students in Korea," 〈스토리앤이미지텔링〉, 17집, pp.323～350.

Jordan, W. D. (1968). *White Over Black: American Attitudes toward the Negro, 1550-1812*. Chapel Hill, NC: University of North Carolina Press.

Jung, M-h. (2014. 11. 20). 'Side Effects of Hallyu' Concern Other Asian Countries. The Korea Times. http://www.koreatimesus.com/side-effects-of-hallyu-becoming-a-concern-for-other-asian-countries/

Jung, S. (2011). *Korean Masculinities and Transcultural Consumption: Yonsama, Rain, Oldboy, K-pop Idols*. Hong Kong: Hong Kong Universitiy Press.

Kawashima, T. (2002). "Seeing Faces, Making Races: Challenging Visual Tropes of Racial Difference," *Meridians: feminism, race, transnationalism*, 3(1), pp.161～190.

Keevak, M. (2011). *Becoming Yellow: A Short Story of Radical Thinking*. [이효석 옮김. 《황인종의 탄생: 인종적 사유의 역사》. 현암사. 2016].

Kennie J.D. (2018. 3. 7). THERE IS NO PLACE FOR DARK SKIN IN KBEAUTY??? (RANT)|KennieJD [YouTube]. https://youtu.be/469g7cJZFrA

Kim, S. A. (2001). "Yellow Skin, White Masks: Asian American Impersonations of Whiteness and the Feminist Critique of Liberal Equality," *Asian American Law Journal*, 8, pp.89～109.

Kohn, E. (2013). *How Forests Think: Toward an Anthropology beyond the Human*. [차은정 옮김. 《숲은 생각한다》. 사월의책. 2018].

Kracauer, S. (2010[1975]). "The Mass Ornament," In C. Rojek (Ed.). *Celebrity: Critical Concepts in Sociology Volume* Ⅱ (pp.25～34). New York, NY: Routledge.

Kraidy, M. M. (2002). "Hybridity in Cultural Globalization," *Communication Theory*, 12(3), 316～339.

Krishna, G. (2015). *The Best Interface is No Interface*. San Francisco, CA: New Riders.

Kupers, T. A. (2005). "Toxic Masculinity as a Barrier to Mental Health Treatment in Prison," *Journal of Clinical Psychology*, 61(6), pp.713～724.

Latour, B. (2010). "An Attempt at a "Compositionist Manifesto," *New Literary History*, 41, pp.471～490.

Lee, S. (2018). Performing the Self: Cosmetic Surgery and the Political Economy of Beauty in Korea. Unpublished doctoral dissertation, Stanford University, Stanford, CA.

Lowe, L. (1991). "Heterogeneity, Hybridity, Multiplicity: Making Asian American Differences," *Diaspora*, 1(1), pp.24～44.

Manovich, L. (2017). Instagram and Contemporary Image. URL: http://manovich.net/index.php/projects/instagram-and-contemporary-image

Massumi, B. (1995). "The Autonomy of Affect," *Cultural Critique*, 31, pp.83～109.

McClintock, A. (1992) "The Angel of Progress: Pitfalls of the Term 'Post-Colonialism'," *Social Text*, 31/32, pp.84～98.

McClintock, A. (1995). "Soft-Soaping Empire: Commodity Racism and Imperial Advertising," *In Imperial Leather* (pp.207～231). New York, NY: Routledge.

McFarlance, C. (2011). "The City as Assemblage: Dwelling and Urban Space," *Society and Space*, 20, pp.649～671.

McKinnon, C. A. (1989). *Toward a Feminist Theory of the State*. Cambridge, MA: Harvard University Press.

McKinnon, K. (1997). *Uneasy Pleasures: the Male as Erotic Object*. Vancouver, Canada: Fairleigh Dickinson Univ Press.

McLuhan, M. (1964). *Understanding Media: The Extension of Man*. New York, NY: New American Library.

Miller, L. (2006). *Beauty up: exploring contemporary Japanese body aesthetics*. Berkeley, CA: University of California Press.

Mills, C. W. (1997). *The Racial Contract*. [정범진 옮김. 《인종계약》. 아침이슬. 2006].

Mishra, N. (2015). "India and Colorism: The Finer Nuances," *Washington University Globlal Studies Law Review*, 14, pp.725～750.

MissDarcei (2018. 5. 18). BLACK GIRL TRIES A FULL FACE OF KOREAN MAKEUP. [YouTube]. https://youtu.be/MRH_Oj_TU_s

Morgan, R. (1968). "No More Miss America". [한우리 옮김. 《페미니즘 선언》 (pp.85～96). 현실문화연구. 2016].

Mosse, G. L. (1996). *The Image of Man*. [이광조 옮김. 《남자의 이미지》. 문예출판사. 2004].

Nail, T. (2017). "What is an Assemblage?" *SubStance*, 46(1), pp.21～37.

Ortiz, F. (1995[1947]). "The Social Phenomenon of "Transculturation" and Its Importance," *In Cuban Counterpoint: Tobacco and Sugar*(pp.97～102). Durham, NC: Duke University Press.

Park, S. (2007). ""Beauty Will Save You": The Myth and Ritual of Dieting in Korean Society," *Korea Journal*, 47(2), pp.41～70.

Pieterse, J. N. (1994). "Globalisation as Hybridisation," *International Sociology*, 9(2), pp.161～184.

Puar, J. (2007). *Terrorist Assemblages: Homonationalism in Queer Times*. Durham, NC: Duke University Press.

Puar, J. (2011). ""I Would Rather Be a Cyborg than a Goddess": Intersectionality, Assemblage, and Affective Politics," European Institute for Progressive Cultural Policies. URL: https://transversal.at/transversal/0811/puar/en

Pugliese, J. & Stryker, S. (2009). "The Somatechnics of Race and Whiteness," *Social Semiotics*, 19(1), pp.1～18.

Puzar, A. (2011). "Asian Dolls and the Westernized Gaze: Notes on the Female Dollification in South Korea," *Asian Women*, 27(2), pp.81～111.

Reaction Time (2018. 10. 22). VIRAL ASIAN MAKE UP TRANSFORMATION TUTORIAL. [YouTube]. https://youtu.be/3NPbD4soNXQ

Reddy, V. (2013). "Jhumpa Lahiri's Feminist Cosmopolitics and the Transnational Beauty Assemblage," *Meridians: feminism, race, transnationalism*, 11(2), pp.29～59.

Robertson, J. (2001). "Japan's First Cyborg? Miss Nippon, Eugenics and Wartime Technologies of Beauty, Body, and Blood," *Body & Society*, 7(1), pp.1～34.

Rojek, C. (2001). *Celebrity*. [문미리 · 이상록 옮김. 《셀러브리티》. 한울. 2019].

Rondilla, J. L. (2009). "Filipinos and the Color Complex: Ideal Asian Beauty," In E. N. Glenn (Ed.), *Shade of Difference: Why Skin Color Matters* (pp.63～80). Stanford, CA: Stanford University Press.

Rondilla, J. L., & Spickard, P. (2007). *Is Lighter Better?: Skin-Tone Discrimination among Asian Americans*. Lanham, MD: Rowman&Littlefield Publishers.

Rose, N. (1998). *Inventing Our Selves: Psychology, Power and Personhood*. Cambridge, UK: Cambridge University Press.

Rose, N. (2007). *Politics of Life Itself: Biomedicine, Power, and Subjectivity in the Twenty-First Century*. Princeton, NJ: Princeton University Press.

Russel, K. Y., Wilson, M., & Hall, R. E. (1992). *The Color Complex: the Politics of Skin Color among African Americans*. San Diego, CA: HBJ.

Said, E. (1978). *Orientalism*. [박홍규 옮김. 《오리엔탈리즘》. 교보문고. 1991].

Sedgwick, E. K., & Frank, A. (1995). "Shame in the Cybernetic Fold: Reading Silvan Tomkins," *Critical Inquiry*, 21(2), pp.496～522.

Seigworth, G. J., & Gregg, M. (2010). "An Inventory of Shimmers," In M. Gregg & G. J. Seigworth (Eds.), *The Affect Theory Reader*. [최성희·김지영·박혜정 옮김. 《정동 이론》 (pp.14～54). 갈무리. 2015].

Shilling, C. (1993). *The Body and Social Theory*. London, UK: Sage.

Shim, D. (2006). "Hybridity and the Rise of Korean Popular Culture in Asia," *Media, Culture & Society*, 28(1), pp.25～44.

Shohat, E. (1992). "Notes on the 'Post-Colonial'," *Social Text*, 31/32, pp.99～113.

Spivak, G. C. (1988). "Can the Subaltern Speak?" In R. C. Morris (Ed.), *Can the Subaltern Speak?: Reflections on the History of an Idea*. [태혜숙 옮김. 《서발턴은 말할 수 있는가?: 서발턴 개념의 역사에 관한 성찰들》 (pp.398～490). 그린비. 2013].

Steinhoff, H. (2015). *Transforming Bodies: Makeovers and Monstrosities in American Culture*. Berlin, Germany: Springer.

Strathern, M. (2005). *Partial Connections*. [차은정 옮김. 《부분적인 연결들》. 오월의봄. 2019].

Sue, C. A. (2009). "The Dynamics of Color," In E. N. Glenn (Ed.) *Shade of Difference: Why Skin Color Matters* (pp.114～128). Stanford, CA: Stanford University Press.

Sullivan, N. (2014). "Somatechnics," *TSQ: Transgender Studies Quaterly*, 1(1-2), pp.187～190.

Tai, Crystal (2019. 6. 17). "K-beauty: Is China Falling out of Love with Korean Cosmetics?" South China Morning Post. URL: https://www.scmp.com/week-asia/economics/article/3014609/k-beauty-china-falling-out-love-korean-cosmetics

Telles, E. (2009). "The Social Consequences of Skin Color in Brazil," In E. N. Glenn (Ed.), *Shade of*

Difference: Why Skin Color Matters (pp.9～24). Stanford, CA: Stanford University Press.

Tharps, L. L. (2016. 10. 6). "The Difference Between Racism and Colorism," Time. http://time.com/4512430/colorism-in-america/

The Daily Vox (2018. 2. 2). "Redefining Masculinity The BTS Way," The Daily Vox. https://www.thedailyvox.co.za/redefining-masculinity-bts-way/

Thompson, C. (1996). "Ontological Choreography: Agency through Objectification in Infertility Clinics," *Social Studies of Sicence*, 26(3), pp.575～610.

Thorburn, E. D. (2014). "Social Media, Subjectivity, and Surveillance: Moving on From Occupy, the Rise of Live Streaming Video," *Communication and Critical/Cultural Studies*, 11(1), pp.62～63.

Turner, B. S. (1992). *Regulating Bodies: Essays in Medical Sociology*. New York, NY: Routledge.

Walker, A. (1983). *In Search of our Mothers' Gardens*. San Diego, CA: Harcourt.

Wegenstein, B. (2012). *The Cosmetic Gaze: Body Modification and the Construction of Beauty*. Cambridge, MA: MIT Press.

Wen, H. (2013). *Buying Beauty: Cosmetic Surgery in China*. Hong Kong: Hong Kong University Press.

Wolf, N. (1993). *Fire with Fire: The New Female Power and How It Will Change the 21st Century*. New York, NY: Random House.

Wolf, N. (2002[1990]). *The Beauty Myth*. [윤길순 옮김. 《무엇이 아름다움을 강요하는가》. 김영사. 2016].

Yoon, K. (2017). "Global Imagination of K-Pop: Pop Music Fans' Lived Experiences of Cultural Hybridity," *Popular Music and Society*, 41(4), pp.373～389.

찾아보기